Fas(t)nacht in Geschichte, Kunst und Literatur

Herausgegeben von Horst Sund

Fasnacht

in Geschichte, Kunst und Literatur

mit Beiträgen von Klaus Beitl, Herbert Berner, Karl-Heinz Burmeister, Utz Jeggle, Werner Mezger, Dietz-Rüdiger Moser, Helmut Weidhase

Herausgegeben von Horst Sund

UNIVERSITÄTSVERLAG KONSTANZ GMBH

Einband-Vorderseite:
Kunsthistorisches Museum, Wien, Pieter Brueghel der Ältere,
Bildausschnitt »Het Gevecht tussen Karnaval en Vasten«,
Nr. 1016, 1559.

ISBN 3 87940 205 1
© Universitätsverlag Konstanz GmbH, Konstanz 1984
Gesamtherstellung: Universitäts-Druckerei Konstanz GmbH

Inhalt

Zum Geleit

Fasnacht oder Fastnacht? – Bereits bei so scheinbar einfachen Dingen ist man sich nicht einig und beginnt zu streiten. Ist das ein Wunder, wenn schon der Prediger Salomo feststellte: »Stultorum infinitus est numerus – die Zahl der Narren ist unendlich«? Aber auch sonst bringt dieses Buch nicht nur Anregungen zum Nachdenken, sondern es birgt genügend Stoff selbst für die wissenschaftliche Auseinandersetzung, man denke nur an den Autor des ersten Beitrages und dessen Namensvetter.

Gewöhnlich haben Narrentreiben und Wissenschaft nichts miteinander zu tun, wenn aber doch, dann legt dieses Buch davon Zeugnis ab. Ihm liegt eine weitere Vortragsreihe an der Universität Konstanz der Jahre 1982 und 1983 zugrunde.

In ihr sollten die Hintergründe der Fas(t)nacht erfragt, ihre Wurzeln freigelegt und die Rolle kultischer und religiöser Elemente aufgezeigt werden. Wissenswertes über dieses jahrhundertealte Brauchtum sollte zwar wissenschaftlich fundiert, aber nicht trocken vermittelt werden, es sollte zwar Licht in das tiefe Dunkel des fas(t)nächtlichen Geheimnisses gebracht werden, aber wiederum auch nicht zuviel Licht.

Die Fas(t)nacht ist voller Spannung. Eine verkehrte Welt, die eine verkehrbare und nicht egalisierte Gesellschaft voraussetzt, gehört zum Bild und zur Würde eines fas(t)nächtlichen Feierns, das die Alltags- und Rechtswirklichkeit zeitweilig aufhebt, ohne sie zu negieren. Die einzelnen Beiträge, die einen Zeitraum von über eineinhalb Jahrtausenden umfassen, versuchen, dies deutlich zu machen.

Mit dieser von Gelehrten und Narren, Fas(t)nachtstheoretikern und Fas(t)nachtspraktikern getragenen Vortragsreihe soll sich das Bemühen der Bodensee-Universität ausdrücken, die Beziehungen zur Region zu vertiefen, sie soll aber auch Zeichen dafür sein, daß sich die Universität Konstanz der Aufgabe verpflichtet fühlt, regionale Aspekte – und ein solcher ist die Fas(t)nacht ganz sicher – zu pflegen und zu fördern. Die Zusammenarbeit zwischen den Narrengesellschaften und der Universität war für alle Beteiligten immer sehr fruchtbar. Ich bin sicher, daß diese Gemeinsamkeit Bestand hat.

Ist so ein Buch fertiggestellt, gilt es nicht zuletzt auch Dank zu sagen: Hildegard Allen und Hannelore Talla, den unermüdlich tätigen Sekretärinnen, Wolfgang Ritscherle für sein organisatorisches Talent, Ute Werner und Stephan Bohnke vom Universitätsverlag für ihre stets aufgeschlossene Zusammenarbeit und die hervorragende Betreuung des Buches, Detlev Laubach, dem Verlagsleiter, der alle Schwierigkeiten aus dem Weg räumte, und Werner Mezger für viele anregende Gespräche.

Konstanz, im August 1984 *Horst Sund*

Ein Babylon der verkehrten Welt

Über Idee, System und Gestaltung der Fastnachtsbräuche

Von Dietz-Rüdiger Moser

1. FASTNACHT ALS LITURGISCHE ZEIT

Zu den Tatsachen, die man als selbstverständlich hinzunehmen gewohnt ist, gehört die Einbindung der Fastnacht in den christlichen Kalender. Ihr Termin richtet sich nach der Fastenzeit, die ihrerseits vom Ostertermin abhängt, und dieser wurde auf dem Konzil von Nicäa auf den ersten Sonntag nach Frühlingsvollmond für die Gesamtkirche verbindlich festgelegt.[1] Der Fastenzeitbeginn am späteren Aschermittwoch ergab sich daraus, daß man die Dauer der Fastenzeit (im Anschluß an Mt. 4,1 f. und Parallelen) auf 40 Tage festlegte, die Sonntage als Gedächtnistage der Auferstehung aber bei der Zählung nicht berücksichtigte.[2] Da nun Ostern, das Erinnerungsfest an die Auferstehung Jesu, und die vorbereitende Fastenzeit fest im christlichen Kalender verankert sind, bestünde kein Anlaß, für die sechs »fetten Tage« der Fastnacht *(dies pingues)*[3] etwas anderes anzunehmen, gäbe es nicht die Akkomodationstheorie, die besagt, daß die Kirche im Zuge ihrer Ausbreitung, wo immer dies möglich war, vorgefundene Traditionen aufgenommen und christlich überformt habe. So konnte sich leicht die Meinung bilden, daß allen oder doch den meisten christlichen Festen und Bräuchen

gleichartige heidnische unmittelbar vorausgegangen wären, so daß es nur der Beseitigung der überlagernden Schicht bedürfte, um auf das autochthone Erbe zu stoßen. Von diesem Gedanken aus bedeutete es dann nur noch einen kleinen Schritt, auf die Schwierigkeit der Akkomodation zu verweisen und beispielsweise darzulegen, daß die Fastnacht als »heidnisches Fest« einfach nicht akkomodierbar gewesen wäre, so daß man sie schließlich, wenn auch ungern und resignierend, geduldet hätte. Nun ist an der Tatsache der Akkomodation als solcher nicht zu zweifeln, da es Zeugnisse gibt, die sie belegen: den Bericht etwa, daß Papst Sergius den Kerzenumgang zu Ehren der römischen Göttin Proserpina in einen entsprechenden Umgang zu Ehren der Gottesmutter umgewandelt und so das Fest »Maria Lichtmeß« geschaffen habe.[4] Es lag nahe, für Ostern, Weihnachten oder Epiphanie eine gleichartige Entwicklung anzunehmen und sie vor allem für solche Feste zu postulieren, deren Charakter allem Christlichen so augenfällig widerstreitet wie die Fastnacht. So erschien es auf den ersten Blick nicht unwahrscheinlich, daß der Osterfeier ein germanisches Frühlingsfest zu Ehren einer Göttin Ostera vorausgegangen sein könnte, der Weihnachtsfeier ein Wintersonnenwendfest und der Fastnacht ein heidnischer Spuk zur Abwehr irgendwelcher Dämonen und Geister, mindestens jedoch ein Frühlingsfest zur Förderung der Fruchtbarkeit und des Wachstums aus Anlaß des beginnenden Erntejahres. Solche Überlegungen fielen vor allem dort auf fruchtbaren Boden, wo man es für wünschenswert hielt, den bestimmenden Einfluß der Kirche auf die Kultur des Abendlandes in Zweifel zu ziehen oder gar zu bestreiten.[5] Man übersah dabei nur zu leicht, daß die Akkomodation nichtchristlicher Überlieferungen durch das Christentum stets nur dort erfolgte, wo der dominante christliche Heilsplan dies ohne Rückwirkungen zuließ, und daß es sich dabei nicht um die Regel, sondern um eine (keineswegs häufige) Ausnahme handelte. Fälle, in denen die Akkomodation den Inhalt der Verkündigung beeinflußt hätte, sind nicht bekannt geworden, und es kann sie auch kaum gegeben haben, weil die Integrität des Evangeliums Angleichungen nur im eher peripheren methodischen Bereich, nicht aber in der Sache selbst zuließ. Insofern verdient die Aussage der Benediktinermönche Augustin Scherer und Johannes Baptist Lampert Beachtung, daß die Herleitung eines Hochfestes wie Weihnachten aus heidnischem Erbe »unhaltbar« sei, weil »die Christen gewöhnlich weit entfernt waren, sich derlei heidnischen Gebräuchen zu akkomodieren, sondern im Gegenteil die heidnischen Feste durch Buß- und Fasttage ersetzten«[6]. In der Festsetzung ihrer eigenen Feiertermine richteten sie sich nicht nach der überkommenen Jahreseinteilung, sondern nach der genuin christlichen Tradition.

Den Kern der Festgestaltung bildeten dabei zunächst das Oster- und das Epiphaniasfest, von denen aus die übrigen Feste in einem längeren und durch viele Zeitumstände beeinflußten Prozeß entwickelt wurden.[7] Für die Bestimmung des Osterfestes wurde dabei das historische Datum des dritten Tages nach der Kreuzigung Jesu am 14. Nisan entscheidend. Daß man über die Berechnung dieses Erinnerungstages unterschiedlicher Auffassung war und ihn deshalb in den einzelnen Gemeinden an abweichenden Terminen beging, drohte die Einheitlichkeit des Kultes zu zerstören und veranlaßte so die Festlegung auf den ersten Sonntag nach Frühlingsvollmond, die auch nach der Reform des Gregorianischen Kalenders ihre Gültigkeit behalten hat. Die mit dieser Tatsache unvereinbare Ableitung des Festes von einem germanischen Frühlingsfest konnte obendrein als Irrtum widerlegt werden; sie besaß keine faktische Grundlage.[8] Dem Fest der Erscheinung der Gottheit Jesu am Epiphaniastag wurde Mitte des 4. Jahrhunderts aus theologischen Erwägungen, insbesondere der Lehre von der »hypostatischen Union« von Menschheit und Gottheit Jesu, das Fest der Menschwerdung, das heißt der Geburt Jesu Christi, hinzugefügt. Die ursprüngliche Festfeier allein am Epiphaniastag, dem 6. Januar, hinterließ jedoch ihre Spuren bis heute in der Feier des Martinstages am 11. November, an dem die Fastnachtsnarren die jeweils neue Saison zu eröffnen pflegen. Gewiß hat die Wahl dieses Tages auch etwas mit der Bevorzugung der Elfzahl zu tun, die den elften Tag im elften Monat geeignet erscheinen ließ, an ihm auf die bevorstehende Fastnachtszeit hinzuweisen. Aber zwischen dem späteren Martinstag und der Fastnacht bestand auch noch eine inhaltliche Kongruenz durch die ihm folgende Fastenzeit, die ursprünglich genauso auf das Epiphaniasfest zuführte wie die Fastenzeit vor Ostern auf das Auferstehungsfest. Berechnet wurde sie mit ebenfalls 40 Tagen vom 6. Januar an rückwärts, wobei die Sonnabende und Sonntage ausgelassen wurden, entsprechend einer im Bereich der Ostkirche länger bewahrten Regelung. Durch die

10

Einführung des Weihnachtsfestes verlor diese Vorbereitungszeit ihren Sinn, so daß sie durch die Adventszeit mit ihrer spezifischen Perikopenordnung ersetzt wurde. Die Erinnerung an die alte Epiphaniasfastenzeit blieb aber dadurch erhalten, daß ihr Vorabend der letzte Tag war, an dem Rechtsgeschäfte abgewickelt und fröhliche Feste veranstaltet werden durften, da derartige Dinge in der Fastenzeit untersagt waren. Nimmt man zu diesen Tatsachen noch die Einführung des Pfingstfestes am »fünfzigsten Tag« nach Ostern sowie die zu den Hochfesten gehörenden Nachfeiern in der Oktav des jeweiligen Festes, die ausnahmslos theologisch begründet sind, ergibt sich, daß dem christlichen Kalendersystem eine innere Logik eigen ist, die es fraglich erscheinen läßt, ob man einzelne Feste *a priori* als nichtchristlich bezeichnen kann, es sei denn diejenigen, die durch eine bestehende Rechtspraxis als »bürgerlich« ausgegliedert waren, wie der Neujahrstag des Julianischen Kalenders am

1. Januar oder der Maifeiertag, an dem das Sommerhalbjahr eröffnet und die Heerschau auf den Maifeldern abgehalten wurden. Jedenfalls muß bei einem Fest wie der Fastnacht, deren Termin indirekt vom christlichen Ostertermin abhängt, zunächst geprüft werden, inwieweit es sich bei ihr ebenfalls um ein christliches Fest handelt, dessen äußerer Gebundenheit an die nachfolgende Fastenzeit eine innere Begründung durchaus entspricht. Zu berücksichtigen ist dabei vor allem, daß die Liturgie des Sonntags in der Fastnacht und diejenige des Aschermittwochs auf den Charakter der beiden konträren Festzeiten Bezug nehmen, so daß die Fastnachtsfeier selbst eine bestimmte liturgische Position zugewiesen erhält. Unter der Voraussetzung, daß Kalendersystem und Liturgie aufeinander bezogen sind, wird man folglich das Hexaëmeron der Fastnacht als *liturgische Zeit* bezeichnen können, die den übrigen Zeitabschnitten formal, wenn auch nicht inhaltlich entspricht.

2. FASTNACHT UND PROTESTANTISMUS

Daß die Fastnachtsfeier religiöse Aspekte besitzt, ergibt sich schon daraus, daß die beiden großen christlichen Konfessionen in ihrer Beurteilung weit voneinander abweichen: Während sie auf katholischer Seite geübt und mit Eifer gepflegt wird, schlägt ihr auf evangelischer Seite deutliche Ablehnung entgegen, und zwar seit langer Zeit und über vielfältige kulturelle Umbrüche hinweg. Im Jahre 1954 zum Beispiel bewilligte die Stadt Aachen für den Karnevalsumzug einen Geldbetrag. Der evangelische Kirchenrat schrieb daraufhin an den Oberbürgermeister, daß damit »der Zersetzung aller sittlichen Zucht und Ordnung aufs stärkste Vorschub« geleistet werde.[9] In Frankfurt am Main wurde im

selben Jahr ein »Atomfasching« mit Maskenball als Bikini- und Blütenfest angekündigt. Der Evangelische Pressedienst nannte die Einladung »geschmacklos – taktlos – gottlos«[10]. Das Evangelische Sonntagsblatt kolportierte für Bonn die Formulierung eines Pfarrers: »*Unser Herr ist nicht Prinz Karneval, sondern Jesus Christus.*«[11] 1959 kritisierte das »Evangelische Gemeindeblatt für Württemberg« eine Fastnachtsveranstaltung unter dem Titel »Eine Nacht im Paradies« mit Sündenfall, Hölle, Schlangengrube, Garten Eden, Liebeswald und anderen Attraktionen.[12] Es gab auch entsprechende Äußerungen der volksmissionarischen Dienste und der Bischöfe. 1955 wurde auf Handzetteln in Stuttgart erklärt: »*Du wirst doch wissen, daß der Karneval vom Teufel erfunden wurde; darum werden beim Fastnachtsumzug auch so viele Teufelsfiguren und Teufelsmasken mitgeführt . . . Welches sind denn die Früchte des Karnevals? Aus den Zeitungen kannst du es lesen: Eifersuchtsszenen, Sittlichkeitsverbrechen, Ehebruch, Ehescheidung, Mord, Selbstmord – ein zerrüttetes Leben, zerstörte Familienverhältnisse, Not und Elend ohne Ende. Das ist die Ernte des Teufelsfestes.*«[13] Landesbischof Dr. Bender in Karlsruhe schrieb 1957: »*[Ich] ermahne . . . die Glieder unserer evangelischen Gemeinden, sich dem Fastnachtstreiben bewußt fernzuhalten. Wir gedenken in diesen Tagen der Passion unseres Herrn, der, da er hätte mögen Freude haben, das Kreuz erduldet und der Schande nicht geachtet hat, um uns zu helfen.*«[14] Und Pfarrer Kemner in Ahlden argumentierte sogar mit einem biblischen Exempel gegen die Fastnachtsbälle: »*Der größte Zeuge vor Christus [Johannes d. T.] verlor an den Folgen einer Tanznacht den Kopf.*«[15] Noch 1979 untersagten Pfarrer und Kirchengemeinderat in Gomaringen (Kreis Reutlingen) eine Fastnachtsfeier im evangelischen Kindergarten mit der Begründung, daß die Fastnacht aus dem Heidentum stamme[16], und im Februar 1983 ließ die »Evangelische Volks- und Schriftenmission Lemgo-Lieme« in Freiburg i. Br. einen in 200 000 Exemplaren gedruckten Handzettel mit der Devise »Karneval – nein danke« in die Briefkästen werfen, auf dem es hieß, daß einer der Hauptinteressenten an der Fastnacht der Teufel sei und daß es für viele, die sich von ihm verführen ließen, eines Tages ein »jähes Erwachen« geben werde.[17] Bekannt ist der Konfessionsstreit um die Fastnacht in Wolfach, bei der am Schellenmontag der durch

Abbildung 1 Nürnberger Schembartlauf: Teufel zieht Narren in die »Hölle«

12

Abbildung 2 David Teniers, »El rey bebe«, um 1640

die Stadt gefahrene Nachtwächter den Narrotag »im Namen des Herrn Entekrist« anzusingen pflegte, bis die Narrenzunft dem Druck der evangelischen Gemeinde 1973 nachgab und das Tagansingen wegen der damit verbundenen (vermeintlichen) Gotteslästerung in ein unverbindliches »Narrenwecken« umänderte.[18] Und als im Januar 1983 ein Freiburger Hochschullehrer vor der örtlichen Volkshochschule in Wolfach darlegen wollte, daß es eigentlich sehr sinnvoll gewesen sei, den »Herrn Entekrist« mit dem Narrotag in Verbindung zu bringen, boykottierte die Narrenzunft den Vortrag

mit dem Argument, daß sich gerade an diesem Vortragsvorhaben das unablässige Wirken des Bösen zeige: Der Antichrist wolle sich einfach nicht verdrängen lassen.[19]

Die Kritik der evangelischen Seite an der Fastnacht reicht bis zu Martin Luther selbst zurück. Als 1539 in Nürnberg aus aktuellem Anlaß erneut der mit dem Einzug der Reformation 1524 abgeschaffte »Schembartlauf« inszeniert wurde, nannte Luther das im fernen Wittenberg eine »Unverschämtheit der Nürnberger« *(»Norimbergensium malitiam«),* die aus Mißachtung des Evangeliums und aus Haß

13

gegen die Prediger erfolge; das »impiissimum spectaculum«, das sich konkret gegen den Lutheraner Dr. Andreas Osiander richtete, sei eine schwere Sünde.[20] Entsprechend wurden schon in die evangelischen Kirchenordnungen des 16. Jahrhunderts zahlreiche Fastnachtsverbote aufgenommen. Die Agende des Herzogtums Pommern verlangte 1569, daß die Pastoren am Fastnachtssonntag aus der Genesis die Historien von der Sündflut und von Sodom und Gomorrha vorlesen sollten, damit das Volk lerne, »dat düvelsche wesen des olden heidenschen vastelavendes to vormidende«[21]. 1590 zählt der Visitations-Abschied von Stolp in Pommern die Fastnacht zu den »schandbaren lastern«, die »mit ernster Strafe« bedroht werden.[22] Verschiedene Kirchenordnungen der Kurpfalz warnen vor der Fastnacht »und anderen heidnischen mißbrauchen«, die die »anhörung göttlichs worts« verhindern und »zum Bösen« anreizten.[23] Die »Polizei- und Rügordnung« der Grafschaft Hohenlohe vom 25. September 1588 meint, daß die Fastnacht »ein heydnischer und jüdischer gebrauch« sei, »in welcher sich allerhand unzucht, büberey, abgötterey und andre unordnung zugetragen«, weshalb sie »allerdings verboten« sein solle[24], und diese Belege stehen für viele andere. Auch der Schweizer Reformator Wilhelm Farel meinte: »Ain christ soll sich hütten vor dem fasznachtspyl«, das »nach Sitte der Heiden« (»gentium more«), nicht »directore spiritu«, vonstatten gehe.[25] Heidnisch bedeutete dabei »außerchristlich«, »außerevangelisch«, und bezog sich insofern auf das katholische Braucherbe, zu dem etwa Philipp Melanchthon auch die Heiligenverehrung rechnete, die er eine »öffentliche heidnische Abgötterei« nannte.[26]

3. FASTNACHT UND KATHOLISCHE KIRCHE

Auf katholischer Seite wurde demgegenüber die seit Jahrhunderten geübte Brauchpraxis nicht nur über die Reformation hinaus beibehalten, sondern gegen die protestantische und andere Kritik verteidigt, wie zuletzt an der Jahreswende 1934/35, als der Münchener Erzbischof Michael Kardinal Faulhaber den Germanentheorien der Nationalsozialisten die Feststellung entgegenhielt, daß »der Karneval, früher eine Vorfeier der kirchlichen Fastenzeit, wie sein Name sagt, eine Verabschiedung der Fleischkost, ... sich von der Kirche losgesagt« habe und nun, »eigentlich als Irrläufer und ohne inneres Recht, auch von jenen heute gefeiert« werde, »die die fleischlosen Fasttage der Kirche nicht mitmachen«.[27] Ganz ähnlich hatte früher schon der Mainzer Bischof und vormalige Professor am Priesterseminar zu Mainz, Paul Leopold Haffner, geurteilt: »Ich halte den Karneval für eine höchst christliche und wahrhaft katholische Institution und würde fast eine Ketzerei darin sehen, wenn man ihn abschaffen wollte.«[28] Die Auffassung mancher Volkskundler, daß »die Wurzeln der Fasnacht [ohne ›t‹] fraglos in heidnischem Brauchtum, einem Gemisch von keltischen, germanischen und spätantiken Elementen«, gelegen hätten, »dem der erbitterte Kampf der Kirche gegolten« habe[29], erwies sich von hier aus als Irrtum, der aber in der Fachliteratur und in der Tagespresse unaufhaltsam fort-

14

wirkt. Tatsächlich hat die katholische Kirche an der Fastnachtsfeier selbst nie gerüttelt. Selbst ein dem Karneval vergleichsweise reserviert gegenüberstehender Papst wie Benedikt XIV. lehnte es in seiner bekannten Enzyklika vom Jahre 1748 *expressis verbis* ab, den Karneval zu verbieten, obwohl durch die protestantische Praxis längst bewiesen war, daß ein solches Verbot durchsetzbar gewesen wäre. Der Papst formulierte ausdrücklich, daß er nicht die mindeste Absicht habe, die Fastnachtsfeiern anzugreifen: »*Fatemur, minime Nobis statutum animo esse, . . . in bacchanalia invehi.*«[30] Der Grund seines Schreibens an die Erzbischöfe und Bischöfe waren eingetretene Mißbräuche, die sich nicht auf die Fastnachtsfeier an sich, sondern auf Überschreitungen des abgesteckten Rahmens bezogen: daß beispielsweise die Brauchhandlungen über den Anbruch des Aschermittwochs hinaus fortgesetzt würden; daß die Fastnachtsnarren in ihren Narrenkleidern in die Kirchen gingen, um das Aschenkreuz zu empfangen; daß sie sich anschließend zu Hause schlafen legten, und ähnliches mehr. Wie schon Basilius gesagt habe, gezieme es sich durchaus nicht, auf diese Weise die Fastenzeit zu beginnen, denn wer den Eingang entweihe, sei nicht würdig, in das Heiligtum, die Fastenzeit, einzutreten: »*Hodiernus dies* [= Aschermittwoch] *vestibulum est jejunii; neque vero, qui in vestibulis profanatur, dignus est, qui ad Sancta introeat.*«[31] Entscheidend war für den Papst die klare Abgrenzung der beiden Zeitabschnitte voneinander, nicht etwa ein Kampf gegen die von allen seinen Vorgängern zugelassene, weil – aus katholischer Sicht – unverzichtbare Fastnachtsfeier. Immerhin unterdrückte er nicht sein Verständnis für das Begehren, die Fastnachtsfeier abzuschaffen, indem er festhielt, wie sehr die »Rücksichtslosigkeit« der Fastnachtsbräuche den heiligsten Sitten der Christen widerstreite. Aber er hielt daran fest, daß sie von

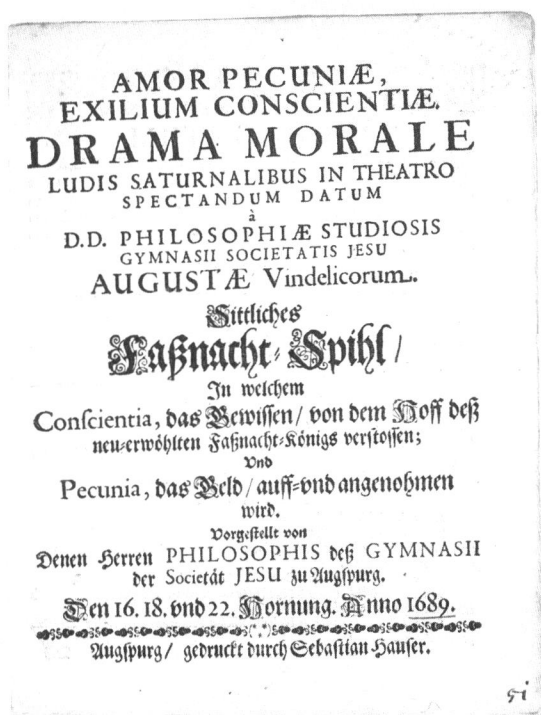

Abbildung 3 »Faßnacht-Spihl« der Jesuiten, Augsburg 1689

der Kirche dennoch »erlaubt« würden, wobei ein großer Unterschied zwischen dem bestehe, was vorgeschrieben sei, und dem, was erlaubt werde. Entscheidend sei, daß bei den von der Kirche erlaubten Dingen »keine Vermehrung und keine Willkür« statthabe. Als Begründung für die Erlaubnis wies er auf die Absicht hin, so »schwereren Übeln vorzubeugen«, die er wohl in einer sonst zu befürchtenden unzureichenden Vorbereitung auf die Passionszeit und das Osterfest sah.[32] Daß die Fastnacht jedenfalls dazu diente, auf die Fastenzeit vorzubereiten, hatte schon Geiler von Kaysersberg gewußt und den Gläubigen mitgeteilt: »*Jetzt ist die Fastnacht/eine Zeit zum frölich-sein/gleich hernach fol-*

15

get die traurige Fasten. Die Christliche Catholische Kirche erlaubet eine ehrliche recreation und Wol/ lustbarkeit/damit ihre geistliche Kinder desto williger seyn/die heilige Fastenzeit zu halten.«[33] Die von Papst Benedikt XIV. erneuerte Erlaubnis, die zur Einstellung der protestantischen Geistlichkeit in diametralem Gegensatz stand, bezog sich auf die Fastnachtsfeier als Institution, nicht jedoch auf ihren Inhalt, die »importunitas« oder »pestis importunissima«, die er vom Selbstverständnis der Kirche her niemals hätte erlauben oder dulden können. Der Papst wußte genau um das dialektische Prinzip der erlaubten Entfaltung des Unerlaubten, das seine vielleicht widerspruchsvoll erscheinende, in Wirklichkeit ganz konsequente Einstellung bestimmte. Ausdrücklich hielt Benedikt XIV. auch fest, daß seine Vorgänger auf dem römischen Bischofsstuhl die Fastnachtsbräuche regelmäßig für bestimmte Tage erlaubt hätten, stets mit der Einschränkung, am Freitag und am Sonntag keine Masken zu tragen.[34] Diese Regelung, die der Grund dafür sein dürfte, daß die am Donnerstag vor Aschermittwoch einsetzenden Maskenbräuche noch heute am darauffolgenden Freitag allgemein, am Sonntag mindestens teilweise entfallen, wurde von ihm uneingeschränkt erneuert. Die übrigen Anordnungen betrafen das verständliche Beteiligungsverbot der Kleriker an der Fastnacht und die Erneuerung des 40stündigen Gebetes an den Fastnachtstagen, das vor allem denen empfohlen wurde, die nicht aktiv am Brauchwesen selbst beteiligt waren.

Für die Tatsache, daß Päpste die Fastnachtsfeiern ausdrücklich erlaubt haben, teilt Ludwig Freiherr von Pastor entsprechende Belege mit.[35] Im Jahre 1466 ließ Papst Paul II. die Karnevalsveranstaltungen von der Piazza Navona, dem Kapitolsplatz und dem Monte Testaccio in das Stadtinnere auf den späteren »Corso« bis hin zum Palazzo von San Marco verlegen. Er vermehrte die Brauchspiele und die ausgesetzten Preise, ordnete Wettläufe der Juden an und gab dem Magistrat und der Bevölkerung von Rom auf dem Platz von San Marco große Gastmähler.[36] Der Papst »schaute von einem Fenster seines Platzes dieser Volksbelustigung zu und ließ zuletzt Geld unter die jubelnde Menge verteilen. Damit es nicht an Abwechslung fehlte, wurden auch Wettläufe von Eseln und Büffeln veranstaltet.«[37] Der Judenlauf am Fastnachtsdienstag bot später »Anlaß für antisemitische Kundgebungen, wobei man sogar Steine und Schmutz auf die ›zweibeinigen Bestien‹ schleuderte«, und er wurde deshalb unter Clemens IX. abgeschafft.[38] Die Nachfolger Pauls II. schenkten dem Karneval keine geringere Beachtung. Sixtus IV. (1471–1484) ließ sogar die Gehälter der Lektoren der Universität mit drei Prozent besteuern, um das aufwendige Festmahl des Senats am Donnerstag vor Fastnacht auf dem Kapitol subventionieren zu können. Clemens XI. dehnte 1701 die Erlaubnis zum Karneval auch auf die Frauen aus, denen jetzt gestattet wurde, sich in Masken, wenn auch nur zu Fuß, am Karneval aktiv zu beteiligen.[39] Unter Clemens XII. wurde 1732 zum ersten Mal eine Lotterie zugelassen, das heißt ein Glücksspiel, wie es die Kirche außerhalb der Fastnacht immer verboten hatte.[40] Bei dieser Sachlage kann es nicht überraschen, daß ein so kundiger Jesuit wie der Theologe Jacob Gretser in seinem Werk »De Festis Christianorum«, Ingolstadt 1612, kalvinistische Angriffe gegen die Fastnacht zurückwies und dem Tadler riet, erst die Dornensträucher aus den Äckern der Kalvinisten zu entfernen, bevor er sich »den unseren« zuwende: *»Graviter invehitur Calvinista in Bacchanalia, ipsa Quinquagesimae Dominica inchoari, et duobus sequentibus continuari solita . . . Quem moneo, ut prius sentes ex Calvinianis aruis eradicet. Quo facto, nostra repurgare incipiat.«* Wenn Gretser zugleich ironisch hinzufügte, daß die »*Orgia Bacchi . . . in Calviniana Synagoga radices egerunt*«[41], setzt er die Kenntnis des Unterschiedes zwischen christlich-katholischer Festfeier und nichtchristlichem Inhalt dieses Festes voraus. Er verteidigte ein Fest, dessen Gegenstand er weder akzeptieren konnte noch wollte, sondern dessen Wesensart er dem Gegner anlastete. Die Fastnacht, meinte er, sei gewissermaßen ein katholisches Gewächs. Diese Auffassung vertrat auch der Jenaer Jurist Christian Wildvogel, der sogar die Frage aufwarf, welcher Papst die Fastnacht *eingeführt* habe; die Antwort,

es sei Papst Telesphorus, Anfang des zweiten Jahrhunderts, gewesen[42], ließ sich zwar nicht halten, aber an der Katholizität der Fastnachtsfeier haben die führenden Vertreter der Kirche nie gezweifelt.

Nur stellt sich die Frage, was eigentlich an diesem Fest und seinem Brauch katholisch sei, was christlich. Denn die Erfahrung zeigt, daß es in der Fastnacht ganz unchristlich zugeht, wenn Narren und Teufel ihr Spiel treiben, wenn alle gute Ordnung durch eine – wenn auch geregelte – Unordnung ersetzt wird, wenn sich Menschen aller Altersgruppen und Schichten der Bevölkerung vorübergehend

Abbildung 4 Ebensee/Oberösterreich. Fahne der Prinzessin »Regina von Höllerina«

17

närrisch gebärden, sei es, daß sie in Nachtgewändern und mit Schlafhauben auf dem Kopf Umzüge veranstalten oder daß sie gar – wie »Roller« und »Scheller« in Imst – auf öffentlicher Straße die Bewegungen des Geschlechtsverkehrs nachahmen, die von den Akteuren selbst als »Ehestandsbewegungen« bezeichnet werden –, oder sei es, daß sie ihre Narrenreiche mit Prinzen, Garden, Herolden, Statuten usw. errichten. »Sapientissime«, äußerst weise, hätten alle seine Vorgänger auf dem römischen Bischofsstuhl die Fastnacht erlaubt, meinte Papst Benedikt XIV. 1748, und tatsächlich hat sie in den Zentren der katholischen Welt immer eine große Rolle gespielt, in Rom wie in Venedig, in Mainz wie in Köln, in München wie in Rio, und zwar in einander so ähnlichen Formen, daß an einem gemeinsamen, im katholischen Weltbild verankerten Programm kaum gezweifelt werden kann. Es ist nur zu fragen, wie dieses Programm lautete, das die Einheitlichkeit der Festgestaltung sicherte und doch der Darstellung des Unchristlichen so viel Raum ließ.

4. DIE ALTERNATIVE ZWISCHEN BABYLON UND JERUSALEM

4.1. Narrenreiche und Nebukadnezar

Die Lösung dieses Problems ergab sich zum einen aus der Berücksichtigung bestimmter Archivalien, zum anderen aus der Einbeziehung von Ergebnissen der Perikopenforschung.[43] Den ersten Hinweis bot eine Quelle, in der man Nachrichten über die Fastnachtsfeier am wenigsten vermutet hätte, nämlich der Aktenfundus des Collegium Germanikum, der 1552 durch Papst Julius III. gegründeten Musterlehranstalt der Jesuiten in Rom, deren Aufgabe darin bestand, einen hochqualifizierten Nachwuchs an Priestern und Akademikern für die Rekatholisierung Deutschlands auszubilden. Der innere Aufbau des Römischen Kollegs beruhte auf der »Ratio Studiorum« des heiligen Ignatius von Loyola und den nach dessen Tod von der ersten Generalversammlung erlassenen Konstitutionen. Diese Studienordnung enthielt genaue Verhaltensweisen für den Provinzial, den Rektor, den Studienpräfekten und sämtliche Lehrkräfte, verlangte hohe Arbeitsdisziplin und mahnte unter anderem die Schüler »vorzüglich zu täglichem Gebete zu Gott, besonders zur täglichen Abbetung des Rosenkranzes oder der Tagzeiten Mariae, zur abendlichen Gewissenserforschung, zu häufigem und würdigem Empfang der Sakramente der Buße und des Altars, *zur Meidung böser Gewohnheiten*, zur Abscheu vor dem Laster und endlich zur Übung aller eines Christen würdigen Tugenden«[44]. Gerade hier, wo das Leben jedes Schülers einem idealen Erziehungsplan katholischer Prägung unterworfen war, besaß auch der Karneval seine gebührende Stellung. Seine Feier bestand in einer Einrichtung, die nach Kardinal Andreas Steinhuber sogar »ihre Geburtsstätte im Collegium Germanikum hat«: der Wahl eines »Königs des Karnevals« mit souveräner Gewalt für die Tage der Fastnacht. An dieser Institution wurden nur die auswärtigen Schüler des Konvikts beteiligt, nicht die zum späteren Eintritt in den Orden

18

Abbildung 5 Der »Geißelklöpfer«-Narr geht dem Zug der Teufel und Hexen voraus

bestimmten Angehörigen der Schule. Das erklärt sich leicht aus den Vorschriften der Kirche, die eine Teilnahme der Kleriker an den Fastnachtsbräuchen ausschlossen. Die Herrschaft des Karnevalskönigs währte die ganze Fastnachtszeit über. Sie umfaßte – in der für den Brauch allgemein charakteristischen, hier etwas elitär gewendeten Weise – die Loswahl des Königs, seine Huldigung, Inthronisation und verschiedene Bankette, ferner Rügegerichte, Ausfahrten und dramatische Fastnachtsspiele, wozu schließlich eine eigene, den Sinn des Ganzen erklärende Abschiedsrede trat. Am letzten Fastnachts-

abend erschien der König nach Beendigung der Vorstellung mit seinem Gefolge auf der Bühne des Kollegs und hielt eine kurze Ansprache, in der er darauf hinwies, daß das von ihm vertretene *Reich dieser Welt nur kurz und vergänglich* sei. Dann legte er die königlichen Insignien unter passenden Bemerkungen über *die Nichtigkeit aller irdischen Herrlichkeit* eine nach der anderen ab und trat hierauf wieder in den Kreis seiner Genossen zurück.[45] Diese Abschiedsrede bot einen ersten Hinweis darauf, daß der Errichtung des Fastnachtskönigsreiches das Zweistaatenmodell des heiligen

19

Augustinus zugrunde lag. Dem überzeitlichen Reich der »Königsherrschaft Gottes«[46], das nach traditioneller kirchlicher Denkweise innerhalb des Jahreszyklus am Aschermittwoch beginnt und auf das Auferstehungsfest Ostern hinführt, stand hier an Fastnacht das »kurze und vergängliche Reich irdischer Herrlichkeit« gegenüber, das wie alle irdischen Reiche nichtig war und rasch verging. Die Konstituierung solcher Fastnachtsreiche läßt sich zwar überall nachweisen, wo es eine bodenständige Fastnacht gibt, aber nur hier am Jesuitenkolleg in Rom wurde den jungen Vertretern der katholischen Intelligenz, die später mehrheitlich in herausragende Stellen einrückten, erklärt, was es mit diesem Tun auf sich habe: daß es nämlich geschehe, um auf die Flüchtigkeit irdischer Pracht hinzuweisen. Die Darstellung dieser Pracht erfüllte deshalb nicht nur den Zweck abwechslungsreicher Unterhaltung, sondern sie geschah unter dem Gesichtspunkt, die Lebensalternative zwischen einer Diesseits- und einer Jenseitsorientierung aufzuzeigen, wie es die Aufgabe des Fastnachtswesens seit alter Zeit gewesen sein dürfte.

Schon in flämischen, flandrischen und französischen, aber auch in deutschen Städten hatte man, seit 1330 nachweisbar, an Fastnacht zeitliche Reiche mit eigener Hierarchie errichtet, die die Narreteien bestimmten und die vor allem gegeneinander kämpften. Es gab Tauffestlichkeiten für die Fürsten dieser Reiche, den Erlaß närrischer Statuten sowie närrische Turniere und Wettkämpfe. In Aalst, Gerardsbergen, Veurne, Hulst und anderen Orten trugen die Herrscher Namen wie »Prinz der Liebe«, »König der Pracht«, »Herr von der Dürre«, »Herr von Allermangel«, »Herr Alles-fehlt-ihm« und »König von den Mohren«.[47] Gent aber besaß 1529 einen Fastnachtskönig mit den Titeln »Prinche vander Verkensmaert, ende Dolphin vander Cammer-

straete, Potestaet vanden Vridachmaert, Dominateur vander langher Munte, ende Raedsheere vanden Plaetskine«, dessen Taufname »Nabugodonozor« lautete, das heißt Nebukadnezar.[48] Dies aber war der Name des Königs von Babylon gewesen, der den Staat Juda zerstört und dessen Oberschicht in die babylonische Gefangenschaft geführt hatte, des Mannes, auf dessen Befehl hin der babylonische Turm weitergebaut worden war, von dem Gen. 11 erzählt, der historische Tempelturm des Marduk-Heiligtums von Babylon. Nebukadnezar galt im Mittelalter als Vorbild der geistlichen Narrenorden und war zugleich ein weit verbreitetes Sinnbild des Teufels.[49] Über seine Figur wurde der Blick des Betrachters auf Babylon gelenkt, die »civitas saeculi«, die auf der Grundlage biblischer Aussagen seit Augustin als Gegenbild zum Gottesstaat, der Gemeinschaft der gläubigen Menschen, angesehen worden war. Mit Nebukadnezar trat ebenfalls das Zweistaatenmodell in den Vordergrund, das die Alternative der beiden Lebensarten der Gottferne und des Gehorsams gegenüber Gott auf zwei streng voneinander geschiedene historische Realitäten bezog: Babylon und Jerusalem, deren Eigenschaften sich in den beiden Festzeiten Fastnacht und Fastenzeit spiegeln. Die zeitlichen Reiche dieser Welt, wie sie an Fastnacht in vielen Orten errichtet werden, hatte Augustin in seinem epochalen Werk »De civitate Dei« als die *abgelehnte* Alternative dem von ihm apologetisch verfochtenen einem Reich der Königsherrschaft Gottes gegenübergestellt, das ohne Ende sei. Babylon war für ihn das Sinnbild der »civitas terrena« gewesen, des irdisch gesinnten Staates, der des Teufels war – eine »civitas Diaboli« – und damit zugleich ein Sinnbild des heidnischen Roms: »Babylon quasi prima Roma, Roma quasi secunda Babylon est«, lautete sein Urteil (vgl. Graphik I).[50]

Graphik I: Das Zwei-Staaten-Modell nach Augustins *De civitate Dei*

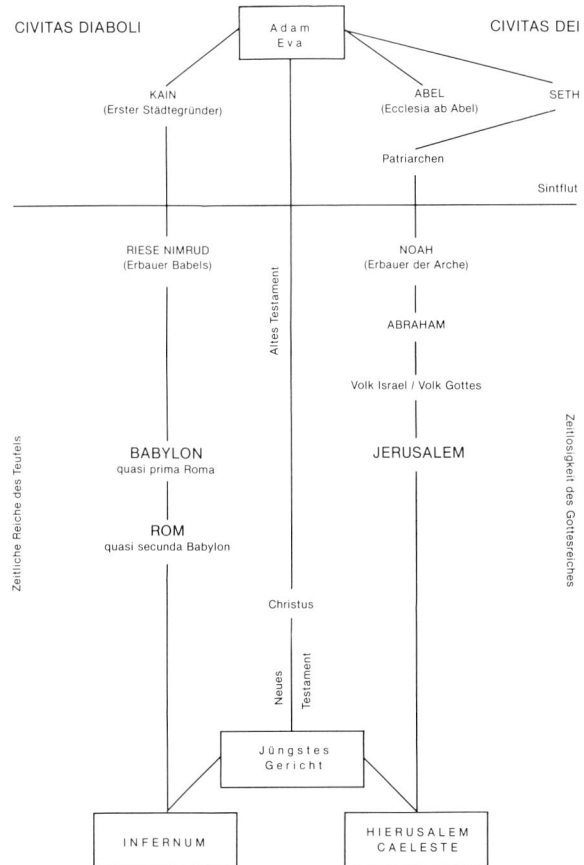

1. Geschichtliche Verwirklichung

CIVITAS DIABOLI   Adam Eva   CIVITAS DEI

KAIN
(Erster Städtegründer)

ABEL
(Ecclesia ab Abel)   SETH

Patriarchen

Sintflut

RIESE NIMRUD
(Erbauer Babels)

NOAH
(Erbauer der Arche)

Altes Testament

ABRAHAM

Volk Israel / Volk Gottes

Zeitliche Reiche des Teufels

BABYLON
quasi prima Roma

JERUSALEM

Zeitlosigkeit des Gottesreiches

ROM
quasi secunda Babylon

Christus

Neues Testament

Jüngstes Gericht

INFERNUM

HIERUSALEM CAELESTE

2. Prinzipielle Verschiedenheit

MATER BABYLON	SUPERNA MATER JERUSALEM
Fülle sich befehdender Reiche	Ein Reich
Vielfalt, Gespaltenheit (confusio)	Einheit, Ruhe, Frieden (unitas)
Zeitlichkeit	Überzeitlichkeit
Verfallenheit an den Teufel	Hinwendung zu Gott
FASTNACHT/KARNEVAL	FASTENZEIT

4.2. Das Zweistaatenmodell des heiligen Augustinus

Im Jahre 1918 hat der Historiker Ernst Bernheim auf die ungemeine Bedeutung des Zweistaatenmodells Augustins für das Denken des Mittelalters und der Frühen Neuzeit hingewiesen[51], wie sie etwa durch die »Chronica sive Historia *de duabus civitatibus*« Ottos von Freising[52], die »Weltchronik« des Rudolf von Ems[53], das Buch des Franziskaners Ludwig Boroius über die Gottes- und die Teufelsbürgerschaft von 1612[54] oder das »Luciferanische Königreich« des Aegidius Albertinus unter dem Titel »Narrenhatz« (1616)[55] belegt wird. Sein Buch über den »Gottesstaat« hatte Augustin nach der Einnahme Roms durch die Goten unter Alarich (410) zu schreiben begonnen, als diese Katastrophe von den Römern zur Götterstrafe für den Abfall zum Christentum erklärt und zum Anlaß einer neuen Christenverfolgung gemacht worden war. In seiner Apologie stellte er der angreifenden römischen Bürgerschaft das Idealbild der christlichen Gemeinde entgegen, die für ihn immer sowohl eine empirische als auch eine metaphysische Größe bedeutete, nämlich die eschatologisch verstandene, geschichtliche Gemeinschaft von Engeln und von gläubigen Menschen, die an die Stelle der gefallenen Engel getreten seien – eine zugleich zeitliche und zeitlose, irdische und überirdische, diesseitige und jenseitige Größe.[56] Die eschatologische Auslegung der eigenen Geschichtlichkeit begründete für Augustin auch die eschatologische Auslegung des geschichtlichen Gegners. Das lästernde, lasterhafte Rom mit seinen vielen Göttern steht für ihn als die »Hure Babylon« im krassen Gegensatz zur »civitas aeterna« mit ihrem einen Gott, die »civitas temporalis Diaboli« zum »regnum, cuius nullus est finis«. Nach Augustin gehen beide auf das Urmenschenpaar zurück, das mit gutem Wollen geschaffen war, dessen Sohn Kain aber – nach Gen. 4,17 der erste Städtegründer – seinen Bruder Abel, den Stifter der Kirche, erschlagen hatte. Leitete sich von Kain über den Riesen Nimrod das gottlose Babylon her, so von Seth, dem Bruder des Ermordeten, über die Patriarchen, Noah und Abraham, die »civitas Dei« Jerusalem, beide bis zum Tage des Gerichtes miteinander vergesellschaftet und dennoch durch äußerste Gegensätzlichkeit voneinander geschieden. Die Bürger der »civitas Dei«, meinte Augustin, bestünden aus der »peregrina civitas regis Christi«, den Pilgern der streitenden Kirche, und der »civitas caelestis«, den triumphierenden Heiligen. Die Gläubigen seien Fremdlinge in der Welt, die neben den Bösen lebten, ohne wie diese in ihr ihre Heimat zu finden. Als »in terra peregrinantes« und als »cives sanctae civitatis Dei in huius vitae peregrinatione« schritten sie unbeirrt durch die Narrheit der Gottlosen und Götzendiener auf ihrem Weg zur himmlischen Heimat fort.[57] So hat sie noch Pieter Brueghel der Ältere auf seinem Gemälde vom Streit zwischen Fastnacht und Fastenzeit dargestellt: als Pilgerpaar, das ungachtet des Narrentreibens rund um die »Blaue Schute«, das Narrenschiff, dem Kirchenschiff zuwandert, um in ihm dem himmlischen Jerusalem zuzufahren. Die vor allem durch Sebastian Brants »Narrenschiff« (1494) populär gewordene Gegenüberstellung von »navicula stultorum« und »navis integra« setzt das Zweistaatenmodell Augustins voraus. Augustin sah den Menschen vor der Wahl zwischen »Babylon« und »Jerusalem«, das heißt auch vor der Entscheidung für eine der beiden miteinander vergesellschafteten, aber prinzipiell unvereinbaren Gemeinschaften: der »cupido«-Gemeinschaft der Narren, die nach ihren eigenen Vorstellungen leben, oder der »caritas«-Gemeinschaft der Gläubigen. Von hier aus wird ohne weiteres deutlich, warum seit dem Mittelalter der langen Fasten- und Bußzeit

eine kurze und begrenzte Zeitspanne der »pervertierten Gottesherrschaft« als Fastnacht vorausgeht. Sie erfüllt den Zweck, bei breiten Bevölkerungsschichten das Bewußtsein für die Geringwertigkeit einer ausschließlichen Diesseitsorientierung, eines Lebens der »civitas terrena«, zu wecken.

4.3. Die Perikopen des Fastnachtssonntages

Die Überlegung, daß die Errichtung und die Interpretation des Karnevalskönigreiches am Jesuitenkolleg in Rom und die Benennung des Karnevalskönigs in Gent als Nebukadnezar nur aufgrund des Zweistaatenmodells möglich gewesen seien, findet eine wesentliche Stütze in den vorgeschriebenen Lesungen der Dominica Quinquagesima, insbesondere der Evangeliumsperikope »Seht, wir gehen hinauf nach Jerusalem« (Lk. 18, 31 ff.), die jahrhundertelang unter Rückgriff auf das Zweistaatenmodell Augustins erläutert wurde. Gerade am Fastnachtssonntag stellten die Prediger im gesamten Einflußbereich der katholischen Kirche den Gläubigen dem Negativbild Babylons das hochbewertete Bild Jerusalems gegenüber und erläuterten ihnen am Beispiel des Blinden am Weg (»caecus sedebat prope viam«) die Sündhaftigkeit der Welt. So verfuhr etwa Joseph von Barzia und Zambrana, Bischof von Cadiz, der als »Spanischer Prediger auf Teutscher Cantzel« 1744 zu Augsburg knapp erklärte: »Faßnacht-Zeit hat zwey Weeg« und dann Lk. 18, 31 ff. mit den Worten erläuterte: »*Was unterschiedliche Weeg gehen anheut die Kinder Gottes, und die Kinder der Welt! jene folgen Christo nach, dise der Welt. Und wo geht heute Christus hin, wohin die Welt? Christus gehet nach Jerusalem; die Welt gehet nacher Babylon. Was sagt die Welt zu ihren Kindern? Sie ruffet mit starcker Stimm: Venite, et fruamur bonis, quae sunt etc.;*

22

Kommet, laßt uns die Güter genüssen, die wir haben, usw. Was sagt aber Christus zu den Seinigen? Ecce ascendimus Jerosolymam etc. Sehet! Wir gehen hinauf gen Jerusalem.«[58] Den Gegensatz der zwei Staaten Babylon und Jerusalem, die in der katholischen Welt immer als zwei »mystische«, das heißt allegorische Vokabeln verstanden wurden, bezog der Bischof von Cadiz auf die beiden Welten, die durch Fastnacht und Fastenzeit repräsentiert werden und auf deren klare Scheidung etwa gleichzeitig Papst Benedikt XIV. nachdrücklich drang.

Bis in das 13. Jahrhundert zurück führen ganz ähnliche Fastnachtssonntagspredigten, die auf das Zweistaatenmodell mit seinem Gegensatz von Babylon und Jerusalem Bezug nehmen. Dabei wird selten auf die Nennung des babylonischen Königs Nebukadnezar verzichtet, der 1529 als »Karnevals-prinz« in Gent wiederbegegnet und auch sonst im Fastnachtsspiel, zum Beispiel der Jesuiten, vorkommt.[59] So zeigt ein Franziskanerprediger aus dem Umkreis Bertholds von Regensburg am Fastnachtssonntag Christus auf dem Weg nach Jerusalem und setzt ihm in dem Blinden am Weg das Muster des Sünders entgegen, der vom Teufel so in die Hölle geführt werde, wie der hoffärtige Sedechias vom König Nebukadnezar: *»Swenne du ze hochvertich bist un dc du under nieman wilt sind, . . . so ferhenget got über dich dc Nabuchodo-nosor kumt dc ist der tiufel . . . Swenne dir dc denne beschiht. reht also do herre Nabuchodonosor Sedechiam mit im fürte gegen Babiloni. also fürt dich der tiufel reht och mit im in die bitteron helle.«*[60] Diese Predigt setzte das Wissen darum voraus, daß das Babylon Nebukadnezars eine »civi-

Abbildung 6 Pflugumzug und »Narrensamensäen«

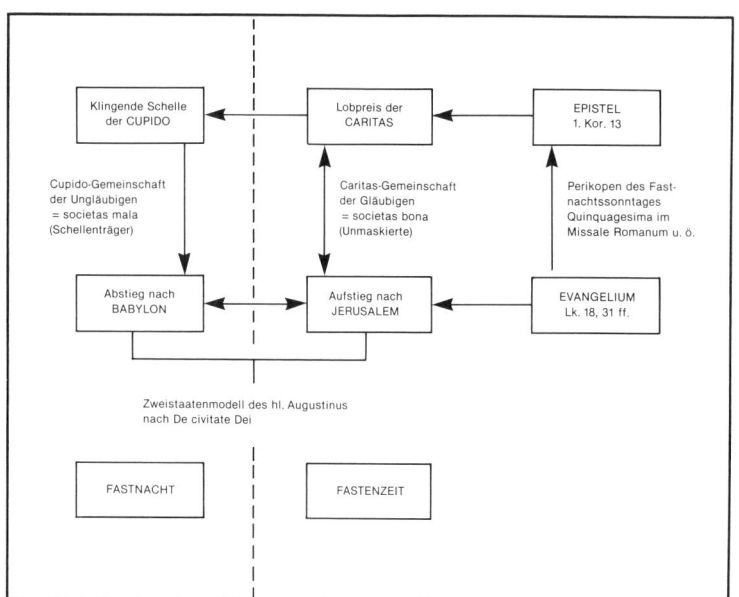

Klingende Schelle
der CUPIDO

Lobpreis der
CARITAS

EPISTEL
1. Kor. 13

Cupido-Gemeinschaft
der Ungläubigen
= societas mala
(Schellenträger)

Caritas-Gemeinschaft
der Gläubigen
= societas bona
(Unmaskierte)

Perikopen des Fast-
nachtssonntages
Quinquagesima im
Missale Romanum u. ö.

Abstieg nach
BABYLON

Aufstieg nach
JERUSALEM

EVANGELIUM
Lk. 18, 31 ff.

Zweistaatenmodell des hl. Augustinus
nach De civitate Dei

FASTNACHT

FASTENZEIT

tas diaboli« im Sinne Augustins gewesen sei (*»Nabuchodonosor . . . dc ist der tiufel«*) und daß das Wesen dieses Teufelsstaates Babylon in der Lasterhaftigkeit der Menschen fortwirke, wie dies Augustin selbst schon gesehen hatte. Die Zahl der Geistlichen, die den Text der Evangeliumsperikope in dieser Weise auslegten, ist Legion. Ein Mainzer Dominicale von 1668 zum Beispiel stellt die Verbindung von Zweistaatenmodell und Fastnacht ausdrücklich her, wenn es sagt, daß unter Jerusalem das Königreich Gottes verstanden werde, zu dem Christus alle Menschen einlade und wohin er ihnen vorangehe, während viele mit dem Blinden am Weg, der zum Himmel führe, säßen und verharrten, *»gerade jetzt, da die Fastnachtsbräuche mit ihren verderblichen Torheiten nach Jericho hinableiten«*. So handele auch der höllische Teufel Nebukadnezar mit dem Menschen, indem er ihn gebunden in das Babylon der ewigen Verdammnis führe.[61]

Doch ging die Bindung der Fastnachtsfeier an die Perikopenordnung noch einen entscheidenden Schritt weiter. Neben das Evangelium (Lk. 18, 31 ff.) trat (bis zur Liturgiereform nach dem Vatikanum II) die Epistel des Sonntags Quinquagesima, das 13. Kapitel des ersten Korintherbriefes: *»Wenn ich mit Menschen- und mit Engelszungen redete, ohne Liebe zu haben, so wäre ich ein tönendes Erz oder eine klingende Schelle.«* Hier wurde mit den Schlußworten: *»Jetzt bleiben Glaube, Hoffnung, Liebe, diese drei; das Größte von ihnen aber ist die Liebe«*, dem Weg nach Jerusalem, den Christus und alle Gläubigen, dem Evangeliumstext zufolge, beschreiten, die *caritas* zugeordnet, die nach Augustin das Wesen ihrer Gemeinschaft ausmacht: *»major autem horum est caritas.«* Zugleich beschrieb der Text als kennzeichnendes Merkmal jener, die sich zu dieser Liebe nicht bekennen, das *»cymbalum tinniens«*, die klingende Schelle. Damit waren die Mitglieder der *cupido*-Gemeinschaft als

Schellenträger benannt, und zwar am Fastnachtssonntag, um den herum die Narren mit ihren Schellen landauf, landab auf die Straßen gehen (vgl. Graphik II). Dem Argument, daß die Perikopen dieses Sonntages erst mit dem Ziel ausgewählt worden wären, einen schon bestehenden Brauch in das Kirchenjahr zu integrieren, steht entgegen, daß sie älter sind als jede Nachricht über die bräuchlich geübte Fastnachtsfeier. Die Evangeliumsperikope findet sich in der Bindung an den Sonntag Quinquagesima bereits im Homilienverzeichnis Gregors des Großen (gestorben 604), in der Perikopenliste des heiligen Burchard von Würzburg (gestorben 753), im Evangelienverzeichnis der Pfalzkapelle zu Aachen, das im Reiche Karls des Großen als maßgebend galt, und vielfach sonst.[62] Für die Epistel gelten entsprechende Verhältnisse. Schon die Auswahl dieser Texte dürfte auf der Grundlage des Zweistaatenmodells geschehen sein, dessen Anwendung sich aus der Gleichsetzung der Fastenzeit und ihrer Erfordernisse mit dem Leben in der »Jerusalem«-Gemeinschaft der Pilger von selbst ergab. Man wird jedenfalls folgern müssen, daß die Fastnachtsfeier entstand, um den Gläubigen vor Eintritt in die Fastenzeit die *abgelehnte Alternative* eines Lebens in der *cupido*-Gemeinschaft »Babylons« vorzuführen. Das Ziel lag darin, ihre Bereitschaft zur Hinwendung nach »Jerusalem« leichter zu bewirken. Im Jahre 1654 veröffentlichte der Jesuit Matthias Faber eine Fastnachtspredigt, in der er erklärte, der Teufel täusche zu dieser Zeit die Narren und die herumtollenden Jünger des Bacchus; er stelle ihnen alle nur denkbaren Lüste, Vorteile und Eitelkeiten vor, ohne daß sie damit etwas anderes erlangten als ein schlechtes Gewissen. Darauf nun beziehe sich, was Jesajas über das verwüstete Babylon sage, und *Babylon sei ein Sinnbild der verkehrten Welt: »Babylonem mundi perversi typum esse scimus.«*[63] Das aber gilt dann

logischerweise auch umgekehrt: die verkehrte Welt wird durch Babylon versinnbildlicht; Fastnacht und Babylon sind eins. Wie die historischen Belege zeigen, ging der Brauchzeit der Fastnacht die Festlegung der Quinquagesima-Perikopen voraus.

Immerhin wäre zu fragen, wie es eigentlich möglich war, den Gläubigen der »caritas«-Gemeinschaft das Recht einzuräumen, sich, wenn auch nur für kurze Zeit, auf die Seite der abgelehnten Gegenwelt zu stellen. Vielleicht spielte hier eine Rolle, daß sich die Messen der Vorfastensonntage im Rom der nachgregorianischen Zeit mit Stationszügen verbunden hatten, die aus der Stadt hinausführten: am Sonntag Septuagesima nach St. Laurentius *extra muros*, am Sonntag Sexagesima nach St. Paul, am Sonntag Quinquagesima nach St. Peter, »also auch in beiden letzteren Fällen vor die Mauern der Stadt«[64]. Dieses Beispiel wurde an anderen Orten nachgeahmt. Wenn im Mittelalter die Laien Fastnacht feierten, zogen sie im übertragenen Sinn ebenso aus der »Stadt« hinaus, um die »Welt« zu sehen, wie sie die exegetische Tradition im »Blinden am Weg« immer erläutert hat; sie sollten den Aufstieg nach Jerusalem gewissermaßen von außerhalb beginnen. Die Gläubigen standen am Beginn der Fastenzeit vor der »angusta porta«, über die man zur Zeit des heiligen Korbinian (gestorben um 730) »in caput Quadragesimae«, dem späteren Aschermittwoch, predigte.[65] Die Evangeliumsperikope dieses Tages, Mt. 6, 16–21, verband spätestens seit Bonifaz IV. die Aufforderung zum Fasten mit der Mahnung, das Gesicht zu reinigen und das Heil nicht auf Erden zu suchen, womit eine deutliche Absage an die vorausgehende Zeitspanne verknüpft war. Die allmähliche Herausbildung der Fastnachtsfeier läßt sich an den Perikopenauslegungen der Folgezeit ablesen, wenn zum Beispiel bei Beda Venerabilis (um 700) der Haufe der Christus vorangehenden (nicht nachfolgenden) Menschen als »*die Menge der fleischlichen Wünsche und die Aufruhren der Laster*« charakterisiert wird, die, »*bevor Jesus zu unseren Herzen kommt, mit ihren Versuchungen unser Denken und die Stimmen des Herzens im Gebet verwirren*«. Es ging bei den »*desideriorum carnalium turbas, tumultusque vitiorum*« ebenso um etwas Prinzipielles wie bei dem Blinden, der »*per allegoriam*« für das »*genus humanum*« gesetzt wurde, oder bei Jericho, das als Zeichen »*pro defectu carnis*« galt.[66] Nicht von Brauch war hier am Sonntag Quinquagesima die Rede, sondern von der Lasterhaftigkeit des erbsündigen Menschen, die der Text bis auf die Stammeltern im Paradies zurückführt, und diese Lasterhaftigkeit wurde an allegorischen Bildern aufgehängt und erläutert, zudem an solchen, die der Folgezeit durch unzählige Abschriften, später auch durch Drucke, vermittelt wurden und die in die Predigtpraxis eingingen. Erst auf dieser Grundlage konnte das Brauchwesen der Fastnacht entstehen und sich entwickeln.

5. DAS SYSTEM FASTNACHT

5.1. Typische Figuren

Wenn sich aus der Perikopenordnung ergibt, daß der Fasten- und Bußzeit im Mittelalter eine Zeitspanne der »pervertierten Gottesherrschaft« als Fastnacht vorgeschaltet wurde und daß deren wesentliche Merkmale aus den Texten selbst hervorgingen, stellt sich die Frage, wie das teuflische »Weltreich«, um dessen Darstellung es ging, konkret inszeniert wurde. Wesentliche Aspekte waren bereits durch Augustin vorgegeben: Erstens erschien als Vorbild das heidnische Rom, »secunda Babylon«, dessen Dekadenz sich an den Unsitten der altrömischen Saturnalien besonders gut darstellen ließ. Der Zusammenhang zwischen den Fastnachtsbräuchen und den antiken Winterfesten ergab sich nur nicht, wie man gemeint hat, auf dem Weg über die Brauchtradition, sondern als Folge eines absichtsvollen Rückgriffes nach vielen Jahrhunderten ihrer Unterdrückung. Noch Pieter Brueghel war sich des Zusammenhanges zwischen Rom und Babylon bewußt, wenn er seine Darstellung des babylonischen Turmes unverkennbar am römischen Kolosseum orientierte.[67] Als Vorbild erschien zweitens die Lasterhaftigkeit, das heißt die Anhänglichkeit an die Todsünden, die man durch allegorische Bilder vergleichsweise einfach verdeutlichen konnte, zumal die illustrierten Lasterhandschriften entsprechende Anregungen lieferten. Als Wesensmerkmal trat drittens die *Konfusion* Babylons hinzu, im Gegensatz zur *Unitas* der katholischen Kirche. Und es erschien viertens die Beschreibung der »vita carnalis« all derer, die durch ihre Triebhaftigkeit dem Untergang verfallen. Hinzu traten schließlich Hinweise auf die Verfallenheit des Weltmenschen an Tod und Teufel. Es ergab sich so ein fest gefügtes, wenngleich für Erweiterungen durchaus offenes System, bei dessen szenischer Realisierung als »civitas terrena« oder »civitas Diaboli« das alternative System der »civitas Dei« zumindest tendentiell immer mitgedacht und im Auge behalten wurde.

Zu diesem System, wie es sich allmählich und in tausenderlei Varianten ausgebildet hat, gehörten stets typische Figuren und ebenso typische Arten des Verhaltens. Die Fastnachtsfiguren (vgl. Über-

26

sicht I) lassen sich einteilen in die *Verführer der Welt* (Teufel, Hexen, Riesen, Antichrist), in die *Herrscher der Welt* (Narrenkönige und -prinzen mit ihren Begleitern) und in die *Bürger der Welt*, zu denen die vielen Narren, Sünder und Gegner der Kirche gezählt werden können, die das Gros der Beteiligten ausmachen. An der Spitze der Weltverführer steht der Teufel, dem man mit der Hölle, in die er die Narren zieht, schon im Nürnberger Fastnachtsbrauch des Spätmittelalters begegnet (Abbildung 1). Er findet sich heute als Typ etwa in der Fastnacht von Hornberg, Obernheim, Einsiedeln, Offenburg oder Kirchzarten, aber zum Beispiel auch im lateinamerikanischen Karneval von Oruro in Bolivien und vielfach sonst. Ihm, dem Hexenmeister, wurden in einer jüngeren Entwicklung die Hexen zugeordnet, so in Löffingen oder in Offenburg, in Aulendorf oder in Imst/Tirol. Das Vorkommen der Riesen als Weltverführer erklären kirchliche Schriften aus Gen. 6, 5: Es seien anfangs berühmte Männer gewesen, die sich jedoch nicht um Gott kümmerten, vielmehr frech seine Gebote übertraten und die Kinder Gottes zum Abfall von ihm verführten.[68] Solche Fastnachtsriesen begegnen heute zum Beispiel in Riedlingen als »Gole« (einer Kurzform wohl von »Goliath«), aber auch schon im Nürnberg des 16. Jahrhunderts, wo derartige Riesen als Seelenverschlinger gezeigt wurden. Auch der Wolfacher Antichrist steht in diesem Zusammenhang, der schon ein Vorbild in Sebastian Brants »Narrenschiff« besitzt, in dem er als der Verführer zur Gesetzlosigkeit auftritt, der der Wiederkunft Christi vorausgeht[69] – bezogen auf den Kalender: der Wiederkunft am Aschermittwoch, an dem sich der Gläubige wieder einem christlichen Leben zuwendet. Der Antichrist scheint in der Vergangenheit als Fastnachtsfigur verbreitet gewesen zu sein.[70]

Den Verführern der Welt folgen im System die

Übersicht I:
Figuren und Gestalten der Fastnacht und des Karnevals

1. Die Verführer der Welt
1. Teufel
2. Hexen
3. Riesen
4. Der Antichrist

2. Die Herrscher der Welt
1. Narrenkönige, Prinzen, Grafen
2. Narrenfürstinnen
3. Narrenhofstaat
   1. Narrenmarschälle und Zeremonienmeister
   2. Närrische Herolde, Offiziere und Garden
   3. Närrische Beamte und Hofnarren

3. Die Bürger der Welt
1. Narren (Gottesleugner)
   1. Die Narreneltern
      1. Der Narrenvater Adam mit dem Pflug
      2. Die Narrenmutter Eva (Mater Stultorum, La mère folle)
   2. Der Narr und der Narrensamen
      1. Die Narrengeburt, das Narrenschneiden
      2. Die Narrengestalt und die Narrenattribute
         1. Narrenmal, Narrenkappe, Narrenschellen
         2. Narrenkolben, Marotte und Spiegel
         3. Narrenseil, Vanitaskugel und andere Requisiten
         4. Die Narrengesten und -gebärden
      3. Das Narrenhaus und das Narrenschiff
   3. Einzelne Narrengestalten
      1. Hanswurst
      2. Harlekin und Bajazzo
2. Sünder
   1. Befleckte
      1. Fleckenkleidträger
      2. Nachtgewandträger
   2. Lieblose
      1. Schellenkleidträger
      2. Schellenattributträger
   3. Lasterhafte
      1. Tierkleidträger
      2. Träger anderer Lasterzeichen
   4. Schöne und Lachende
      1. Vertreter der »pulchritudo carnalis«
      2. Vertreter der »laetitia carnalis«
   5. Häßliche und Weinende
      1. Vertreter der »deformitas carnalis«
      2. Vertreter der »tristitia carnalis«
3. Heiden und Gegner
   1. Wilde, Mohren und Morisken
   2. Orientale, Chinesen, Indianer, Zingeuner
   3. Häretiker, Protestanten, Zauberer und Astrologen

27

Abbildung 7 »Narrensämann« (16. Jahrhundert)

anderem von David Teniers (Abbildung 2), Jan Steen und mehrfach von Jacob Jordaens. Die »Karnevalsprinzen« bilden also keine »Erfindung« des 19. Jahrhunderts, sondern sind, wie bereits die Beispiele aus den Niederlanden zeigten, schon Jahrhunderte früher belegbar. Daß ihre Institutionalisierung durch die Jesuiten gefördert wurde, zeigen Fastnachtsspiele wie das Augsburger von 1689, »In welchem Conscientia, das Gewissen, von dem Hoff deß neu=erwöhlten Faßnacht=Königs verstossen; Vnd Pecunia, das Geld / auff= vnd angenohmen wird« (Abbildung 3). Heute finden sich Karnevalskönige zum Beispiel in Nizza, wo die entsprechende Figur von den »Follies« (Narren) begleitet wird, in Trinidad, New Orleans oder auch in Ebensee, wo sich die Herrscherin 1982, vielleicht zufällig, aber systemkonform, »Prinzessin Regina von *Höllerina* nannte (Abbildung 4). Narrenprinzen begegnen auf Bildern 1512 in Paris und 1552 in Löwen. Viele dieser Herrscher tragen Namen, die sie aus christlicher Sicht als Negativfiguren ausweisen, oder sie sind Gestalten einer anderen Glaubenswelt, wie der islamische »König Rabadan« in Bellinzona. »Rey Momo« in Rio de Janeiro erinnert an Momos, das antike Sinnbild der Tadelsucht, von dem es hieß, daß er aus Ärger darüber geplatzt sei, an Aphrodite nichts aussetzen zu können. Auch »Le roi soleil« in Nizza war offenkundig nicht positiv gemeint; der Sonnenkönig hatte sich durch seine Kirchenpolitik, insbesondere seine Ablehnung der Vorherrschaft des Papstes, disqualifiziert, wovon man in katholischen Kreisen noch lange zu berichten wußte.[72]

Zu den »Bürgern« der »civitas Diaboli« gehört zunächst der Narr, der im christlichen Verständnis den Gottesleugner schlechthin bezeichnet; erst die Aufklärung hat die scharfe Charakterisierung dieser Gestalt entwertet. Die Grundlage der genannten Sinngebung bildete der 52. Psalm: »*Dixit insipiens in corde suo: non est Deus*«, dessen Illustra-

Weltherrscher, das heißt die Fastnachts- und Karnevalsprinzen mit ihrem Hofstaat, ihren Garden und Herolden, Proklamationen, Ordensverleihungen usw., wie sie erneut seit 1823 für Köln, seit 1838 für Mainz, seit 1893 für München und zahlreiche weitere Orte belegt sind, jeweils auf sehr viel älterer Tradition. Früher erfolgte die Wahl der Narrenherrscher am Dreikönigstag mit Hilfe des »Königskuchens«, in den eine Bohne eingebacken wurde. Wer sie fand, war »Bohnenkönig«, ein Zufallskönig gewissermaßen, kein König von Gottes Gnaden.[71] Diese Wahl wurde oft bildlich dargestellt, unter

tion in mittelalterlichen Handschriften häufig einen Narren als Gegenbild zu König David oder König Salomon zeigt.[73] Die Bedeutung des Narren als Gottesleugner erklärt, warum diese Figur im Fastnachtsbrauch so häufig dem Zug der Teufel und Hexen vorangeht (Abbildung 5): wer in seinem Herzen Gott verleugnet, ist dem Teufel rettungslos verfallen. Der Standardnarr mit Eselsohrenkappe und Schellen, häufig im Mi-Parti,[74] stellt deshalb nicht zufällig die verbreitetste Fastnachtsfigur dar. Seine »Marotte«, wie sie zum Beispiel der »Narrenbüttel« in Stockach trägt, bezeichnet den Menschen, der nur sich selber sieht, dem also die Caritas fehlt.[75] Der Standardnarr kommt als »Bajazzo« in Einsiedeln vor, als »Jokili« in Endingen und in mancherlei sonstigen Ausprägungen, ausgestattet mit theologisch genau begründeten Attributen, wie dem Narrenmal auf der Stirn[76] oder dem Narrenseil, an dem der Teufel die Anhänger des Weltstaates in das Infernum hinabzieht. Oft werden die Narreneltern oder die Narrenmutter Eva dargestellt, ähnlich wie auf der bekannten Ambraser Narrenschüssel,[77] hin und wieder auch Pflugumzüge, mit denen ganz entsprechend auf Adam verwiesen wird, der im Schweiße seines Angesichtes sein Brot verdienen muß, weil er sich verführen ließ. Im Fridinger Narrensamensäen (Abbildung 6) »agrikultische Vorstellungen« verwirklicht zu sehen,[78] berücksichtigt nicht, daß es für ihn, ebenso wie für den fröhlich dahinschreitenden Narrensämann einer italienischen Zeichnung des 16. Jahrhunderts (Abbildung 7), eine systemkonforme Begründung in der Schrift gibt (1. Kor. 15, 36 f.): *»Du Narr, was du säst, wird nicht lebendig, wenn es nicht zuvor starb . . . Gesät wird ein sinnenhafter Leib, auferweckt ein geistiger Leib.«* Da erscheint das ganze »Programm« von Fastnacht und Fastenzeit schon vorweggenommen. – Zu den Weltbürgern gehören auch die »Befleckten«, deren reines

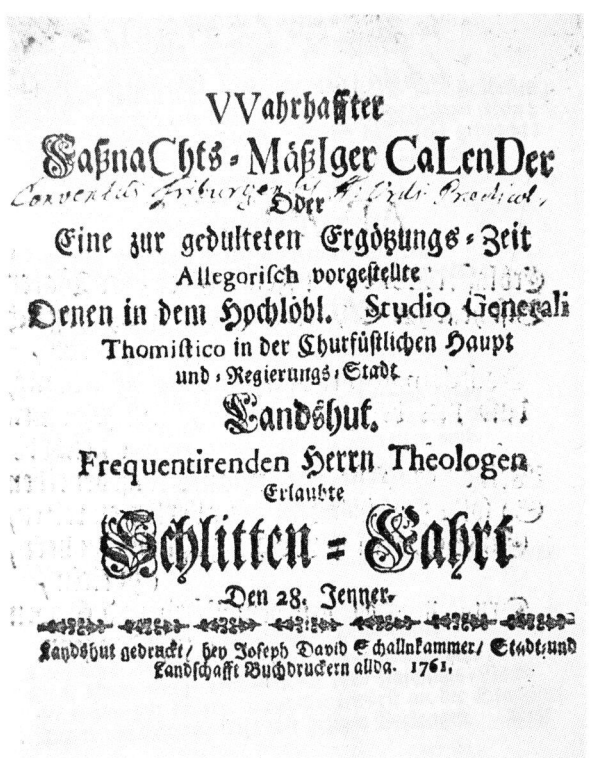

Abbildung 8 Allegorische Schlittenfahrt, Landshut 1761

Taufgewand durch die Flecken der Sünde verunziert wurde. Von den vielen Möglichkeiten, »Befleckung« zu zeigen[79], wird im Fastnachtsbrauch durch die mit Flicken besetzten Kleider ausgiebig Gebrauch gemacht; sie heißen mundartlich immer »Fleckleshäs« oder ähnlich, weisen also unmittelbar auf »Flecken« (maculae) hin.[80] Vom kirchlichen Sprachgebrauch der Befleckung her, vor allem in bezug auf den Geschlechtsakt, der als solcher (nach dem Konzilsentscheid von Vienne, 1311) Sünde ist, wird man auch die Nachtgewänder zu interpretieren haben, die besonders in der Fastnacht des Bodenseegebietes verbreitet sind. Mit ihren »Hemdglonkern« erinnern sie jedenfalls an

29

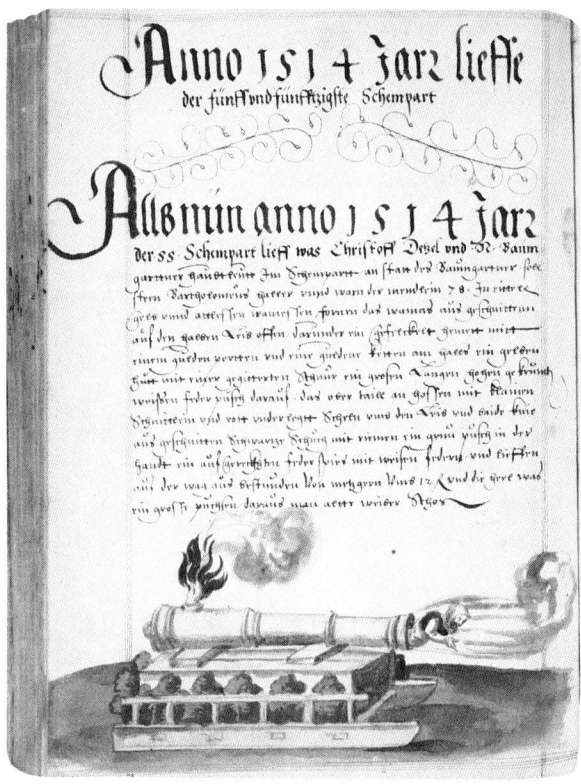

Abbildung 9 »Hölle«, Nürnberg 1514

die Narrenschellen der Lieblosen, die nach Abraham a Sancta Clara *»vorn und hinten mit Schellen geziert«* sind[81], weil ihnen die Liebe fehlt, die niemals aufhört, die Caritas (1. Kor. 13). Die Schellenkleidträger sind in der Fastnacht ebenfalls weit verbreitet, und manche Bräuche, wie der »Narrensprung« in Rottweil, dienen offensichtlich dazu, die Schellen auch wirklich zum Klingen zu bringen. Zu erwähnen sind ferner die zahlreichen allegorischen Figuren, zu denen ebenso die Tierkleidträger wie die Schönen und Lachenden, die Häßlichen und die Weinenden zu zählen sind, denen sich dann als letzte Gruppe die Heiden und Gegner der Kirche, zum Beispiel die Mohren oder die Zigeuner, die

Türken oder auch einmal evangelische Prediger, anreihen, das heißt Angehörige von Gruppen, die nicht zur katholischen Kirche zählen.

5.2. Typische Fastnachtsallegorien

Die Absicht, den Gläubigen im Rahmen der Fastnacht eine Welt des Lasters vorzuführen, veranlaßte zwangsläufig die Einbeziehung von Allegorien in den Brauch, nicht nur weil diese sich zur Darstellung des Abstrakten gut eigneten, sondern weil sie in der reichen mittelalterlichen und frühneuzeitlichen Lasterliteratur in reicher Auswahl vorlagen, so daß man sich ohne weiteres auf sie beziehen und sie in konkrete Bilder und Gestalten umsetzen konnte. In seinem Buch »Hieronymus – Lebensbilder aus der Baar und dem Schwarzwald« weiß Lucian Reich noch im Jahre 1853 davon, daß es zur Zeit seiner Großeltern, also um die Wende zum 19. Jahrhundert, üblich gewesen sei, an Fastnacht dem Volk »moralisch-deklamatorische Aufzüge« zur Erbauung vorzuführen. Bei einem solchen Umzug habe man »in Begleitung von Instrumental- und Vokalmusik die sieben Todsünden dargestellt« und dabei Tiermasken, wie sie heute noch in der schwäbisch-alemannischen Fasnacht in großer Zahl vorkommen, »als symbolische Beigaben« benutzt, das heißt als Allegorien.[82] Reich kannte sogar noch ein Programm aus jener Zeit, das die Devise »Ludendo corrigo mores!« trug. Es hatte offenbar dazu gedient, den Zuschauern den Sinn des Dargestellten zu erklären. Solche Programme allegorischer Fastnachtsaufzüge haben sich hier und da auch erhalten. So besitzt die Freiburger Universitätsbibliothek die gedruckte Erläuterung einer »zur geduldeten Ergötzungs=Zeit [= Fastnacht] *Allegorisch* vorgestellte(. . .) Schlitten=Fahrt«, die am 28. Januar 1761 von den Theologie-Studenten in

Von Dem Zorn.

Abbildung 10   »Hölle« für die Zornigen, 1509

gehandelt hätte, wäre irrig, weil sich derartige Fastnachtsallegorien historisch weit zurückverfolgen lassen. Typische Beispiele dieser Art sind unter anderem für den spätmittelalterlichen Nürnberger Schembartlauf nachgewiesen.

Im Jahre 1514 bestand die »Hölle«, die im Zuge des Brauchgeschehens auf »Schleifen« durch die Stadt gezogen wurde, aus einer Kanone, aus der man angeblich »alte Weiber« schoß (Abbildung 9). Die Vermutung, daß man damit eine Verspottung alter Frauen beabsichtigt habe, und das Argument, daß »das Schießen bei Fest und Feier im Brauchtum des Jahres- und Lebenslaufes ... auch heute noch durchaus üblich« sei[84], erbrachten für die Bezeichnung dieses Schaustückes naturgemäß keine Erklärung. Fünf Jahre zuvor, im Jahre 1509, war indes zu Straßburg ein Traktat über die Peinen erschienen, die den Todsündern in der Hölle bereitet werden.[85] Einer der beigegebenen Holzschnitte (Abbildung 10) war dabei dem Laster des Zorns und dessen

Landshut veranstaltet worden war (Abbildung 8). Dabei hatten sie auf 16 Schlitten entsprechende Fastnachtsfiguren vorgeführt und durch zwei- und vierzeilige Reimpaarverse knapp erläutert. Man sah da einen »Spiegel-Krammer«, »Diogenes« mit der Tonne, »Mercurius mit Calendern«, einen lutherischen Prediger, einen ungarischen Tollpatsch, einen türkischen Mufti, Bacchus, einen Juden mit einem Waldhorn, Fortuna mit dem Rad, einen preußischen Husaren, Mars mit seinen Waffen, einen Pandur mit einem Dudelsack, einen alten Mann mit einem Sonnenwedel, einen Kosaken und andere Figuren, die auf die eine oder andere Art mit dem Jahreslauf und damit mit der Zeit in Zusammenhang gebracht wurden.[83] Die Meinung, daß es sich hierbei um etwas Außergewöhnliches

Abbildung 11   »Höllen«-Teufel, Nürnberg 1516

Abbildung 12 Seelenverschlingender Teufel in der Hölle, Florenz um 1300

Bestrafung in der Hölle gewidmet. Man sieht auf ihm einen Gläubigen in Orantenhaltung, dem sein Schutzengel in einer Vision die einzelnen Höllenstrafen zeigt, darunter das beständige Quälen der Seelen durch den Teufel, das Braten auf dem Rost und – gleich in mehrfacher Ausführung – die Kanonen, aus denen man in genau der gleichen Weise menschliche Figuren – nämlich Seelen – abschießt wie später im Nürnberger Fastnachtsbrauch. Die Schlußfolgerung kann nur lauten, daß diese Nürnberger »Hölle« tatsächlich als Allegorie für ein Verhalten gedacht war, das nach dem Denken der Zeit

die Bestrafung in der Hölle nach sich ziehen mußte. Eine andere »Hölle« zeigte im Jahre 1516 einen Teufel mit Fratzen auf Bauch und Knien (Abbildung 11). Die Hauptquelle dieses besonderen Teufelstyps dürfte mindestens den Gebildeten bekannt gewesen sein; es handelte sich um den (nur etwas vereinfacht wiedergegebenen) Satan aus dem letzten Höllengesang von Dantes »Göttlicher Komödie«, dessen Gesichter im Genitalbereich und an den Knien auf die Hierarchien der Höllenkreise hinwiesen: mit ihnen sollte gezeigt werden, daß der Teufel diese Gesichter besaß, um die mit dem oberen Rachen verschlungenen Seelen unten wieder auszuspeien und in noch tiefere Regionen der Hölle hinabzubefördern. Dantes »Divina comedia« lag seit 1472 in zahlreichen Druckfassungen vor, und Reisende kannten ihre Bildtopoi nicht nur aus Büchern, sondern auch von Tafel- und Wandmalereien her, wie der Darstellung des seelenverschlingenden Teufels im Baptisterium zu Florenz aus der Zeit um 1300 (Abbildung 12). Auch in diesem Fall diente das Schaustück zur Wiedergabe der Allegorie. – Als drittes Beispiel ließe sich die »Hölle« von 1521 nennen, die einen Vogelherd darstellte, »auf dem man Narren fing«. Er wird in den Handschriften unterschiedlich gezeichnet, im Fall der wiedergegebenen Vorlage (Abbildung 13) mit einer nackten Frau als Lockmittel für die Männer, die ihr »auf den Leim gehen«. Warum es sich hier nicht um eine Reminiszenz an den Vogelfang, sondern um christliche Allegorese handelte, erklärt ein Kupferstich von Hieronymus Wierix aus etwas späterer Zeit (1578), der sich aber auf eine breite literarische und ikonographische Tradition stützte (Abbildung 14).[86] Sein »Sturz des Weltmenschen« zeigt den »homo mundanus«, der von der Sünde (peccatum) verführt und vom Tod mit dem Pfeil beschossen wird, wie er auf den Vogelherd des Teufels stürzt und verlorengeht. Die Beischrift dieses Vogelherdes, der hier nicht als »area aucupis«, sondern als »laqueum mortis« bezeichnet wird, belegt, daß die Grundlage dieser Darstellung die Schriftstelle Jer. 5, 26 f. bildete. In ihr werden die Gottlosen beschrieben, die dem Menschen Fallen stellen, »wie es die Vogelfänger tun« – im Wortlaut der Vulgata: »Impii insidiantes quasi aucupes, laquaeos ponentes et pedicas ad capiendos viros.« Die Frage, warum man eine solche Allegorie gerade in der Fastnacht zur Schau stellte, findet eine zusätzliche Antwort in dem Umstand, daß »die Fallstricke des Bösen« zu den Standardthemen der Predigten am Sonntag

Abbildung 13   Vogelherd-»Hölle«, Nürnberg 1521

Quadragesima (Invocavit) gehörten, weil nicht nur die Evangeliumsperikope die Versuchung Jesu in der Wüste betraf (Mt. 4, 1 ff.), sondern der vorausgehende Tractus des Meßformulars die Befreiung aus dem Fallstrich des Jägers besang: »Liberavit me de *laqueo* mortis.« Aus diesem Grunde auch wurde die große Predigt Bertholds von Regensburg über die Fallstricke des Teufels dem Sonntag nach der Fastnacht und dem Aschermittwoch zugeordnet.[87] In ihr beschrieb der Franziskaner, wie »*die tiuvel wol ieglîcher hande liuten ir strîcke legen, dar nâch als ez sich füeget*«, und nannte unter den verschiedenen Arten auch die Vogelstellerei: »*Sô muoz man den vogeln ouch ander leie strîcke legen . . . Alsô tuont ouch die tiuvel.*«[88] Es war von daher sehr sinnvoll, in der Fastnacht als »Hölle« einen Vogelherd mit Narren zur Schau zu stellen, der den »Sturz des Weltmenschen« versinnbildlichte, weil

Abbildung 14   Hieronymus Wierix: »Der Sturz des Weltmenschen«, 1578

man am Sonntag darauf über dieses Thema predigen konnte oder doch zumindest in der Liturgie die Befreiung von dieser Gefahr besang. Auch zahlreiche andere Einzelheiten des Nürnberger Fastnachtsbrauches dürften als Allegorien zu verstehen sein, zumal unter Berücksichtigung der Tatsache, daß Hans Sachs den Schembartlauf selbst als eine Allegorie des Aufstandes von 1349 bezeichnet hat.[89]

Die Verwendung von Laster-Allegorien im Fastnachtsbrauch besitzt eine lange Tradition, die sich ohne weiteres aus dem Anliegen der Kirche erklärt, den Gläubigen vor dem Eintritt in die Fastenzeit die abgelehnte Gegenwelt in aller Deutlichkeit vor Augen zu führen, wie es auch durch Höllenpredigten und andere Unterweisungen geschah. Im Nürnberger Fastnachtsbrauch wurde 1507 ein Basilisk als »Hölle« mitgeführt. Ihn erklärte der Franziskanerprediger Stefan Fridolin anläßlich einer Auslegung des 91. Psalms als Allegorie des Neides: »Mit dem Basilisken sind gemeint die neidigen Menschen . . . Der Basiliscus bedeutet die eitle Ehre . . . [Er] ist ein solcher Wurm, der alle Dinge, die er sieht, tödtet.«[90] Daß er insofern auch richtig als »Hölle« verstanden werden konnte, nämlich als Allegorie eines Lasters, das die Verdammnis nach sich zieht, liegt auf der Hand.

Doch waren es nicht die Predigten allein, die den katholischen Gläubigen den Weg zum Verständnis des Dargestellten wiesen, sondern auch Bilder und textierte Bilderfolgen, wie sie zum Beispiel das lehrreiche Fastnachtsbild aus Joachim Sandrarts »Teutscher Academie« von 1675 repräsentiert (Abbildung 15). Im Zentrum dieses Bildes sieht man den Pelikan, der mit dem eigenen Blut seine Jungen ernährt – ein ebenso bekanntes wie verbreitetes Sinnbild Christi, das antike Naturbeobachtung mit der christlichen Vorstellung vom Opfertod Jesu Christi verbindet.[91] Dieser Pelikan wird hier von der Fastnachtsmeute auf ihrer Pürsch angegangen. Man sieht »Porcius« auf dem Schwein, »Asinus« auf dem Esel, dazu den Bock, den Affen und weitere

Sicht schon die Faßnacht-Pursch den treuen Vogel an/
Grunßt Porcius mit drein/und Asinus schlägt und schreyet:
Ihn soll/ und seine Brut/doch treffen nicht/was dräuet.
Er sprützet Hertzblut aus/ und bleibet Pelican/
Er schwinget sich und schwebt empor / in diesem Streiten:
Auf Eseln läßt er sie und auf den Säuen reiten.

Abbildung 15 Joachim Sandrart: Fastnachtsallegorie, 1675

Abbildung 16 Fuchs mit der
Gans im Fang als Zeichen für das
Laster der Gefräßigkeit

Abbildung 17   Fuchs mit der Gans im Fang

Tiere, wie sie der Bildgestaltung des weit verbreiteten Etymachie-Traktates vom Kampf der Tugenden mit den Lastern entsprechen. Es sind Personifikationsallegorien der einzelnen Todsünden, die der Tod (im Vordergrund rechts) schon gepackt hat und über die sich der Pelikan unangreifbar erhebt. Im Hintergrund erkennt man eine brennende Stadt, einen Turm, eine Windmühle, einen Bacchus auf einer Kanone, das heißt Dinge, die – wie Windmühle und Turm – auch für den Fastnachtsbrauch selbst, etwa in Nürnberg, belegt sind. Auch ohne die Bildunterschrift mußte jeder, der das Sinnbild des Pelikans erkannte, auf die allegorische Bedeutung der übrigen Figuren schließen. Die Meinung, daß den Brauchgestalten diese allegorischen Bedeutungen erst nachträglich zugewachsen wären, würde der Tatsache widersprechen, daß diese Bedeutungen in jedem Fall älter sind als die entsprechenden Brauchphänomene der Fastnacht. Es besteht von hier aus wenig Anlaß für die Vermutung, daß zum Beispiel die Tiermasken mit ihrer oft herausgestellten Identität von Tier und Mensch

Abbildung 18   Fuchs mit der Gans im Fang

andere Aufgaben zu erfüllen gehabt hätten als die »Höllen« des Nürnberger Schembartlaufes und ihre Parallelen, nämlich die Bedrohung derer aufzuzeigen, die mit Christus in der Fastenzeit nach »Jerusalem« hinaufsteigen.

In einzelnen Fällen läßt sich die Herkunft bestimmter Tiermasken aus der Lasterliteratur (und damit aus der Allegorese) besonders gut bele-

Abbildung 20 Esel mit Spiegel

Abbildung 19 Fuchs mit der Gans im Fang

gen, zum Beispiel im Fall des Fuchses mit der Gans im Fang, wie er um 1455 in einem Heidelberger Todsündentraktat gezeigt wird (Abbildung 16). Dieses Bild findet man nicht nur im Nürnberger Schembartlauf wieder (Abbildung 17), sondern auch noch auf dem Narrengewand in Fridingen/ Württemberg (Abbildung 18) sowie als Attribut eines scheinheiligen Mönchs auf der Rückseite der Brunnenfigur auf dem Regensburger Bischofshof (Abbildung 19); die Anregung zu dieser Motivwahl dürfte das entsprechende Bild des Regensburger

Wandteppichs gegeben haben, der seinerseits auf die Tierallegorien des Etymachie-Traktates zurückgreift.[92] Wollte man auf dieser Grundlage auch die übrigen Tiermasken der Fastnacht interpretieren, ergäbe sich zum Beispiel für das »Brieler Rößle« in Rottweil die Erklärung als Zeichen der Hoffart (superbia), wie es schon die »Psychomachie« des Prudentius beschreibt.[93] Der Bär, der unter anderem für Axams, Imst und verschiedene Fastnachtsorte des schwäbisch-alemannischen Raumes belegt ist, müßte dann, dem Etymachie-Traktat entsprechend, als Zeichen für die Unkeuschheit (luxuria)

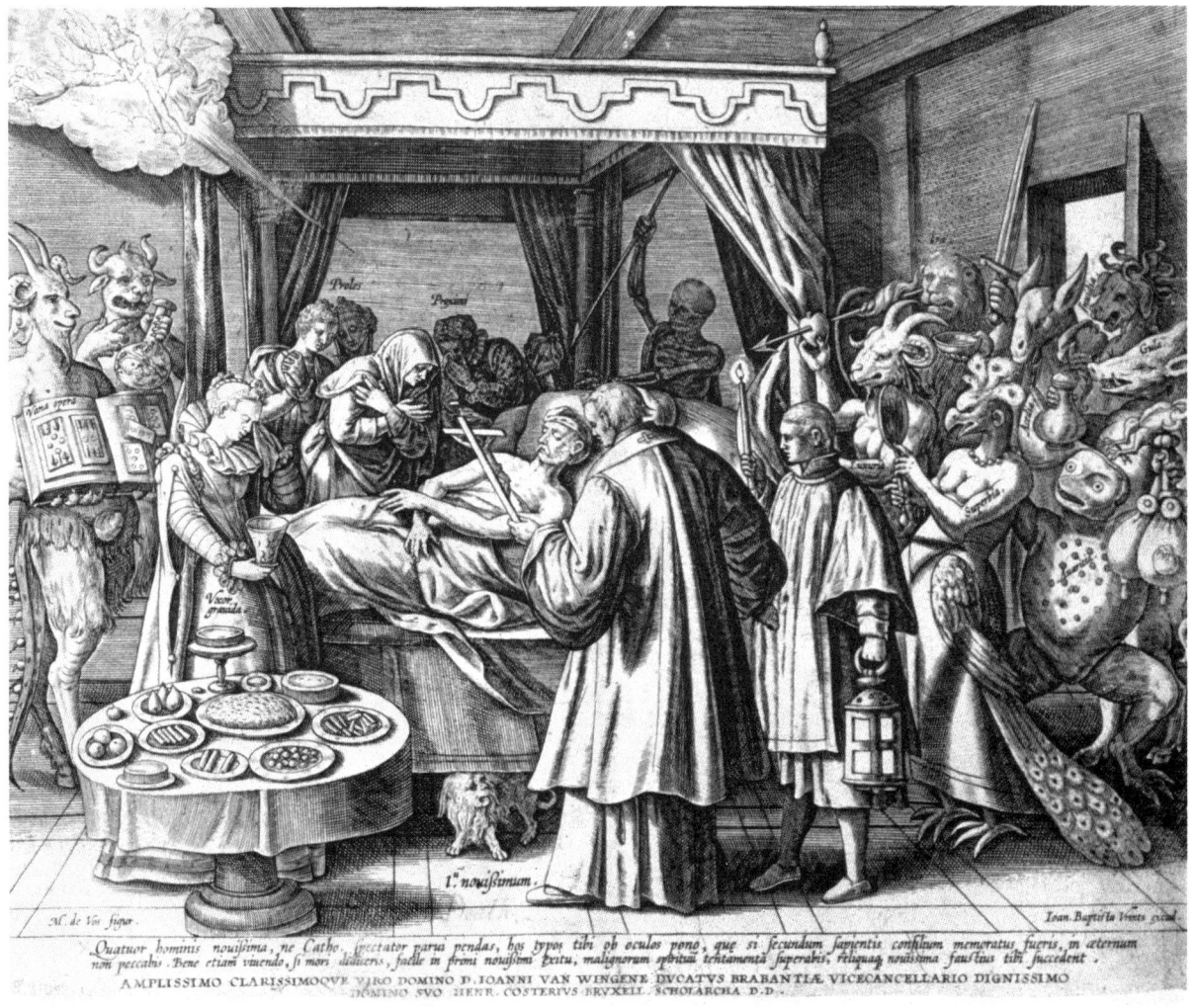

Abbildung 21 Darstellung der Sterbestunde eines Menschen mit einzeln bezeichneten Lastertieren

die Fastnacht schon Anfang des 13. Jahrhunderts belegt, als man vor dem Papst in Rom ein Spiel aufführte, bei dem außer einem Bären auch ein Hahn als Sinnbild getötet wurde, bevor man sich dem enthaltsamen Leben in der Fastenzeit zuwandte.[94] Vergleicht man mit diesem relativ frühen Zeugnis die Tiersinnbilder auf Joachim Sandrarts Fastnachtsbild, wird man Lucian Reichs Darlegung, daß man in der Fastnacht noch um 1800 Tiere als »symbolische Beigaben« zur Darstellung der sieben Todsünden verwendet habe, als Bestätigung für die Existenz einer Tradition ansehen müssen, die erst nach der Aufklärung allmählich in Vergessenheit geriet. Die Tierbilder wurden im Brauch zwar allgemein weitergetragen, doch trat das Wissen um ihre Bedeutung mehr und mehr zurück. Immerhin gab es den Fall, daß die gemeinte Sinngebung durch ein Attribut so deutlich hervorgehoben wurde, daß Mißverständnisse nicht auftreten konnten. Der Esel auf dem Gewand des Salzgeistes in Bad Dürrheim, der aufrecht steht und in den Spiegel schaut (Abbildung 20), bezieht sich offenbar auf den Menschen, der nur sich selber sieht, dem also wieder die Caritas, die Zuwendung zum Nächsten, fehlt.

Allegorien, denen solche Zusatzzeichen fehlten, konnten nur aufgrund eines entsprechenden Vorverständnisses oder mit Hilfe beigegebener Erläuterungen in dem gemeinten Sinn verstanden werden, das heißt nur bei Vorliegen gedruckter Programme oder ähnlichem. Daß die nötigen Vorkenntnisse teils durch Kalenderblätter, teils über die Kanzeln vermittelt wurden, läßt sich leicht belegen. Ein Kupferstich von Hieronymus Wierix (um 1575) zeigt zum Beispiel im Rahmen der Lehre von den Letzten Dingen die Sterbestunde eines Menschen, zu dem die Laster in Tiergestalt herandrängen (Abbildung 21). Es handelt sich um Verkörperungen der sieben Todsünden: den Pfau der Superbia,

Abbildung 22 »Das Herz des Menschen«

angesehen werden, denn er meint dort den Menschen, der der Sünde so nachstrebt wie der Bär dem Honig, bis er in die Grube der ewigen Verdammnis fällt. Der Bock hätte als Zeichen für die Habsucht (avaritia) zu gelten, und der Hahn, der zum Beispiel in Rottweil (als »Guller«) oder in Wolfach vorkommt, müßte als Sinnbild der Geilheit angesehen werden. Gerade diese letzte Sinngebung ist für

40

Abbildung 23 »Butzesel« mit Fleckenkleid und Fleischwürsten, begleitet von mondän aufgeputzten Fastnachtsnarren

den Esel der Acedia, den Bock der Avaritia usw., und Inschriften geben die Bedeutungen an, die in diesem Fall lateinisch, in anderen Fällen deutsch abgefaßt wurden. Ein Bild aus einer gedruckten Serie über »Das Herz des Menschen«, die auf die Jesuiten zurückging und in Wien 1846 bereits in achter Auflage erschien[95], schildert die Besetzung des menschlichen Herzens durch Teufel und Laster und greift dabei auf die bekannten Tierallegorien zurück (Abbildung 22). Noch das Exempel-Lexikon für Prediger und Katecheten von Augustin Scherer

und Johannes Baptist Lampert (1909) enthält in verschiedenen Abschnitten Hinweise auf die Tiersinnbilder, so daß mit deren Kenntnis mindestens bei der kirchentreuen Bevölkerung und für die Zeit vor dem Ersten Weltkrieg gerechnet werden muß. Das Laster des Zorns zum Beispiel wird hier unter Berufung auf die Tradition mit wütenden Hunden, Skorpionen und giftigen Schlangen in Zusammenhang gebracht.[96] So erklärt sich auch der Villinger »Butzesel« im Fleckenkleid, dessen Ohren mit Fleischwürsten geziert sind und der bei seinem Auf-

Vina Falerna, dapes, mensæ varia arte paratæ,
Omnigeniq; cibi Carni solamina præbent:
Ait Anima exficet, et mox te confecta supremi,
Os vix quod corrodat habet, sitis era fatiget.

treten von mondän gestalteten Narren begleitet wird (Abbildung 23). Ein spanischer Barocktraktat erläutert diese Gruppe durch entsprechende Beischriften (Abbildung 24): Der Esel steht für »das Fleisch« (caro), der mondän aufgeputzte Mensch für das »fleischliche Leben«; er ist der »homo carnalis«, der seiner Seele nicht achtet und deshalb verlorengeht, wenn er sich nicht bekehrt. Die »anima« des Betrachters, der die Zuschauer am Wegrand gleichen, soll offenbar das Geschehen begreifen und aus ihm die richtige Konsequenz ableiten, nämlich den Willen zur Umkehr.

Auch andere Phänomene, die zum typischen Erscheinungsbild der Fastnacht gehören, finden durch katechetische Schriften eine Erklärung, zum Beispiel die Malerei auf Narrenkleidern[97], die nicht nur Tiere, sondern auch menschliche Figuren, etwa Türken oder Husaren, dazu Schmuckformen und bestimmte Einzelszenen umfaßt. Zum Verständnis dieses Brauchelementes führt ein Hinweis, den die Benediktiner Scherer und Lampert unter Bezug auf

Abbildung 24 Der Esel als Sinnbild des Fleisches

Abbildung 25 Holzschnitt »Ein hübscher Spruch von Aylff Narren. Wie ayner dem andern die warheyt sagt«

42

Abbildung 26 Ausschnitt eines Totentanz-Kupferstichs aus der Offizin von Paulus Fürst in Nürnberg, um 1660

die Parabel vom reichen Mann und dem armen Lazarus geben (Lk. 16). Über diese »hielt der hl. *Asterius, Bischof von Amasea in Pontus, eine scharfe Homilie, aus der wir ersehen, wie weit sich die Putzsucht der damaligen Zeit verstiegen hatte, da man sich nicht mehr mit prächtigen farbigen Kleidern begnügte, sondern sie sogar mit Malereien aller Art überlud, indem man an den Kleidern die Figuren von Löwen, Panthern, Bären, Ochsen, Hunden, Wäldern, Felsen, Jägern und allerlei andere Malereien zur Schau trug, während die Frömmler sich verschiedene geistliche Historien auf die Kleider malen ließen, als: die Hochzeit zu Kana, die Geschichte vom Gichtbrüchigen, vom Blindgeborenen, von Magdalena, usw. Es ist eben nichts so bizarr, was sich die Putzsucht nicht gefallen ließe.«*[98] Wichtiger als die Frage, ob die Löwen, Bären, Hunde und sonstigen gemalten Figuren auf den Weißnarrengewändern der Baar und des Schwarzwaldes auf nachweisbare Vorlagen zurückgehen oder nicht, dürfte die Tatsache sein, daß solche Dinge im katholischen Schrifttum negativ beurteilt wurden und damit die Voraussetzung erfüllten, durch die sie in die an Fastnacht darge-

43

stelle Gegenwelt einbezogen werden konnten. Die Äußerung des Bischofs Asterius von Amasea (um 400), die sich möglicherweise auf beobachtbare Tatbestände, das heißt eine Kleidermode, bezog, lag weit zurück, aber sie war der Neuzeit durch den Jesuiten Giovanni Stefano Menochio bekannt geworden, auf dessen »Centurien« (»*Nützliche und*

Abbildung 27 »Memento Mori« der Totenkapelle zu Grassau

44

sehr Gelehrte Zeit-Vertreibung«) von 1695 sich die Benediktiner Scherer und Lampert ausdrücklich beriefen.[99] Man wird deshalb davon auszugehen haben, daß die negative Bewertung der Malerei auf Narrenkleidern auch denen bekannt war, die sich an der Gestaltung der typischen Barockkleider, um die es sich meist handelt, beteiligten. Die Erforschung des Urheberkreises wie der für die Brauchgestaltung im einzelnen benutzten Vorbilder und Muster steht heute noch ganz in den Anfängen.

Von hier aus klärt sich nun auch, was es mit der Narrenzahl Elf auf sich hat, die durch die Komiteesitzungen am 11. 11., durch das Aufsagen der elf Gebote zu Mainz, durch die Elferräte oder durch den Beginn um 11 Uhr 11 (oder 11 Minuten nach der vollen Stunde) so markant hervorgehoben wird. Versuche, diese Zahl mit der Französischen Revolution in Zusammenhang zu bringen und sie aus den Anfangsbuchstaben des Rufes nach *Egalité*, *Liberté* und *Fraternité* abzuleiten, berücksichtigen – von der falschen Reihenfolge abgesehen – nicht, daß die Elf als »Geckenzahl« schon auf einem Druck von 1530 belegt ist (Abbildung 25). Die Erklärung liefert wieder die christliche Allegorese, die der Zahl Elf eine ganz feste Bedeutung zuerkennt: elf ist die Zahl, die den Dekalog übersteigt, das heißt die Zehnzahl der Gebote. In den Nachschlagewerken zur Zahlenallegorese findet sich immer wieder der Satz: »Undenarius numerus, primus transgreditur denarium, significans illos, qui transgrediuntur Decalogum mandatorum.«[100] Und da es bei der Fastnacht um die Schaustellung der Gottferne geht, ist es konsequent, diesen Sachverhalt durch die Verwendung der Elfzahl noch zu unterstreichen. Schon bei Hildegard von Bingen verband sich diese Vorstellung mit dem Gedanken an die letzte Stunde, so daß sie die elfte ihrer Visionen der Endzeit und dem Antichristen, die zwölfte aber dem Weltuntergang und dem Letzten

Abbildung 28 Schramberg: Uhr auf der Kehrseite des Narrengewandes (»Hansel-Häs«) mit Zeiger auf Dreiviertel Zwölf

Gericht widmen konnte. Ein Nürnberger Druck des 17. Jahrhunderts zeigt auf einer Totentanzdarstellung die gekreuzten Knochen, den Totenkopf, die Sanduhr und eine Stundenuhr mit dem Zeiger vor der letzten, der zwölften Stunde – als Mahnung, sich der Endlichkeit alles Irdischen bewußt zu werden (Abbildung 26). Ein entsprechendes Bild bietet heute noch das *Memento-mori*-Fresko der Totenkapelle zu Grassau dar (Abbildung 27). So wird verständlich, warum das Narrengewand des Schramberger Hansels auf der Kehrseite eine Uhr trägt, deren Zeiger auf ¾ 12 steht (Abbildung 28):

sie mahnt, die Zeit zur Umkehr nicht zu vergessen; mit einer »Erinnerung an die heimische Uhrenindustrie« hat sie wenig zu tun, denn Vanitas ist die *Kehrseite* des Narrentums.

5.3. Typisches Fastnachtstreiben

Ein Vergleich der Fastnachtsbräuche im regionalen und überregionalen Rahmen führt zu dem Ergebnis, daß nicht nur die Figuren, sondern auch die einzelnen Brauchformen auf vorgegebene Muster zurückgehen, die den einheitlichen Gesamtcharakter der Fastnachtsveranstaltungen bedingen (vgl. Übersicht II). So stößt man vielerorts auf das Errichten von Narrenreichen, auf das Narrenbaumsetzen oder auf das »Ausgraben« und spätere »Vergraben« der Symbolfigur, die die Fastnachtszeit im Einzelfall versinnbildlicht. Weit verbreitet ist das Einsetzen der närrischen Obrigkeiten, die Besetzung der Amts- und Rathäuser, die Übernahme der Narrengewalt und die Verkündung der närrischen Rechts- und Münzordnungen, die im einen Fall durch berittene Herolde, im anderen durch Ausrufer oder Zeremonienmeister erfolgen kann. Auch in der Ausübung des Narrentums finden sich gemeinsame Grundmuster, beispielsweise in den Ordensverleihungen oder in den Rügegerichten, deren Ausführung zwar zwischen der bloßen Erwähnung eines als normwidrig empfundenen Verhaltens einerseits und der groß angelegten und mit Pomp durchgeführten öffentlichen Gerichtsverhandlung schwankt und dabei vielerlei Varianten kennt, im übrigen aber immer wieder auf die Bekanntgabe von Narreteien hinausläuft, die außerhalb der Fastnacht begangen wurden. Gewiß parodiert und karikiert man bei dieser Gelegenheit auch Verfahren der Rechtsprechung, doch ergibt die Musterung aller Arten des Rügebrauchtums der Fastnacht, daß die Auseinandersetzung mit bestimmten Verhaltensweisen das entscheidende Faktum ausmacht. Wenn zum Beispiel im Rottweiler Fastnachtsbrauch die Narrheiten in eigenen Büchern festgehalten und allenfalls flüsternd verraten werden, zeigt sich, daß die Auseinandersetzung mit Rechtsbräuchen weniger allgemein ist als diejenige mit Verstößen gegen die überlieferte Ordnung.

Eine zentrale Aufgabe der Fastnachtsbräuche betrifft darüber hinaus die Schaustellung der »Welt« und dessen, was zu ihr gerechnet wird, in allen nur denkbaren Schattierungen. Sie erfolgt tra-

Übersicht II:
Die Welt der Fastnachts- und Karnevalsnarren

1. Die Konfusion der Welt
1. Das Errichten der Narrenreiche
    1. Das Narrenbaumsetzen und Errichten von Rechtszeichen
    2. Das Erwecken, Ausgraben und Einsetzen närrischer Symbolfiguren
2. Die Übernahme der Narrengewalt
    1. Die Besetzung der Amts- und Rathäuser
    2. Die Übergabe der Schlüsselgewalt
    3. Die Installation der närrischen Obrigkeit
    4. Die Verkündung der närrischen Rechts- und Münzordnung
3. Die Ausübung des Narrentums
    1. Närrisches Gebaren
    2. Ordens- und Preisverleihungen
    3. Närrische Tänze
    4. Narrenrecht und Narrengericht (Rügegerichte)
4. Die Beseitigung der Narrenreiche und der Narrengewalt
    1. Narrenbaumfällen und Beseitigung der Symbolfiguren
    2. Geldbeutelwäsche

2. Die Unruhe der Welt
1. Lärm und Katzenmusik
2. Prangen, Laufen, Rennen, Schleichen
    1. Schaustellungen und Umzüge
    2. Schauläufe
3. Streitigkeiten und Kämpfe
    1. Reiten, Stechen und Turniere
    2. Ringen

3. Die Lasterhaftigkeit der Welt
1. Die Darstellung der Lasterhaftigkeit allgemein
    1. Tiere als Sinnbilder menschlicher Laster
    2. Andere Lasterzeichen
2. Die Darstellung der Fleischlichkeit und des fleischlichen Lebens
    1. »Vivere secundum carnem«
    2. Fleischeslust
        1. Darstellungen des Geschlechtsaktes
        2. Andere Darstellungen der Geschlechtlichkeit
    3. Eßsucht und Trinksucht
        1. Unmäßiges Essen und Trinken
        2. Fleisch- und Wurst-Präsentationen
3. Die Darstellung von Schmutz und Schlechtigkeit
    1. Dreck und Kot
    2. Geistiger Unflat

4. Die Vergänglichkeit der Welt
1. Der Tod als Folge der Narrheit
2. Die Narrheit des Todes und das christliche Leben

ditionell ebenso durch Spiele, etwa über die Suche nach der »Neuen Welt«, wie durch Umzüge, die sich über das Weltgeschehen, zumal die Politik, lustig machen. Daß auch das Lärmen und das Gegeneinanderkämpfen in närrischen Turnieren typische Erscheinungsweisen des Fastnachtsbrauches betreffen, läßt sich durch manche Beispiele belegen; die närrischen Turniere auf Holzwagen oder Fässern, von denen die Nürnberger Schembartbücher berichten, erfüllten innerhalb des Systems offenbar die gleichen Funktionen wie heute das »Ringen« der Wampeler in Axams mit

seinen spanischen Parallelen, nämlich die Sinnlosigkeit des Gegeneinanderkämpfens zu verdeutlichen, das nach traditioneller kirchlicher Denkweise das Wesen der zeitlichen Reiche ausmacht. Große Bedeutung besitzen in diesem Rahmen die Hinweise auf die Triebhaftigkeit des Menschen, nicht nur durch Allegorien, sondern auch durch die im Spiel – und nur dort – erlaubte Entfaltung »fleischlichen« Lebens, das heißt der Sexualität und Sinnlichkeit sowie der Unmäßigkeit im Essen und Trinken. Zum Wolfacher Fastnachtsbrauch gehört die Figur des »Wohlauf«, eines Nachtwächters, der im

Abbildung 29 »Wohlauf«-Umzug am »Schellenmontag« in Wolfach/Baden

47

Abbildung 30 »Faulhard Wolauf«, Personifikationsallegorie des Lasters der »Gula« (Gefräßigkeit)

Brauchspiel des »Schellenmontags« schlafend durch die Straßen der Stadt gefahren wird, wobei seine Begleiter einen ohrenbetäubenden Lärm veranstalten (Abbildung 29). Wenn der Zug hält, springt der »Wohlauf« empor und singt traditionell mit den Worten »Wohlauf im Namen des Herrn Entekrist, der Narrotag erstanden ist«, die Fastnacht an.[101] Daß es sich bei diesem »Wohlauf« um die Personifikationsallegorie eines Lasters handelt, belegt eine Heidelberger Todsündenhandschrift des 15. Jahrhunderts (Abbildung 30). Man sieht dort »Faulhard Wohlauf« als Sinnbild der »Gula«, zu der unter anderem ein übermäßiges Schlafbedürfnis gerechnet wird. Auch die Schaustellung von Kot und Unrat gehört in diesen Zusammenhang: Im Jahre 1534 berichtet Sebastian Franck mit allem ihm als Gegner der katholischen Tradition verfügbaren Abscheu, daß »die römischen Christen« bei ihren

48

Fastnachtsumzügen frischen Menschenkot auf Kissen umherzutragen und die Fliegen davon wegzujagen pflegten: »*Wolte Gott, sy müßten jhm auch schneitzen vnd credentzen.*«[102] Ähnlich halten schon die »Epistolae Facultatis Parisiensis« von 1444 fest, daß man »das gaffende Volk« bei den vom Narrenbischof geleiteten Fastnachtsumzügen »mit Kot beworfen« habe.[103] Auch heute noch wird in der Fastnacht das Animalische des Menschen deutlich hervorgehoben, gerade im Hinblick auf die Defäkation: das »Erste Imster WC«, das beim Schemenlaufen 1981 in Imst mitgeführt wurde, besitzt in anderen Fastnachtsbräuchen Parallelen.

Vor allem aber wird in der Fastnacht immer wieder auf die Hybris des Menschen abgehoben, der von der Machbarkeit aller Dinge überzeugt ist. Es gibt da nicht nur Ad-hoc-Szenen, wie die Darstellung von Einzelheiten aus dem Guinness-Buch der Rekorde in Imst 1981, sondern auch traditionelle Spiele, die immer wieder begegnen, zum Beispiel das Spiel von der »Altweibermühle« (heute unter anderem in Wolfach und in Wollerau/Schweiz), das die Torheit des Menschen anprangert, der meint, die Naturgesetze des Alterns außer Kraft setzen zu können.[104]

Die gerade in diesem Spiel verdeutlichte Begrenztheit menschlichen Vermögens wird immer wieder durch Hinweise auf die Endlichkeit des Lebens unterstützt, die an vielen Fastnachtsorten in der Gestalt des Todes faßbar werden. Auch bei ihr handelt es sich um ein altes Motiv. Als man im Jahre 1510 am Vorabend der Fastenzeit in Florenz einen »Wagen des Todes« durch die Stadt ziehen ließ, ging es dabei nicht, wie man gemeint hat, um den »Einfall eines düsteren Sonderlings«, sondern um eine systemimmanente Demonstration der Endlichkeit alles Diesseitigen, das so dahingeht, wie (nach Apok. 18) das große Babylon Nebukadnezars dahingegangen ist. Wo immer sich die Kirche mit dem lasterhaften Festhalten am Irdischen auseinandersetzte, hat sie zugleich die Vanitas solchen Tuns hervorgehoben und dabei gezeigt, daß die Narren der *cupido*-Gemeinschaft wie dem Teufel so auch dem Tod ausgeliefert sind. Es kann deshalb auch nicht überraschen, daß die Gestalt des Todes im textierten Fastnachtsspiel Nürnberger Prägung ebenfalls eine Rolle gespielt hat.[105] Doch blieb es nie bei dieser Demonstration der Vergänglichkeit, weil jedem Gläubigen, der mit dem Denken der Kirche vertraut war, aus ihr die Einsicht erwachsen mußte, daß auch der Tod nur Narrheit sei, da demjenigen, der sich als Christ von dieser Narrheit abwende, das ewige Leben gegeben werde. Und man versteht plötzlich, wie sich vom Ende der Fastnacht, vom Begraben der Symbolfigur des Narrenreiches, von allem Vergänglichen her, weit das Tor in die »civitas Dei« öffnet, in die Fastenzeit hinein, die den bereitwilligen Menschen in der *caritas*-Gemeinschaft auf Ostern, das Fest der Auferstehung, zuführt: hinter dem zeitlichen und vergänglichen, kurz blühenden und rasch vorübergehenden Reich, das Augustin zufolge des Teufels ist, erhebt sich unangreifbar die Kirche Christi; erst der Abschied von »Babylon« macht das Leben in »Jerusalem« möglich.

Man könnte indes fragen, wie sich die Grundstruktur der Fastnacht als liturgische Zeit[106] mit der Tatsache verträgt, daß die Kirche immer wieder und auf verschiedenen Ebenen gegen das »unzüchtige Fastnachtstreiben« votiert und als »Gegenmaßnahmen« das 40stündige Gebet, Wallfahrten und ähnliche Frömmigkeitsformen für die Zeit der »närrischen Tage« empfohlen hat. Gerade das Wirken der Jesuiten könnte in diesem Zusammenhang mißverständlich erscheinen, da sie es waren, die einerseits an ihrem Musterkolleg in Rom Fastnachtsbräuche einführten, andererseits aber die entsprechenden Buß- und Bittgebete gegen mancherlei Widerstände durchzusetzen suchten.[107] Keineswegs geschah dies aus Gründen einer »doppelten Moral«, sondern deshalb, weil das Aufzeigen negativ bewerteter Verhaltensweisen in den Fastnachtsbräuchen keineswegs jeden Menschen zum Mittun verpflichtete. Es diente vor allem dazu, die *Wahlmöglichkeit* zwischen den beiden diametral entgegengesetzten Lebensformen in einer Unheils- oder in einer Heilsgemeinschaft aufzuzeigen und die Entscheidung für die letztere nach Möglichkeit zu erleichtern. Dabei war es sinnvoll, dafür zu beten und beten zu lassen, daß möglichst viele Menschen die *richtige* Entscheidung träfen. Ohnehin blieben die Frauen bis zum Jahre 1701 von der aktiven Mitwirkung am Schaubrauch der Fastnacht ausgeschlossen, nicht weil es sich dabei um ein von »germanischen Männerbünden« getragenes Tun gehandelt hätte, sondern weil den Frauen nach dem alten Grundsatz *mulier taceat in Ecclesia* die Mitwirkung in geistlichen Spielen, zu denen mindestens ursprünglich auch die Fastnachtsdarbietungen gehörten, untersagt war. Da es aber bei den Fastnachtsspielen um die Darstellung der Gottfeindlich-

keit ging, durften außerdem weder die Erstkommunikanten noch die Geistlichen mittun, da beide Gruppen prinzipiell zur *caritas*-Gemeinschaft gezählt wurden, denen auch nur ein zeitweiliges Hinübertreten in die *cupido*-Gemeinschaft nicht gestattet werden konnte. Es gab also sehr viele Gläubige, die am öffentlichen Brauchvollzug nicht mitwirkten, aber durch Gebete, Sühneandachten und ähnliches auf nicht weniger sinnvolle Weise an den Vorbereitungen auf die Fastenzeit beteiligt wurden. Auch die Stimmen gegen das »unzüchtige Treiben« sind durchaus verständlich, da die gewollte Darstellung einer *civitas terrena vel diaboli* immer das Problem aufwarf, das Notwendige in tolerablen Grenzen zu belassen; der Pfad zwischen dem Erlaubten und dem Unzulässigen erwies sich hier oft als sehr schmal; es ist jedoch zu betonen, daß die Kirche die Fastnachtsfeier und ihre Bräuche niemals verboten hat und entsprechenden Forderungen, wie oben gezeigt wurde, immer entgegentrat. Die Schwierigkeit lag auch darin, daß es kaum möglich war, jedem einzelnen im weiten Einflußbereich der Kirche den Sinn der Perikopenordnung und der sich aus ihr ergebenden Folgerungen völlig begreifbar zu machen, auch wenn man davon ausgehen muß, daß der Verständnishorizont sowohl der aktiv Mitwirkenden als auch der Zuschauer vor der »Aufklärung« sehr viel weiter reichte als heute, wo selbst unter denen, die sich ihrer Kirche eng verbunden fühlen, das Wissen um die Christlichkeit der eigenen Kultur mehr und mehr dahingeschwunden ist. Die Loslösung der Fastnachtsfeier aus ihrem christlichen Umfeld wurde durch mehrere Säkularisierungswellen begünstigt, doch ist sie im Grunde erst durch die Liturgiereform des Zweiten Vatikanums in ein entscheidendes Stadium getreten. Es läßt sich nicht übersehen, daß die Fastnacht durch den Folklorismus der heutigen Freizeitgesellschaft auch Funktionen erhalten hat, die sie ursprünglich nicht besaß. Dennoch bleibt zu vermuten, daß ihr christlicher Hintergrund immer dort zutage treten und wirksam werden wird, wo Gläubige die Fastnacht als Teil einer christlichen Gesamtlebensführung begehen, deren Ziel die Vermittlung einer Sinn-Perspektive darstellt. Die Aufgabe, aus dem Babylon einer »verkehrten Welt« hinauszuführen, vermag sie jedenfalls auch heute noch durchaus zu erfüllen.

ANMERKUNGEN

[1] Zur Geschichte des Osterfestes und der Osterfestberechnung vgl. F. K. Ginzel, *Handwörterbuch der mathematischen und technischen Chronologie*, Bd. 3, Leipzig 1914, S. 210–225.

[2] Vgl. Gregorius M., *Can. XVI de consecratione, dist. 5:* »Quadragesima summa observatione est observanda, ut jejunium in eâ (praeter dies dominicos, qui de abstinentiâ subtracti sunt) nisi quem infirmitas impedierit, nullatenus solvatur . . . A prima igitur Dominica Quadragesimae usque in Pascha Domini sex hebdomadae computantur, quarum videlicet dies quadraginta et duo fiunt, ex quibus dum sex Dominici dies abstinentia subtrahuntur, non plus in abstinentia, quam triginta et sex dies remanent . . . Sed ut sacer numerus quadraginta dierum adimpleatur, quem Salvator noster suo sacro jejunio consecravit, quatuor dies prioris hebdomadae ad supplementum quadraginta dierum tolluntur: id est, quarta feria, quae *caput jejunii* subnotatur, et quinta feria sequens, et sexta, et sabbathum. Nisi enim istos dies quatuor superioribus triginta sex adjunxerimus, quadraginta dies in abstinentia non habemus.«

[3] Vgl. N. Nilles S. J., *Kalendarium Manuale utriusque Ecclesiae Orientalis et Occidentalis*, Bd. 2, Regensburg 1897, S. 56.

[4] Vgl. R. Benz (Hrsg.), *Die Legenda aurea des Jacobus de Voragine*, Köln und Olten 1969, S. 191.

[5] Vgl. die Nachweise bei D.-R. Moser, *Nationalsozialistische Fastnachtsdeutung. Die Bestreitung der Christlichkeit des Fastnachtsfestes als zeitgeschichtliches Phänomen.* In: Zeitschrift für Volkskunde 78, 1982, S. 200–219, bes. 206–213 (mit Auszügen aus dem »Völkischen Beobachter«, der »Münchener Zeitung«, dem »Alemannen« und der Zeitschrift »Germanien«).

[6] Vgl. A. Scherer / J. B. Lampert, *Exempel-Lexikon für Prediger und Katecheten*, Bd. 4, Freiburg i. Br. 1909, S. 807.

[7] Vgl. W. Böhne, *Christlicher Kalender.* In: *Lexikon für Theologie und Kirche*, 2. Aufl., Bd. 5, Freiburg i. Br. 1960, Sp. 1257–1258.

[8] Vgl. J. Knobloch, *Der Ursprung von nhd. Ostern, engl. Easter.* In: *Die Sprache* (Wien) 5, 1959, S. 27–45. – Zum Osterfeststreit vgl. J. Quasten, *Osterfeststreit.* In: *Lexikon für Theologie und Kirche*, 2. Aufl., Bd. 5, Freiburg i. Br. 1960, Sp. 1273–1274.

[9] *Evangelischer Pressedienst Rheinland*, Nr. 12, 11. 2. 1954. Vgl. die Zusammenstellung der Nachweise bei F. Mack, *Evangelische Stimmen zur Fasnacht.* In: *Masken zwischen Spiel und Ernst*, Tübingen 1967 (Volksleben, 18) S. 35–49, hier: S. 36.

[10] *Evangelischer Pressedienst*, Landesdienst Hessen, 19. 2. 1954.

[11] *Evangelisches Sonntagsblatt*, Bonn 14. 3. 1954.

[12] *Evangelisches Gemeindeblatt für Württemberg*, 22. 2. 1959. – F. Mack (wie Anm. 9), S. 38.

[13] Flugblatt des Karl Fix-Verlages, Stuttgart-Zuffenhausen, Frühjahr 1955. – F. Mack (wie Anm. 9), S. 39–40.

[14] Aufruf an die Evangelischen Gemeinden in Baden, Februar 1957. – F. Mack (wie Anm. 9), S. 42–43.

[15] Zeitschrift »*Licht und Leben*« (Wuppertal), 68, Mai 1957. – F. Mack (wie Anm. 9), S. 46–47.

[16] Laut einer Karikatur von S. Buchegger im *Schwäbischen Tagblatt* (Tübingen), 27. 2. 1979, abgedruckt bei M. Scharfe, *Die Religion des Volkes. Kleine Kultur- und Sozialgeschichte des Pietismus*, Gütersloh 1980, S. 81: »Begegnung in Gomaringen«.

[17] Exemplar im Besitz des Verfassers.

[18] Vgl. F[ritz] M[ack], *Auch ein Streit um den »Antichristen«.* In: *Stuttgarter Evangelisches Sonntagsblatt*, 99. Jg., 1965, Nr. 49, 5. 12. 1965. – J. Krausbeck, *Zum Verständnis des »Herrn Entechrist«.* In: *Schwarzwälder Bote*, 18. 3. 1965.

[19] Vgl. M. Dieterle, *Narrenposse.* In: *Offenburger Tageblatt*,

15. 1. 1983. – *M. Köhler, Das ernste Spiel Fasnet.* In: *Schwarzwälder Bote,* 15. 1. 1983.

[20] *D. Martin Luthers Werke. Kritische Gesamtausgabe, Tischreden,* Bd. 4, Weimar 1916, S. 297, Nr. 4406.

[21] Vgl. E. Sehling, *Die evangelischen Kirchenordnungen des 16. Jahrhunderts,* Bd. 4, Leipzig 1911, S. 474.

[22] Ib., S. 537–538.

[23] Vgl. E. Sehling (wie Anm. 21), Bd. 14, Tübingen 1969, S. 264–274, hier: S. 271–273.

[24] Vgl. Ib., Bd. 15/1, hrsg. von G. Franz, Tübingen 1977, S. 587.

[25] Vgl. E. Dürr, *Aktensammlung zur Geschichte der Basler Reformation,* Bd. 1, Basel 1921, Nr. 195, S. 95–105, hier: S. 105.

[26] Vgl. die entsprechenden Aussagen der Apologia Confessionis. In: *Die Bekenntnisschriften der evangelisch-lutherischen Kirche,* 8. Aufl. Göttingen 1979, S. 404, Z. 16, u. ö.

[27] Vgl. [Michael Kardinal Faulhaber], *Die erste Vaterunserbitte: Die Ehrfurcht vor dem Heiligen! Silvesterpredigt von Kardinal Faulhaber im Dom zu München am 31. Dezember 1934.* In: *Münchener Katholische Kirchenzeitung,* 28. Jg., Ausg. A und B, Nr. 1, 6. 1. 1935, S. 2–4, hier: S. 3.

[28] Vgl. A. M. Keim, *Elf Mal Politischer Karneval,* Mainz ²1981, S. 98–99.

[29] H. Moser, *Die Geschichte der Fasnacht im Spiegel von Archivforschungen.* In: *Fasnacht. Beiträge des Tübinger Arbeitskreises für Fasnachtsforschung,* Tübingen 1964 (Volksleben, 6), S. 15–41, hier: S. 24.

[30] Vgl. den kommentierten Abdruck bei N. Nilles (wie Anm. 3), S. 65–70.

[31] Ib., S. 66.

[32] Insofern ist es irrig, den »theologischen Kontrast« eher zwischen der Fastenzeit und dem Osterfest als zwischen Fastnacht und Fastenzeit zu sehen. Vgl. G. R. Schroubek [Rez.]. In: Schweizerisches Archiv für Volkskunde 78, 1982, S. 182–183.

[33] Vgl. [Geiler v. Kaysersberg], *Die Kaysersbergische Narragonische Schiffahrt/oder der so genante Sittliche Narrenspiegel . . . , gezogen und erwogen aus den Schriften des Hocherleuchteten Doctoris . . . Kaysersbergers,* Augsburg-Dillingen 1708, Anhang: Index Concionatorius. In Dom. Quinquages.

[34] Vgl. N. Nilles S. J. (wie Anm. 3), S. 67: »*Sapientissime* in hac urbe a Nostris Praedecessoribus sancitum esse comperimus, ut quamvis perpauci dies bacchanaliorum licentiae concedantur, tamen diebus festis, ac sexta feria nemini omnino liceat larvam sumere, ac publice debacchari. Idem prorsus in reliquo Nostro statu observari jubemus.« – Die Schwierigkeit lag immer nur in der Frage, wie man das Treiben in den Grenzen eines Spieles halten sollte.

[35] Vgl. L. Freiherr v. Pastor, *Geschichte der Päpste im Zeitalter der Renaissance,* Freiburg i. Br. 10.–12. Aufl. 1928, S. 314–315.

[36] Ib. – Vgl. G. Antonazzi, *Als der römische Karneval noch eine todernste Sache war.* In: *Osservatore Romano.* Deutsche Ausgabe, 22. 2. 1974, Nr. 8, S. 6.

[37] Vgl. L. Freiherr v. Pastor (wie Anm. 35), S. 315.

[38] Ib., Anm. 1. – Vgl. G. Antonazzi (wie Anm. 36), S. 6.

[39] Ib., S. 7. – Vgl. G. Antonazzi, *Als der Karneval in Rom noch eine ernste Sache war.* In: *Osservatore Romano,* Deutsche Ausgabe, 3. 2. 1978. – *Osservatore della Domenica,* 29. 1. 1978 [nicht identisch mit dem Text des in Anm. 36 genannten Artikels].

[40] Ib.

[41] Vgl. J. Gretser S. J., *De Festis Christianorum libri duo adversus Danaeum, Dresserum, Hospinianum, aliosque sectarios,* Ingolstadt 1612, Teil I, S. 137.

[42] Vgl. R. W. Heberlin, *De eo quod justum est circa tempus quadragesimale. Vom Rechte der Fasten-Zeit. Exercitatio juridica . . . Praeside Christiano Wildvogel,* Jena 1691, S. 43. Heberlin meinte, es sei geschehen, um dem Volk die Fastenzeit leichter aufzubürden: »Bacchanalitium hoc festum . . . in Ecclesiae Romanae proscenium . . . introductum fuisse, . . . eo fine, ut jejunium quadragesimale facilius sic populo imponeret.« Ib., S. 43.

[43] Vgl. D.-R. Moser, *Perikopenforschung und Volkskunde.* In: *Jahrbuch für Volkskunde* (Würzburg) 6, 1983, S. 7–52.

[44] Vgl. K. Erlinghagen, *Katholische Bildung im Barock,* Hannover 1972 (Das Bildungsdenken in der Geschichte des europäischen Erziehungsdenkens, Bd. IV, 1), S. 71–88.

[45] Vgl. Kardinal A. Steinhuber, *Geschichte des Kollegium Germanikum Hungarikum in Rom,* Bd. 1, 2. Aufl. Freiburg i. Br. 1906, S. 56–58.

[46] Vgl. J. Stelzenberger, *Lehrbuch der Moraltheologie. Die Sittlichkeitslehre der Königsherrschaft Gottes,* 2. Aufl. Paderborn 1965, S. 48: »Die Königsherrschaft Gottes ist der zentrale theologische Gedanke bei Origines, Augustinus u. a.«

[47] Vgl. H. Pleij, *Het gilde van de Blauwe Schuit. Literatuur, volksfeest en burgermoraal in de late middeleeuwen,* Amsterdam 1979, S. 28–32.

[48] Ib., S. 30.

[49] Vgl. P. Berchorius, *Opera Omnia, sive Reductorium, Repertorium, et Dictionarium Morale utriusque Testamenti, Catholicum,* tom. 1, Coloniae Agrippinae 1692, Index: »Diabo-

lus datur intellegi per Nabuchodonosor regem; Diabolus dicitur rex Babylonis; Mundus dicitur Babylon; Mundi rectores per Nabuchodonosor regem intelliguntur.« – Der Franziskaner- und spätere Benediktinermönch Petrus Berchorius, gestorben 1362 in Paris, besaß mit seinen enzyklopädischen Schriften auf die Predigtpraxis der folgenden Jahrhunderte großen Einfluß; sie wurden seit 1474 auch vielfach nachgedruckt. Vgl. P. Schmitz, *Petrus Berchorius*. In: *Lexikon für Theologie und Kirche*, Bd. 2, 2. Aufl., Freiburg i. Br. 1958, S. 212. – Den Zusammenhang »Welt – Nebukadnezar – Babylon« kennen noch A. Scherer / J. B. Lampert (wie Anm. 6), S. 828, s. v. Welt, im Jahre 1909.

50 Augustinus, *De civitate Dei*, lib. XV. u. ö.

51 Vgl. E. Bernheim, *Mittelalterliche Zeitanschauungen in ihrem Einfluß auf Politik und Geschichtsschreibung, 1. (einziger) Teil. Die Zeitanschauungen: Die Augustinischen Ideen, Antichrist und Friedensfürst, Regnum und Sacerdotium*, Tübingen 1918, Reprint 1964.

52 Vgl. H.-W. Goetz, *»Empirisch« – »metaphysisch«? Zum Verständnis der Zweistaatenlehre Ottos von Freising im Hinblick auf Augustin*. In: Augustiniana 30, 1980, S. 29–42.

53 Vgl. I. v. Tippelskirch, *Die »Weltchronik« des Rudolf von Ems. Studien zur Geschichtsauffassung und politischen Intention*, Göppingen 1979 (Göppinger Arbeiten zur Germanistik, 267).

54 Vgl. L. Borolus, *De civitate et civibus Dei / ac de civitate civibusque Satanae, libri duo . . .*, Venedig 1612.

55 Vgl. Ä. Albertinus, *Lucifers Königreich vnd Seelengejäidt; Oder Narrenhatz. In acht Theil abgetheilt . . .*, München, durch Nicolaum Henricum, MDCXVI. Ausgabe von R. Freiherr v. Liliencron, Berlin – Stuttgart o. J., [1883] (Deutsche National-Litteratur, 26). – G. v. Gemert, *Die Werke des Aegidius Albertinus (1560–1620). Ein Beitrag zur Erforschung des deutschsprachigen Schrifttums der katholischen Reformbewegung in Bayern um 1600*, Amsterdam 1979 (Diss. Nijmegen, Katholieke Universiteit), S. 571–578.

56 Vgl. Joseph [Kardinal] Ratzinger, *Volk und Haus Gottes in Augustins Lehre von der Kirche*, München 1954 (Münchener Theologische Studien, II/7), das die katholische Interpretation des Zweistaatenmodells am klarsten wiedergibt.

57 Ib., S. 283–284 (zu Augustin, *De civitate Dei* 15, 4–5 u. ö.): »Die civitas terrena ist also auf Erden nicht auf Wanderschaft . . . Die civitas terrena ist hier zu Hause und begnügt sich mit dem Hier.«

58 Vgl. Joseph de Barzia et Zambrana, *Der Spanische Prediger auf Teutscher Cantzel. Das ist Lehr- und Conceptreicher Predigen Erster Theil / Auf alle Sonntag des Jahrs. Aus dem Hochwürdigsten Herrn, Herrn Josepho . . ., Bischoffen von Cadix*, hrsg. von S. Baader, Augsburg 1744, Register, s. v. »Faßnacht« und fol. 98–103.

59 Vgl. L. van den Boogerd, *Het Jezuietendrama in de Nederlanden*, Groningen 1961, S. 233–234, wo beispielsweise für Antwerpen 1629 ein Spiel »Balthasar, sone van Nabuchodonosor den lesten Coninck van Babylonien« verzeichnet wird, das vielleicht identisch ist mit dem bei C. Sommervogel, *Bibliothèque de la Compagnie de Jésus*, T. 1, Bd. 1, Brüssel – Paris 1890, S. 461–462, Nr. 177, für das Jahr 1723 angegebenen Spiel »Balthassar Tragoedia exhibetur a Classis Humanitatis studiosis in Gymnasio S. J., Antverpiae, die XIX Februarii MDCCXXIII, circa tertiam ludis Bacchanalibus . . .« Auch außerhalb der Fastnacht wurden Nebukadnezar-Spiele an den Jesuiten-Gymnasien aufgeführt, z. B. in Kortrijke 1732, in Gent 1758 usw.

60 Vgl. F. K. Grieshaber (Hrsg.), *Deutsche Predigten des XIII. Jahrhunderts*, 2. Abtl., Stuttgart 1846, S. 59–65, hier: S. 64 f.

61 Vgl. I. Bignami O. P. [et alii]: *Dominicale Annuale et Theatrum Pietatis. Pars II: à Dominica I. Adventus usque ad Dominicam Pentecostes*, Auctore Fra Nyderheiden, Mainz 1668, fol. 81–82.

62 Vgl. die entsprechenden Nachweise bei S. Beissel S. J., *Entstehung der Perikopen des Römischen Meßbuches. Zur Geschichte der Evangelienbücher in der ersten Hälfte des Mittelalters*, Freiburg i. Br. 1907 (Ergänzungshefte zu den »Stimmen aus Maria-Laach«, 96).

63 Vgl. M. Faber S. J., *Concionum Sylva Nova in Dominicas et Festa Totivs Anni . . .*, Köln 1654, S. 181.

64 Vgl. H. Grisar S. J., *Das Missale im Lichte Römischer Stadtgeschichte. Stationen, Perikopen, Gebräuche*, Freiburg i. Br. 1925, S. 57.

65 Vgl. S. Beissel S. J. (wie Anm. 62), S. 101.

66 Vgl. Beda Venerabilis, *Homiliae . . . hyemales quadragesimales de tempore item et Sanctis*, Köln, 2. Aufl. 1541, S. 106–107.

67 Am deutlichsten ist der Zusammenhang an der Fassung des Gemäldes im Wiener Kunsthistorischen Museum zu sehen, im Unterschied zu jener »kleinen« Version in Rotterdam.

68 Vgl. A. Scherer / J. B. Lampert (wie Anm. 6), S. 824, s. v. »Welt«.

69 Kap. 103.

70 Vgl. z. B. den Druck *Der bey dieser verwürten Faschungs-Zeit erdicht- und allen curiosen Faschungs-Lapen vorgestelte Ante-Christ*, Wien 1707, den H. Hayn / A. N. Gotendorf, *Bibliotheca Germanorum Erotica & Curiosa*, Bd. 1, München 1912, S. 568, s. v. Carneval, verzeichnen. Auch das Spiel

»Der Entkrist vasnacht« bei A. v. Keller, *Fastnachtspiele aus dem Fünfzehnten Jahrhundert*, Stuttgart 1858, Nr. 68, belegt diesen Zusammenhang.

71 Vgl. M. Währen, *Der Königskuchen und sein Fest. Ein uralter Brauch in Gegenwart und glanzvoller Vergangenheit*, Bern 1958.

72 Eine Zusammenstellung der nachgewiesenen Narrenfürsten und Narrenreiche an Fastnacht enthält der Anhang zu: D.-R. Moser, *Narren – Prinzen – Jesuiten. Das Karnevalskönigreich am Collegium Germanikum in Rom und seine Parallelen. Ein Beitrag zur Geschichte der Fastnachtsbräuche*. In: Zeitschrift für Volkskunde 77, 1981, S. 167–208, hier: S. 202–206.

73 Vgl. W. Mezger, *Hofnarren im Mittelalter*, Konstanz 1981, S. 15–23.

74 Vgl. V. Mertens, *Mi-Parti als Zeichen*, Remscheid 1983 (Kulturgeschichtliche Forschungen, Bd. 1).

75 Vgl. W. Mezger, *Bemerkungen zum mittelalterlichen Narrentum*. In: *Narrenfreiheit. Beiträge zur Fastnachtsforschung*, Tübingen 1980 (Untersuchungen des Ludwig-Uhland-Institutes der Universität, Bd. 51), S. 43–88, hier: S. 53–54 und Abb. 12–13.

76 Vgl. Apok. 13, 16–17 und die darauf beruhende exegetische Tradition.

77 Vgl. W. Mezger, *Der Ambraser Narrenteller und ein Fresko auf der Churburg*. In: *Das Fenster* (Innsbruck) 29, 1981, S. 2917–2926. – Ders., *Der Ambraser Narrenteller von 1528. Ein Beitrag zur Ikonographie der spätmittelalterlichen Narrenidee*. In: Zeitschrift für Volkskunde 75, 1979, S. 161–180.

78 Vgl. W. Kutter, *Schwäbisch-alemannische Fasnacht*, Künzelsau – Thalwil – Salzburg 1976, S. 129.

79 Vgl. J. Leibbrand, *Vom befleckten Leib zum ›Flecklehäs‹*. In: *Narrenfreiheit* (wie Anm. 75), S. 139–175. – Ein Zusammenhang zwischen »Befleckung« und »Flecken« auf den Kleidern bestimmter Narrentypen ist neuerdings mit dem Argument bestritten worden, daß es sich primär um »Flicken«, das heißt Stoffreste, handele. Die einschlägigen Wörterbücher belegen aber, daß »Fleck« (für lat. macula) in der Bedeutung »Schmutzfleck« ganz verbreitet ist und durchaus auf Sittliches bezogen wird. Vgl. *Trübners Deutsches Wörterbuch*, Bd. 2, Berlin 1940, S. 372–374 (s. v. Fleck, fleckeln, flecken, fleckig). Gerade die Homonymität von Fleck = Schmutzfleck und Fleck = Stoffrest, Flicken machte entsprechende Kleider für die Verwendung im Kontext der Fastnacht geeignet.

80 Vgl. E. Rühl, *Flecklesmo, Fleckeles, Fleckle, Fleckleshex und Flecklesdieb*. In: Bayerisches Jahrbuch für Volkskunde 1952, S. 91–94.

81 Vgl. [Abraham a Sancta Clara], *Centi-Folium/Stultorum/In Quarte/Oder Hundert/Ausbündige Narren//In/Folio . . .*, Wien 1709, Neudruck Dortmund 1978 (Die bibliophilen Taschenbücher), S. 125: »Einfältiger tummer Narr«.

82 Vgl. L. Reich (1817–1900), *Hieronymus. Lebensbilder aus der Baar und dem Schwarzwald (1853)*. Jubiläumsausgabe, Freiburg i. Br. 1958 (Schriftenreihe des Kreises Donaueschingen, 12), S. 143–144 (Freundlicher Hinweis von Herrn Prof. Dr. R. W. Brednich, Göttingen).

83 *Wahrhaffter FaßnaChts=Mäßlger CaLenDer/Oder/Eine zur gedulteten Ergötzungs=Zeit./Allegorisch vorgestellte/Denen in den Hochlöbl. Studio Génerali/Thomistico in der Churfürstlichen Haupt/und Regierungs=Stadt/Landshut/Frequentirenden Herrn Theologen/Erlaubte Schlitten=Fahrt/Den 28. Jenner*/Landshut gedruckt/bey Joseph David Schallnkammer/Stadt= und Landschafft Buchdruckern allda. 1761 [Ex. UB Freiburg i. Br., E 5231] (Freundlicher Hinweis von Herrn Dr. J. Küster, Kirchzarten).

84 Vgl. H.-U. Roller, *Der Nürnberger Schembartlauf. Studien zum Fest- und Maskenwesen des späten Mittelalters*, Tübingen 1965 (Volksleben, Bd. 11), S. 126.

85 Ex.: Herzog-August-Bibliothek Wolfenbüttel, Sign. 447.1. Theol. (5). – Vgl. dazu jetzt J. Küster, *Spectaculum Vitiorum. Studien zur Intentionalität und Geschichte des Nürnberger Schembartlaufes*, Remscheid 1983 (Kulturgeschichtliche Forschungen, Bd. 2).

86 Vgl. W. v. Koppenfels, *Esca et Hamus. Beitrag zu einer historischen Liebesmetaphorik*, München 1973 (Bayerische Akademie der Wissenschaften, Phil.-hist. Klasse, Sitzungsberichte 1973, Heft 3), S. 39–48. – D.-R. Moser, *Fallstricke des Bösen*. In: *Enzyklopädie des Märchens*, Bd. 4, Berlin – New York 1983, Sp. 806–813.

87 Vgl. die Zuordnung bei F. Göbel, *Predigten von Berthold von Regensburg OFM, auf die Sonn- und Festtage des Kirchenjahres*, Bd. 1, Regensburg 1884, S. 176–178.

88 Vgl. Berthold v. Regensburg, *Vollständige Ausgabe seiner Predigten*, hrsg. v. F. Pfeiffer, Bd. 1, Wien 1862, S. 474–480, hier: S. 478–479 u. ö. – F. Göbel, *Die Predigten des Franziskaners Berthold von Regensburg*, Regensburg 1906, S. 376–390, hier: S. 378–379 »Von den vier Stricken«.

89 »Nun merck! dieser scheinpart/Mit aller seyner arth/Ist ein haymlich figur/Vergangener auffrur.« Scheinpart-Spruch (1548). Vgl. J. Küster (wie Anm. 85), S. 55–56.

90 Vgl. U. Schmidt OFM, *Betrachtungen des Barfüßermönches P. Stephan Fridolin von Windenheim. Das bittere Leiden unseres Herrn und Heilandes Jesu Christi*. (Gaben des katholischen Preßvereins in der Diöcese Seckau für das Jahr 1887), Graz 1887, S. 97–100.

[91] Vgl. *Pelikan*. In: Lexikon der christlichen Ikonographie, Bd. 3, Rom – Freiburg – Basel – Wien 1973, Sp. 390–392, hier: Sp. 391: »Dieses Bild des Pelikans bleibt von den Anfängen der christlichen Kunst bis heute bestimmend, und zwar überwiegend als Symbol für Christi Todesopfer und Auferstehung.« Biblische Grundlage des Motivs ist Ps. 101,7: »Similis factus sum pelicano solitudinis.« Zur allegorischen Deutung vgl. J.-B. Pitra, *Spicilegium Solesmense*, Bd. 2, Paris 1855, S. LXXX, Nr. 739.

[92] Vgl. F. v. d. Leyen / A. Spamer, *Die altdeutschen Wandteppiche im Regensburger Rathause*, Regensburg 1912 (Sonderdruck aus: *Das Rathaus zu Regensburg*), S. 33–46, bes. S. 45, Nr. 5: »Der Fuchs mit der Gans im Maul ist auch in den Leutschauer Fresken das Symbol der Gefräßigkeit.« Zum Etymachietraktat ib., S. 38: »Seine hohe kulturhistorische Bedeutung liegt in der starken Nachwirkung, die er durch fast drei Jahrhunderte hindurch ausgeübt hat.«

[93] Vgl. die zahlreichen Abb. bei R. Stettiner, *Die illustrierten Prudentius-Handschriften*, Berlin 1895, Tafelband Berlin 1905. – M. Evans, *Tugenden und Laster*. In: *Lexikon der christlichen Ikonographie*, Bd. 4, Rom – Freiburg – Basel – Wien 1972, Sp. 380–390, bes. Sp. 380–381.

[94] Vgl. Du Cange, *Glossarium mediae et infimae latinitatis*, Bd. 2, Neudruck Graz 1954, S. 177–178: »De ludo Carnelevar. In Dominica dimissionis carnium . . . Dominus Papa descendit de palatio et equitat cum praefecto et equitibus usque Testacium, et sicut ibi habuit civitas principum, sic ibi in illo delectatio nostri corporis habeat finem. Faciunt ludum in conspectu pontificis, ut nulla lis inter eos oriatur. Occidunt ursum, occiditur diabolus, id est, temptator nostrae carnis; occiduntur juvenci, occiditur superbia nostrae delectationis; *occiditur gallus, occiditur luxuria lumborum nostrorum*, ut deinceps caste et sobrie vivamus in agone animae, ut ad Pascha mereamur digne Corpus Domini suscipere.«

[95] Vgl. A. Spamer, *Das kleine Andachtsbild vom vierzehnten bis zum zwanzigsten Jahrhundert*, München 1930, S. 156–157: Der Erfolg der Schrift »war sofort nach Erscheinen ungeheuer und zwar bei allen Bevölkerungsschichten, am unmittelbarsten aber bei den bairischen Katholiken«.

[96] Vgl. A. Scherer / J. B. Lampert (wie Anm. 6), S. 891.

[97] Vgl. H. und E. Schwedt, *Malerei auf Narrenkleidern. Die Häs- und Hanselmaler in Südwestdeutschland*, Stuttgart 1975 (Forschungen und Berichte zur Volkskunde in Baden-Württemberg, 2), mit zahlreichen Abbildungen, z. B. Nr. 27 und 108–111 (Bär und Löwe); 36, 85–86 und 90 (Türken); 84 (Ritterturnier); 94 und 112–113 (Hase und Fuchs) usw.

[98] Vgl. A. Scherer / J. B. Lampert (wie Anm. 6), Bd. 2, Freiburg i. Br. 1907, S. 905.

[99] Ib. – Vgl. den Text der Homilie bei J.-P. Migne, *Patrologiae cursus completus* (PL), Bd. 40, Paris 1857, S. 163–167.

[100] Vgl. die Einzelnachweise bei D.-R. Moser, *Elf als Zahl der Narren. Zur Funktion der Zahlenallegorese im Fastnachtsbrauch*. In: Jahrbuch für Volksliedforschung 28/29, 1982/83, S. 346–363. Ders., *»Der Nar halt die Gebot Gotes nit«. Zur Bedeutung der Elf als Narren-Zahl und zur Funktion der Zahlenallegorese im Fastnachtsbrauch*. In: W. Mezger u. a., *Narren, Schellen und Marotten. Elf Beiträge zur Narrenidee*. 2. Aufl. Remscheid 1984 (Kulturgeschichtliche Forschungen, Bd. 3), S. 135–160.

[101] Aus Unverständnis für den Sinn des überlieferten Brauches wurde das Tagansingen vor wenigen Jahren in ein unverbindliches »Narrenwecken« umfunktioniert.

[102] S. Franck, *Weltbůch: spiegel und bildtniß des gantzen erdtbodens . . .*, Anno MDXXXIIII, CXXXIr.

[103] Vgl. A. Fahne, *Der Carneval, mit Rücksicht auf verwandte Erscheinungen*, Köln – Bonn 1854, Neudruck Walluf bei Wiesbaden 1972, S. 52–53.

[104] Vgl. W. Röllin / A. Bruhin, *»Die alte Rellete« von Wollerau*, Wollerau 1983. – Annemarie Jacob, *Menschen als Mahlgut* (Staatsarbeit Universität Heidelberg 1982, masch.).

[105] Vgl. T. Habel, *Der Tod im Fastnachtspiel. Beobachtungen zum Verhältnis von Stoff und Medium*. In: P. R. Blum (Hrsg.), *Studien zur Thematik des Todes im 16. Jahrhundert*, Wolfenbüttel 1983 (Wolfenbütteler Forschungen, 22), S. 63–95.

[106] Vgl. K. Ruh, *Heinrich Wittenwilers ›Ring‹*. In: *Festschrift Herbert Siebenhüner*, Würzburg 1978, S. 59–70, hier: S. 66. »Fastnachtszeit als liturgische Zeit hebt sich ab von der realen Zeit.« – D.-R. Moser, *Fastnacht: Liturgische Zeit – Christliches Fest. Grundsätzliches am Beispiel Imst*. In: *Das Fenster* (Innsbruck) 29, 1981, S. 2907–2917.

[107] Vgl. L. Remling, *Fastnacht und Gegenreformation in Münster. Diarien, Chroniken und Litterae annuae der Jesuiten als Quellen*. In: *Jahrbuch für Volkskunde* 5, 1982, S. 51–77.

VERZEICHNIS DER ABBILDUNGEN

Abbildung 1
Nürnberger Schembartlauf: Teufel zieht Narren in die »Hölle«. Aus dem Schembartbuch der Staatsbibliothek Preußischer Kulturbesitz. Ms. germ. fol. 491, 142r.

Abbildung 2
David Teniers, »El rey bebe«, um 1640. Prado, Madrid.

Abbildung 3
Fastnachtsspiel am Jesuitengymnasium zu Augsburg 1689. Perioche der Staats- und Stadtbibliothek Augsburg.

Abbildung 4
Ebensee/Oberösterreich. Fahne der »Prinzessin Regina von Höllerina« beim Umzug am Fastnachtssonntag 1982. Aufnahme: Dietz-Rüdiger Moser.

Abbildung 5
Kirchzarten (Landkreis Breisgau-Hochschwarzwald). Der »Geißelklöpfer« im Narrengewand geht dem Zug der in der »Höllenzunft« zusammengeschlossenen Teufel und Hexen voraus. Aufnahme: Dietz-Rüdiger Moser, aufgenommen beim Narrentreffen in Herbolzheim am 25. Januar 1981.

Abbildung 6
Fridingen/Württemberg. Pflugumzug und »Narrensamensäen« an Fastnacht 1980. Aufnahme: Thomas Schwarz.

Abbildung 7
»Narrensämann«, der kleine Narren auswirft. Italienische Zeichnung des 16. Jahrhunderts. Erlangen, Universitätsbibliothek, B 1627.

Abbildung 8
»Wahrhaffter Faßnachts-Mäßiger Calender«, Landshut 1761, zur Erklärung der im Fastnachtsbrauch dargestellten Allegorien. Das Exemplar der Universitätsbibliothek Freiburg befand sich früher im Besitz des dortigen Dominikanerklosters.

Abbildung 9
Nürnberger Schembartlauf 1514: Die »Hölle« war »ein große puchsen / daraus man alte weiber schos«. Staatsbiblikothek Preußischer Kulturbesitz Berlin, Ms. germ. fol. 492, 77v.

Abbildung 10
»Hölle« für die Todsünde des Zorns mit Kanonen, aus denen Seelen abgeschossen werden. Illustration zu dem Traktat »Von den peinen«, Straßburg 1509. Herzog-August-Bibliothek Wolfenbüttel 447. 1. Theol. (5).

Abbildung 11
Nürnberger Schembartlauf 1516: Die »Hölle« war ein Teufel auf einer »Schleife«. Schembartbuch der Universitätsbibliothek Kiel, KB 395.

Abbildung 12
Florenz, Baptisterium. Kuppelmosaik (Detail): Seelenverschlingender Teufel in der Hölle, 13. Jahrhundert.

Abbildung 13
Nürnberger Schembartlauf: Vogelherd mit nackter Frau als Köder und fliegenden Narrenköpfen. »Hölle« von 1521. Stadtbibliothek Nürnberg, Ms. Will I. 417, 2⁰.

Abbildung 14
Hieronymus Wierix: »Der Sturz des Weltmenschen«, 1578, mit Vogelherd als Hölle, Tod und Teufel. Quelle: J. B. Knipping, Ikonographie van de Contra-Reformatie in de Nederlanden, I/II, Hilversum 1930/40 (ND in engl. Übersetzung, Nieuwhap 1974), Abb. 72. – Marie Mauquoy-Hendrickx, Les Estampes de Wierix, Bd. II, Bruxelles 1979, S. 197, Nr. 1472. Brüssel, Königl. Bibliothek, E 1374. 1e.

Abbildung 15
Fastnachtsallegorie. Aus: Joachim Sandrart, Teutsche Academie der Edlen Bau-, Bild- und Mahlerey-Künste, I–III, Nürnberg/Frankfurt 1675, Bd. III, S. 168 des letzten Teils. Exemplar: Universitätsbibliothek Freiburg i. Br., F 1374.

Abbildung 16
Fuchs mit der Gans im Fang als Zeichen für das Laster der Gefräßigkeit (gula). – Heidelberg, Universitätsbibliothek, Codex Pal. germ. 438, 100v, um 1455.

Abbildung 17
Fuchs mit der Gans im Fang als Figur im Nürnberger Schembartlauf des Spätmittelalters. Quelle: Karl Drescher (Hrsg.), Das Nürnberger Schönbartbuch nach der Hamburger Handschrift, Weimar 1908.

56

Abbildung 18
Fuchs mit der Gans im Fang auf dem Narrengewand in Fridingen/Württemberg. Aufnahme: Thomas Schwarz.

Abbildung 19
Fuchs mit der Gans im Fang auf der Rückseite der Mönchsfigur auf dem Bischofshof in Regensburg. Aufnahme: Dietz-Rüdiger Moser.

Abbildung 20
Esel mit Spiegel auf dem Gewand des »Salzgeistes« von Bad Dürrheim. Aus: Herbert und Elke Schwedt, Malerei auf Narrenkleidern, Stuttgart 1975, Abb. 131.

Abbildung 21
Hieronymus Wierix, »Quatuor Novissima«. Darstellung der Sterbestunde eines Menschen mit herandrängenden und einzeln bezeichneten Lastertieren. Aus: Marie Mauquoy-Hendrickx, Les Estampes de Wierix, Bd. II, Bruxelles 1979, Nr. 1495.

Abbildung 22
[Johannes Goßner], »Das Herz des Menschen«, besetzt vom Teufel und tiergestalteten Lastern. Nach dem Druck der 8. Auflage, Wien 1846.

Abbildung 23
Villingen: »Butzesel« mit Fleckenkleid und Fleischwürsten, begleitet von mondän aufgeputzten Fastnachtsnarren. Aufnahme: Klaus Reiner, Wolfach.

Abbildung 24
Der Esel als Sinnbild des Fleisches (caro) und der »fleischlich gesinnte Mensch« (homo carnalis), nach einem spanischen Barock-Traktat. Aus: Julio Caro Baroja, El Carnaval, Madrid 1965, Abb. vor S. 49.

Abbildung 25
Holzschnitt »Ein hübscher Spruch von Aylff Narren. Wie ayner dem andern die warheyt sagt« aus der Offizin von Hans Guldenmund in Nürnberg (um 1530). Abdruck des Blattes bei Max Geisberg, The German Single-Leaf Woodcut 1500 to 1550, revised and edited by Walter L. Strauss, Bd. III, New York 1974, S. 1132, Nr. G. 1183.

Abbildung 26
Ausschnitt eines Totentanz-Kupferstichs aus der Offizin von Paulus Fürst in Nürnberg, um 1660. Abdruck des (inzwischen verlorenen) Blattes der Münchner Graphischen Sammlung bei Theodor Hampe, Beiträge zur Geschichte des Buch- und Kunsthandels in Nürnberg. II. Paulus Fürst und sein Kunstverlag. In: Mitteilungen aus dem Germanischen National-Museum 1914/15, S. 3–127, hier: S. 42–43, Nr. 90 und Abb. 9.

Abbildung 27
Grassau/Oberbayern: »Memento Mori« der Totenkapelle mit Totenkopf, Sanduhr und Stundenuhr, deren Zeiger auf die letzte Stunde zeigt. Aufnahme: Katholisches Pfarramt Grassau.

Abbildung 28
Schramberg: Uhr auf der Kehrseite des Schramberger Narrengewandes (»Hansel-Häs«) mit dem Zeiger auf ¾12. Wilhelm Kutter, Schwäbisch-alemannische Fasnacht, Künzelsau – Thalwil – Salzburg 1976, S. 95.

Abbildung 29
»Wohlauf«-Umzug am »Schellenmontag« in Wolfach/Baden. Aus: Wilhelm Kutter, Schwäbisch-alemannische Fasnacht. Künzelsau – Thalwil – Salzburg 1976, S. 92. Aufnahme: Frieder Knauss.

Abbildung 30
»Faulhard Wolauf«. Personifikationsallegorie des Lasters der »Gula« (Gefräßigkeit), zu der auch ein übertriebenes Schlafbedürfnis zählt. Aus einer Handschrift des »Renners« von Hugo von Trimberg (um 1300), 15. Jahrhundert. Heidelberg, Universitätsbibliothek, Cod. Pal. Germ. 471, fol. 39r (Ausschnitt).

Konstanzer Literaturnarren · Die Bodenseestadt in der Schwankdichtung des Mittelalters

Ein Vortrag zur Fasnacht 1982

Von Helmut Weidhase

I VIELFALT DER NARREN

Ein frommer Einsiedel sitzt und sinnt. Da erscheint, ungerufen wie meist, der Teufel und provoziert den gottesfürchtigen Klausner mit der Behauptung, das Reich Luzifers sei größer, mächtiger und weitaus dichter besiedelt als das Reich Christi. Der Einsiedel besitzt trotz seiner Weltabgeschiedenheit so viel Einsicht ins Irdische, daß er der teuflischen These nicht widerspricht. Aber mit Gottes zwingender Hilfe kann er den Bösen dazu bringen, sein höllisches Fachwissen preiszugeben, wessen Seelen er mit welchen Mitteln zu fangen vermag. Der Teufel zeigt dem Klausner nun, wie er mit einem Netz auf Seelenfang ausfährt, wie ihm dabei seine listigen Knechte – das sind die sieben Erzlaster »Hoffart« (superbia), »Neyd und hasz« (invidia), »Geitikeit« (avaritia), »Zorn« (ira), »Unkeüschait« (luxuria), »Tragkait« (accidia) und »Fraszhait« (gula) – zur Hand gehen. Der Einsiedel wird Zeuge einer Weltrevue: Der Teufel fischt, und fast nichts fällt ihm durch die Maschen. 124 Stände bleiben hängen, vom Papst bis zum Mistträger, vom Kaiser bis zum Spitzbuben, vom Kurfürsten bis zum Kuppler. Nur einige, die in williger Armut leben – Einsiedler, Waldschwestern, Begharden – können gelegentlich dem Fang entkommen. Immer, wenn der Einsiedel fragt: »Willst du den?« – antwortet der Teufel mit siegessicherem »Ja« –, und nur ein einziges klares »Nein« wird der ganzen menschlichen Gesellschaft zuteil. Zwischen den Karrenfahrern und den Schulmeistern, die erwartungsgemäß des Teufels Fangquote erhöhen, heißt es im alten Text:

Der Einsiedel spricht:

> »Laß die Rede also sein,
> die Karrenknechte, die sind dein.
> Doch kommen auch die Narren rein?
> Der Teufel sprach: die Narren – nein!
> Denn die sind lauter und auch rein.
> Wenn sie auch schimpfen oder schwören,
> sie können Gott damit nicht stören.
> Drum läßt der Herrgott sie auch schelten
> und sie dies keineswegs entgelten
> wie den, der seine Sinne hat,
> für den solch Tun der Hölle Pfad.
> Denn Narren und die jungen Kind,
> sind unsers Herrgotts Hofgesind,
> weil sie nicht schmälern Gottes Ehre,
> sie ziehn nur aus der Welt die Lehre . . .«

(Verse 11 661–11 675)

Dieses Lob der Narrheit ist in einem satirischen Werk, in dem der Teufel selbst zum Moralisten avanciert wie später bei Erasmus von Rotterdam die personifizierte Torheit zur ordinariatsverdächtigen Kathedergröße, enthalten, das in der ersten Hälfte des 15. Jahrhunderts entstand und vom ersten Herausgeber, dem Fürstlich-Fürstenbergischen Hofbibliothekar Barack 1863, »Des Teufels Netz« genannt wurde. Aus Anspielungen auf Konzilberatungen, aus dem Dialekt und der Überlieferung der Handschriften kann mit aller Vorsicht geschlossen werden, daß dieses 13 659 Verse umfassende sittenrichterliche Werk zeitlich in die Nachbarschaft des Konstanzer Konzils und räumlich in die Bodensee-Region gehört. Der unbekannte Verfasser war, wie sich aus Textparallelen ergibt, belesen in Literatur, die am Bodensee entstanden war: Er kannte das ständesatirische »Schachzabel«-Buch des Armeleut-Priesters aus Stein am Rhein, Konrads von Ammenhausen (1337), und das nach neuen Forschungen wohl doch in Konstanz beheimatete einzige Schwank-Epos des Mittelalters, Wittenwilers »Ring«. Die Narren, die hier des Teufels Netz nicht halten kann, sind Narren dieser Landschaft. So überraschend und wohltuend aber die Heiligung der Narren in diesem Text ist, so wenig Hoffnung ist aus den Worten des 15. Jahrhunderts zu schöpfen, alle, die sich für Narren halten oder solche in brauchtümlicher Begrenzung spielen, seien unter dieses gottwohlgefällige Narrentum gestellt und damit aller Strafen ledig. Denn der Text, von dem hier nur ein Teil gegeben wurde, macht weiterhin deutlich, daß unter den erstgenannten Narren weder jene zu verstehen sind, die in zünftiger Vermummung die Fastenzeit heraufführen, noch jene, die willentlich oder durch Umstände genötigt, Torheiten begehen. Gleichwohl ist der Narr hier nicht der Unsinnige, der Kranke oder gar Verrückte. Zwar wird er dem gegenübergestellt, der im Vollbesitz der Sinne ist und später auch dem, der sündhaftes Narrentum praktiziert, um dadurch Vorteile der Welt – und sei es nur deren Gelächter– zu erlangen. Doch weil betont wird, der Narr ziehe mit seinem Verhalten nur das Fazit daraus, was die Welt ihm vorführt, und er, wie es später heißt, belehrbar ist, kann solches Narrentum nicht als psychopathologische Erscheinung verstanden werden. Von den anderen, weniger löblichen Narren weiß der moralpredigende Höllenfischer zu sagen:

> »Etliche machen sich selber zu Toren
> und gehen so der Welt verloren,
> sie wollen weder hacken noch reuten
> wie's üblich bei den biedren Leuten,
> sie sind als Toren nicht geboren,
> sie haben selbst ihr Hirn geschoren.
> Sie wollen nichts als Leut' belügen,
> andere um ihr Hab betrügen,
> sie kuppeln für manch schönes Weib,
> das ist ihr Zeitvertreib.«
>
> (Verse 11 680–11 689)

Deren Narrheit soll man zu durchschauen trachten; vor diesen Narren gilt es, sich zu hüten. Doch dann kommt eine Passage, die eine dritte Species der Narren aufführt: Jene, die »mit ihrer großen ›Lekri‹ vor der Welt frei« sind, die den »Leuten die Wahrheit sagen dürfen« und von denen der Teufel sagt, »man solt si verbrennen mit schoben«. Was sind dies für Narren? Kann man darin die Fasnachtsnarren erkennen, über die niemand »Klage führen« soll, die mit »großer Lekri« in der Welt handeln? »Lekri« – man hört den seealemannischen Klang – bedeutet »Schelmerei«, der »lekker« ist im Mittelhochdeutschen nicht nur der Tellerlecker, sondern vor allem der Possenreißer und Spaßvogel – und wenn er »mit schoben« verbrannt werden soll, heißt dies dann wohl soviel, daß er als

Fasnachtsbutz in Flammen aufgehen soll (mhd. schoup – Strohwisch)?

Drei Narrentypen sind hier bereits versammelt: Der weltüberwindende Tor, der welthintergehende Simulant, der weltergötzende Possenreißer. Für den ersten gilt die jenseitige Straflosigkeit, für die andern wird dies nicht ausdrücklich bestätigt, doch zeigt eine teuflische Anweisung, wie mit ihnen zu verfahren ist: Man soll sie als Strohwische verbrennen, mit Kolben lausen und ihnen »guot straich geben« – ihre Strafe bleibt innerweltlich, sie unterliegen irdischer Vergeltung, was angesichts der mittelalterlichen Höllenvorstellungen eine allen Ablaß übersteigende Tröstung sein mochte.

Es geht darum, herauszufinden, was Narren in der Literatur gelten und sind. Der bodenseenahe satirische Anonymus gab uns nicht nur Zeugnis für ein Narrenbild, dem selbst der Teufel Humanität angedeihen ließ, sondern auch ein Beispiel für die Bedeutungsvielfalt, die das Wort »Narr« umschließt. Lassen wir die weniger problematischen Naturen beiseite, die gespielten und die spielenden Narren, dann bleibt jener Typus, der zum Hofgesinde des Herrgotts erhoben wurde, der mit den Kindern verglichen wurde, der also kein Narr auf eigene Faust ist. Wir treffen ihn in bemerkenswert ähnlicher Beschreibung wieder im großen »Lob der Torheit« des Erasmus. (Man kann den lateinischen oder griechischen Titel dieses Werks »Laus stultiae« oder »Enkomion moriae« mit vollem Recht auch mit »Lob der Narrheit« übersetzen: Die zeitgenössischen Randzeichnungen Hans Holbeins zu diesem 1509 entstandenen Werk stellen die lobredende »Stultitia« mit langohriger Narrenkappe dar – und die meisten ihrer Zuhörer übrigens auch.) Auch Erasmus, der durch seine Freundschaft mit dem Domherren Botzheim zur Stadt Konstanz Lebensfühlung aufnahm, preist Narr- und Kindheit in einem:

»Zunächst wißt ihr alle, daß uns die Kinder in ihren ersten Lebensjahren bei weitem am meisten gefallen und am teuersten sind. Warum aber lieben, küssen und herzen wir die Kleinen so innig, warum schirmt sie sogar ein Feind in der Not? Weil die Natur, die alles weise lenkt, mit gutem Vorbedacht den Neugeborenen den verlockenden Reiz der Narrheit/Torheit aufgeprägt hat, durch den sie das Vergnügen, das sie erwecken, noch steigern und so die Mühe ihrer Erzieher versüßen und die Gunst ihrer Beschützer gewinnen.«

Dieses Narren- und Torenlob kommt zwar aus dem rhetorisch geölten Munde der Torheit selbst, ist also wiederum ein Reden im Narrenkostüm, das der ins Umgekehrte zu übersetzen hat, der daraus die wahre Weisheit destillieren will. Doch das erasmische, über Jahrhunderte erfolgreiche Werk ist nicht so schlicht eine Negativ-Satire, daß deren Positiv im einfachen Umkehrverfahren zu erstellen wäre – ebensowenig wie der moralistische Teufel im Einsiedel-Epos nur dem Teufel zustehende Erkenntnis verkündet. Vielmehr beruht die denkanstößige Kraft des Humanistenopus in der eleganten Zweideutigkeit: Narrheit ist ein Prinzip des Lebens, das nur dann der entwürdigenden Lächerlichkeit verfällt, wenn es sich zum Prinzip des Denkens erheben will. Wo »Stultitia« Erfahrungen und Beobachtungen häuft, ist sie Instanz der selbstrechtfertigenden Einsicht, wo sie aber zu logischen und dialektischen Operationen ansetzt, wird sie zur Gegeninstanz in selbstentblößender Erkenntnislosigkeit. Wir haben es hier mit einer ihrer rechtfertigenden Beobachtungen zu tun: Sie sieht den Reiz der Narrheit, die Naturgewalt der kindlichen Torheit – sie steht für eine positive Füllung des Wortes Narrheit ein. Wenn wir in diesem Buche weiterlesen, dann zeigt sich, bei aller Behutsamkeit, die dem Verständnis abgenötigt oder aufgezwungen wird, daß hier die Narrheit zu einem Prinzip des Lebendigen erhöht wird, wie es denn auch bei späteren Philosophen noch zu beobachten sein wird. »Keim und Urquell des Lebens« (Kapitel 12) preist sich die Torheit, ja die vorher als »weise« berufene Natur könnte selbst ihr biologisches Geschäft ohne die Narrheit nicht vollbringen:

> »Denn was kann es Süßeres und Kostbareres geben als das Leben selbst? Wer aber hat mehr teil als ich – die Narrheit/Torheit – an der Erzeugung aller lebenden Wesen? Denn weder die Lanze der Pallas, der Tochter des gewaltigen Vaters, noch der Sturmschild des Wolkensammlers Zeus haben Einfluß auf die Entstehung und Fortpflanzung des Menschengeschlechts. Ja, er selber, der Vater der Götter und König der Menschen, der den ganzen Olymp durch einen Wink erzittern macht, muß seinen dreizackigen Blitz beiseite legen, die furchtbare Miene, durch die er nach Belieben alle Götter einschüchtert, ablegen und kläglich wie ein Schauspieler eine fremde Gestalt annehmen, wenn er einmal gern Kinder zeugen möchte, was er übrigens oft tut . . . Sagt mir, ist etwa dem Kopfe, dem Gesicht, der Brust, der Hand und dem Ohre, die doch alle als acht- und ehrbare Glieder gelten, die Fähigkeit verliehen, Götter und Menschen hervorzubringen? Doch wohl nicht, vielmehr hat sie ein gewisser Teil, der so närrisch, so drollig aussieht, daß man ihn nicht nennen kann, ohne zu lachen, der wahre Multiplikator des Menschengeschlechts . . .«
>
> (Kapitel 11)

Verfolgt man diesen ins Positive erhobenen Narrenbegriff, wie er im »Teufels Netz« erschien, bei Erasmus in ironisierendem Kostüm auftritt, weiter, dann ließe sich eine Kette schmieden. Doch wird das Handwerkszeug eines Narrenliteraten nicht theologisch und philosophisch gehärtet genug sein, um die begriffsgeschichtlichen Kettenglieder nahtlos zusammenzuhämmern, er begnügt sich mit Zitaten späterer Zeit, die zunächst illustrieren sollen, daß Narrheit bis zur Höhe eines Wertbegriffs aufsteigen konnte. Schopenhauer macht im handschriftlichen Nachlaß einmal die Narrheit zum Unterscheidungsmerkmal zwischen Mensch und Tier – und mehr noch zu einem Kennzeichen des höchsten Menschen, des Genies:

> »Wie die Thiere eigentlich nie auf Narrheiten gerathen, ebenso ist diesen der gewöhnliche Mensch nicht in dem Grade unterworfen wie das Genie.« (S. 156)

Und Nietzsche verkündet mit geballtem Behauptungssatz:

> »Der Cultus des Narren ist auch der Cultus des An-Leben-Reichen, des Mächtigen.« (S. 39)

Es soll solche Blütenlese zur Erbauung derer, die den glückvollen Narrenbegriff ins Leben verinnerlicht haben, nicht ohne Andeutung des Widerspiels erscheinen: Gegen diesen hochlöblichen Narrheitsgedanken setzt sich die kaum weniger häufig und heftig ins Feld geführte Narren-Vorstellung ab. Narren segeln in Brants »Narrenschiff« mit der Sünde, in asketischer Literatur werden sie attakiert, vor dem strengen Gedankengeschäft der Aufklärung können sie nicht bestehen. »Narrheit« ist für Kant »beleidigender Unverstand« (Metaphysik der Sitten II, § 42). Narrheit trägt für ihn keine Erkenntniskraft in sich und führt immer nur zu neuer Narrheit, nie zur Vernunft. Hegel kennt Narrheit nur als »allgemeine Zerstörung der geistigen Natur«, die zudem mit »bösem tückischem Willen« verbunden ist (Philosophische Propädeutik, § 153). Hatte Goethe die Narrheit gar zum poetischen Prinzip erhoben:

> »Laßt Phantasie mit allen ihren Chören,
> Vernunft, Verstand, Empfindung, Leidenschaft,
> Doch, merkt euch wohl! nicht ohne Narrheit hören«
> (Faust I, Verse 86–88),

so weiß die »Ästhetik« Friedrich Theodor Vischers von der Narrheit nur, daß sie »immer als Verirrung des praktischen Geistes« erscheint (§ 160).

Das Leben, der Geist, die Kunst haben ihren Sinn in das Narren-Wort gelegt – und schließlich hat auch der christliche Glaube Anteil genommen an der Narrheit: Freute sich das Leben der Narrheit, erzürnte sich der Geist über den »beleidigenden Unverstand«, so suchte gottunterworfenes Denken in der Narrheit einen Weg aus der Weltgescheitheit zur Weisheit im Glauben: Der sprichwörtlich weise Salomo sagt von sich in feststellendem Spruch: »Denn ich bin der aller nerrischt/vnd Menschen verstand ist nicht bei mir« (Sprüche 30,2), und die Forderung und Förderung christlicher Narrheit durch Paulus ist zahlreich zu belegen: Erasmus hat die Belege von seiner oratorischen »Stultitia« ausbeuten lassen im 63. und 65. Kapitel – und mit überredender Argumentation beruft sie sich auf den Satz des 1. Korintherbriefs »Welcher sich vnter euch düncket Weise sein/der werde ein Narr in dieser Welt/daß er möge weise sein« (Kapitel 3,18).

So zeitüberdauernd seit althochdeutscher Zeit das Wort »Narr« gebraucht wurde, *was* und noch weniger *wer* ein Narr ist, vermag weder die nach Ur- und Erstbedeutung grabende Etymologie zu sagen noch die semantische Analyse eindeutig zu erbringen – entfielen doch schon dem Teufelsnetz drei Sorten Narren. Selbst die mit diesem Wort umgehende Philosophie macht uns an der Möglichkeit zweifeln, den Narrenbegriff mit überhistorischer Endgültigkeit zu adeln. So bedenkt auch Thomas von Aquin, daß die Narrheit einerseits »filia luxuriae«, eine Tochter der Wollust, ist, andererseits aber »stultitia bona«, eine löbliche Torheit, sein könne. Weisheit und Narrheit haben nach Thomas dies gemein, daß sie je nach der wertenden und richtenden Instanz doppel- oder zweideutig sind: »duplex est sapientia et duplex stultitia« (Summa theologica, De ironia, S. 695). Was freilich den hier vorgestellten Narrenbestimmungen eigen ist: Der Narr ist immer eine Gestalt, die sich Normen und Konventionen widersetzt, er ist nicht einzubringen in die Ordnungen historischer Zeiten: Er paßt nicht ins Bild irdisch-klugen Wohlverhaltens, er paßt nicht in eine Welt der Moralitätsansprüche, er paßt nicht einmal in die Hölle. Was ihn so unpassend für die Ordnungen macht, entscheiden die Prioritäten der Epochen, gegen die er lebt: Darum können zu Zeiten, wo Aberwitz zur staatstragenden Gewalt wird, die Weisen zu Narren erklärt werden, darum sind vor der gesetzgebenden Vernunft Narren, die sich rationaler Berechenbarkeit entziehen, darum gelten als Narren, die über die Moralzäune springen und Gelächter dort zünden, wo nach der Ordnung eher die zurechtweisende Hand der Entrüstung erhoben werden sollte.

II LITERARISIERTE NARREN

Meine Damen und Herren,
wegen eines solchen Narrensprungs über die Zäune der Zeit in des »Teufels Netz«, den ich nicht durch entschuldigende, erläuternde und gunstheischende Vorbemerkungen lähmen wollte, kommt nun zu Beginn des zweiten Kapitels das zuvor Unterlassene: Ich habe versucht, ein Bild – weniger einen Begriff – des Narren und seiner Wertungen zu skizzieren. Das war ein erster Teil von dem, was der Vortragstitel versprach: Närrisch, das heißt von hinten aufgezäumt, suche ich das Thema – »Konstanzer Literaturnarren« – zu füllen. Die Narren in einem Teil ihrer Vielfalt und ebenso ergötzlichen wie ärgerlichen Hinterhältigkeit haben wir hinter

uns, es folgen nun, um die Vielfalt einzugrenzen und das Narrentum in seiner Schriftlichkeit zu bestimmen, die Literaturnarren, denen dann im dritten Kapitel die besonderen Literaturnarren vorgestellt und versammelt werden sollen, die zu dieser Stadt gehören. Dies sei erläuternd gesagt, entschuldigend soll hinzugefügt werden, daß ich die Texte statt im Original in Übersetzungen biete, philologische Nöte und Bedenklichkeiten hintanstelle und wissenschaftliche Literatur ausbeute, ohne den roten Teppich gelehrter Fußnoten zur Ehre ihrer Verfasser voll auszurollen. Gunstheischende Rhetorik, wie sie in Vorreden gebräuchlich ist, kann fehlen, da dies eine Zwischenrede ist und ich für Sie und mich die Solidarität des Narrentums unterstelle.

Die Literaturnarren, die literarischen oder literarisierten Narren, die Narren in der Literatur sind unterschieden, wiewohl nicht ohne verwandtschaftliche Bindung, von den Brauchtums- oder Fasnachtsnarren. Manche Theorie des brauchtümlichen Narrentums geht davon aus, daß das fasnächtliche Treiben die Funktion eines Überdruckventils erfüllt. Eine solche Bestimmung des folkloristischen Narrentums unterstellt – sieht man von ihrer staatstragenden Verwertbarkeit ab – nicht weniger, als daß der Mensch erstens permanent Narr ist, aber zweitens nicht permanent Narr sein darf und drittens Schädigungen für den einzelnen wie die Gemeinschaft nicht auszuschließen sind, wenn nicht (zeitlich begrenzt und administrativ geordnet) gelegentlich die Daseinsrolle durch das Narrentum des Menschseins erlöst wird. Man trägt Masken, um die Alltagsmaskierung abzutun, man vermummt sich, um dem Mummenschanz des verzweckten und verwalteten Lebens Valet zu sagen, man übernimmt eine Rolle, um Jahre während Daseinsrollen für Stunden zu tilgen. Man tut es sorgsam befristet, ist ins Gehäuse der Vorfastenzeit gesperrt. Wahres

Narrentum braucht somit seine Reservate: Die feiernden, darstellenden und sichtbar spielenden Narren haben ihre Zeit; die literarischen Narren allein scheinen sich verewigen zu können. Sie werden geschrieben – und damit festgeschrieben. Doch wie die Fasnachtsnarren in einen Zeitraum, so sind die Literaturnarren in Formgehäuse gesperrt, aus denen ihnen nur selten ein Ausbruch gelingt: Sie sind in Schwank und Facetie wie wertsteigernde Fliegen im Bernstein eingeschlossen. Wohl tauchen sie – und hier ist vornehmlich an mittelalterliche Literatur gedacht – auch als kindhafte Toren im Epos, als Spottgebilde in Predigten (und dann auch meist gattungsgesichert als Predigtschwank oder -märlein) auf, sie können sich verwandeln und im Lied erscheinen, das dann auch kaum anderes als ein gesungener Schwank ist, aber die ihnen gewährte Freiheit und jederzeit abrufbare Ewigkeit ist an die Bedingung einer Mitteilungsweise gebunden – und diese signalisiert von vornherein, hier geht es um ein literarisches Narrenkostüm, hier darf und soll von der Warte besserer Erkenntnis aus gelacht werden. Gleichwohl ist die perpetuierende Festschreibung menschlichen Narrentums stets ein Wagnis gewesen, weshalb die Gattung des Schwanks und der Facetie auch eine Schutzfunktion erfüllt: Wird doch, wenn wir unsere Deutung des Narren als eines Störers der Ordnungen und Verordnungen aufgreifen wollen, immer das dargestellt, was ausgegrenzt oder verschwiegen, verachtet oder gar schon überwunden geglaubt wird: Die christliche Barmherzigkeit war hohe Verhaltensnorm – Schwänke handeln, und dies auch noch erheiternd, von der Mitleidlosigkeit der Menschen; Fleischeslust galt als Todsünde – der Liebesnarren in den Schwänken ist Legion; Nächstenliebe schloß notwendig die Ehrlichkeit gegenüber dem Mitchristen ein – Betrüger und Betrogene sind Hauptnarren der Schwänke; Völlerei war Gift für die

Seele – in den Weinschwelg- und Weinschlundschwänken wird sie bis zum Vollrausch gefeiert. Dazu zeigt die Überlieferung, daß hier keine Untergrund- oder Alternativliteratur aus revoltierendem Vagantengemüt zutage gefördert wurde, sondern die Gattung sich in tüchtigen oft geistlich-weltlich gemischten Sammelbänden etablierte. Die vielfach versuchten Definitionen, was ein Schwank, was die spätere Facetie sei, geben formale Hilfen, doch kaum Auskunft darüber, worin die schützende Kraft dieses literarischen Mitteilungstyps – und ihr Reiz lag. Wenn man mit Hanns Fischer den Schwank – von ihm für das Mittelalter mit dem Gattungsterminus »daz maere« bezeichnet – definiert als »eine in paarweise gereimten Viertaktern versifizierte, selbständige und eigenzweckliche Erzählung mittleren (das heißt durch die Verszahlen 150 und 2000 ungefähr umgrenzten) Umfangs, deren Gegenstand fiktive, diesseitig-profane und unter weltlichem Aspekt betrachtete, mit ausschließlich (oder vorwiegend) menschlichem Personal vorgestellte Vorgänge sind« (»Studien . . .«, S. 62–63), erhält man durchaus ein Gerüst, das den Bau stützt und sichern hilft, doch kann solche sammelnde Festlegung – und so will es Fischer – nur »Ausgangsbasis für die weiterführende Diskussion sein«. Auch die Facetie, die humanistische, zunächst lateinische, dann – und zwar zuerst in Konstanz – auch deutsche Prosaform schwankhafter Literatur, kann zunächst mit Gustav Bebermeyer als »witziger Einfall, Scherzrede, pointierte Kurzgeschichte in lateinischer Prosa« gefaßt werden, wozu noch zu ergänzen wäre, daß schon ihr erster Theoretiker im 15. Jahrhundert, Giovanni Pontanus (»De sermone«), sie »ad iocos et relaxationem animorum«, zum Spaß und zur Gemütergötzung, für stadtbürgerliche Unterhaltsamkeit – für »homines urbani« – bestimmte. Diese gattungsbestimmenden Kennzeichnungen geben nicht nur

Beschreibungen der Schwank-Typen, sondern sagen bereits etwas über deren kommunikative Situierung. Eine »pointierte Kurzgeschichte« setzt einen anderen Erwartungsgestus voraus, nicht nur einen zeitlich begrenzten, sondern auch einen, der auf den witzigen Einfall so zu reagieren befähigt ist, daß das Witzige nicht mehr alleiniges Eigentum des Produzenten ist, sondern sich in der Mitteilung bewährt und erfüllt. Man vermißt jedoch einen Hinweis auf die Schutzfunktion der schwankhaften Gattungen. Diese kann den Texten durch mancherlei Signale eingeschrieben sein: So, daß selbst dann, wenn die Vortragssituation nicht von vornherein den Narrenaspekt des Erzählten verbürgt, der Text selbst ihn bekundet.

Beim mittelalterlichen Schwank wird in einem Vorspruch (Promythion) traditionell ein Gattungshinweis gegeben. Im ältesten, dem 11. Jahrhundert zumindest nach der Überlieferung in den Cambridger Liedern angehörenden Schwank, der konstanzisches Närrischsein thematisiert, wird begonnen:

»Advertite, omnes populi, ridiculum
et audite . . .«

»Merkt, alle Leute, auf eine belachenswerte Geschichte
und spitzt eure Ohren . . .«

Damit ist das »ridiculum« festgeschrieben, die Richtung des Verständnisses und die kommunikative Lösung im Lachen vorgegeben. Wie der Anfang, ist das Ende einer erzählten Narretei oft ein Siegel, das dem Kurzopus aufgedrückt wird – die Schlußrede (Epimythion) gehört zu den Gattungsgarantien. Oft sieht sie wie eine Moral aus, die das von der närrischen Handlung gestörte Ordnungsgefüge wiederherzustellen vorgibt, doch erweist sich diese Moral oft als Provokation des

64

moralischen Bewußtseins, ja als zweite Pointe, die im angestrebten Lachen über sie die Probleme des Textgeschehens liquidiert, aber nicht durch die Übereinstimmung von Handlung und Fazit löst. Im »Schneekind«-Schwank des 11. Jahrhunderts heißt wortspielerisch das wie eine Moralsentenz formulierte Ergebnis: »Sic fraus fraudem vicerat« – so hatte Betrug den Betrug besiegt – wahrlich ein Betrüger-Ethos, keine christliche Moral einer Dichtung, die nach Volker Schupps bis heute unwidersprochener Hypothese gar von einem Bischof – Heribert von Eichstätt – verfaßt wurde. Nur im Schutze der Gattungslizenz war solch Narrentum, das sich in einer amoralischen Moral merkvershaft verdichtet, möglich.

Noch habe ich Ihnen die ganze Geschichte vom »Schneekind« vorenthalten – sie wird das nächste Kapitel zieren. Es sollte hier nur um Strategien des verschriftlichten Narrentums gehen, das Narrenfreiheit im Kostüm einer Gattung erringt, ein Kostüm, das wie bei echten Narrenzünften nach Maß und Schnitt bestimmtem Reglement unterworfen ist, um einerseits Gemeinschaft gleicher Narren zu sichern und andererseits Unterscheidungen sichtbar zu machen. In diesem Gattungskleid dürfen dargestellte Narren und darstellende Literaten tanzen. Vielleicht ist eine spielerische Probe von verdeutlichendem Reiz, nämlich die, daß man einen Schwank – oder eine Facetie – ihrer Gattungskostümierung entkleidet, um leichter zu erkennen, wie sich die Mitteilung dann ins Ärgerliche wendet. Ich wähle die Konstanz betreffende 27. Facetie des Florentiners Poggio zum Exempel. Würde man die in dieser Facetie enthaltene Handlung auf bloße Nachricht eines Ereignisses oder Falles reduzieren, dann lautete sie, durchaus dem Wortlaut des Florentiner Humanisten folgend:

Überschrift: »Civis Constantiae soror gravida facta« – »Die Schwester eines Konstanzer Bürgers wurde schwanger«
Ein Konstanzer Bürger hatte eine ledige Schwester. Als er entdeckte, daß ihr Leib immer mehr anschwoll, ergriff er sein Schwert mit finsterer Miene, stellte sie zur Rede und wollte wissen, woher dies komme. Verängstigt rief das Mädchen, das sei eine Folge des Konzils, das habe sie geschwängert. Da nahm der Bruder, der das Konzil fürchtete und ehrte, Abstand, seine Schwester zu bestrafen.

Das wäre ein Fall, ein Kasus – und zwar von Dummheit, Unterwürfigkeit, vielleicht auch von laxer Geschlechtsmoral. Sicher auch eine Geschichte, die zu denken gibt, ein Splitter denkbarer historischer Wirklichkeit – aber die Figuren bieten kaum Anlaß zum Lachen, sie sind nicht in jenem Sinne Narren, daß sie Normen und normtragende Institutionen konterkarieren oder durch ihre Sättigung an Lebendigkeit in Frage stellen. Wir hätten, so erzählt, nur eine Nachricht, keine Facetie, eher eine blamable als erfreuende Geschichte über das Konstanzer Bürgertum. Poggio aber arbeitet diesen Fall zu Literatur um. (Dadurch wird es unerheblich, ob es ein Fall der Konstanzer Stadtgeschichte oder ein klerikaler Witz war – Poggio kannte Konstanz als Konzilsdiplomat und höchst angewiderter Zeuge der Verbrennung der böhmischen Reformatoren.) Literatur wird dies erzählte Ereignis erstens dadurch, daß es Poggio – wie alle seine gesammelten Facetien – in einer Kommunikationsgemeinschaft sich ereignen läßt: In der Lügenschmiede »Bugiale« seien sie von den Mitgliedern der erlauchten Gesellschaft zum Besten gegeben worden – selbst Papst Martin V. war häufiger Gast im »Bugiale«. Zweitens dadurch, daß er die Geschichte von einer hohen geistlichen Autorität erzählen läßt: Ein »Nobilis episcopus ex Britannis«, ein hochwürdiger Bischof aus England, trägt die

Facetie vor. Drittens wird, ehe dieser Konzilswitz über die Wirkungen der geistlichen Versammlung in der irdisch-bürgerlichen Welt sich ereignen kann, das Konstanzer bürgerliche Familiendrama unter ein Thema gestellt: Es geht um das Problem der Freiheit (libertas): Genauer um das Verständnis der konziliaren Diskussion um die Freiheit.

Es wird Ihnen, hochverehrte Zuhörer, sicher rätselhaft erscheinen, was das große Wort Freiheit mit dieser kleinen Narrenhandlung zu tun haben kann. Dabei ist die Konfrontation von Narrenniederung und Begriffshöhe nicht nur ein Spannungsmoment, das mit dem Auflösungsdruck des Rätsels arbeitet, nicht nur eine Rechtfertigung des berichteten Narrentums, die das Witzerzählen zur Dokumentation von Begriffsproblematik aufwertet, diese Konfrontation konstituiert gar erst die wahren Narren in dieser Literatur. Denn nicht nur der Konstanzer Bürger und seine Schwester gehören der ordnungsstörenden Narrheit an, vielmehr sind sie hier nur als Spiegel für die Narrheit anderer gesetzt – die Narrheit vieler Mitglieder des Konzils. Doch vor dem ganzen Wortlaut ist ein »Viertens« fällig, mit dem das schützende Gehäuse der Gattung vollendet wird. Es ist der pointierte Schluß, der über die Handlung hinausweist und in der Zuspitzung die Norm der Form erfüllt: Facetie – von lateinisch facetus: anmutig, launig, witzig – ereignet sich bei diesem Humanisten als »facete dictum« in der Sprache: Der Witz liegt nicht im Ereignis (das wäre ein »facete factum«), sondern in seiner sprachlichen, pointierten Bewältigung – eben dem für den Qualitätsanspruch der Gattung verpflichtenden facete dictum. Diese Wort-Pointe soll nicht durch erläuternden Vorgriff erledigt werden – sie beschließt die Facetie, die in vollem Wortlaut nun nicht länger vorenthalten werden soll:

»Ein Hochwürdiger Bischof aus England suchte zu demonstrieren, auf welche Art Freiheit viele Mitglieder des Konstanzer Konzils aus waren, und gab dafür in einem großen Prälatenkonvent folgendes Zeugnis: Es lebte – sagte er – in Konstanz ein Bürger, dessen ledige Schwester geschwängert worden war. Als ihr Bruder der Leibesschwellung inne wurde, ergriff er sein Schwert und fragte sie mit der Miene eines, der zum Durchbohren fähig ist, was das bedeute und woher es komme. Verängstigt rief das Mädchen, das komme vom Konzil, das habe sie geschwängert. Das sah der Bruder ein, und aus Angst und Ehrfurcht vor dem Konzil nahm er Abstand, seine Schwester zu bestrafen. Während die übrigen nach Freiheit in ganz anderen Bereichen trachteten, hatte für ihn die Freizügigkeit des Beischlafs Vorrang.«

Die »libertas« wird zur »licentia futuendi« (wobei »Beischlaf« noch mit einem bürgerlichen Taburespekt übersetzt wurde, dem sich der englische Bischof bei Poggio nicht unterwarf – er nutzte den Gattungsschutz voll aus!).

Narrentum ist gegenüber machtgeschützter Ordnung alternativ, genau das wird hier vorgeführt: Große Ordnungen der Freiheit werden in Freizügigkeitsmomente umgemünzt, Liberalität mit Libertinage verwechselt, die Suche nach Sinn wird mit dem Fund der Sinnlichkeit beendet – das Leben setzt sich über regelnde Konventionen hinweg, Narren kündigen Gesellschaftsverträge auf. Wo aber das Narrentum seinen Platz erhalten will, sind dies befristete Kündigungen – begrenzt durch Zeit, eingeschlossen in literarische Formen. Darum kann hier gelacht werden im »Bugiale« über solche Narren, ja das Lachen über Narren ist an diese Begrenzungen gebunden, weil die unabsehbare Ordnungsstörung kein Gelächter mehr zünden kann. Poggio, der mit seinem 1452 geschriebenen Werk »Vergnügen zu bereiten« beabsichtigte, hat in der Vorrede in einem Satz den Gedanken menschlicher Bedürftigkeit nach Narrentum, zeitlicher Begrenzung und wirksamer Gegenwelt verknüpft:

»Ist es doch etwas Gutes, fast möchte ich behaupten Notwendiges, unserem von manigfaltigsten Bedenken und andauernden Sorgen bedrängten Geiste von Zeit zu Zeit Entlastung zu gönnen und ihn durch vielerlei Belachenswertes heiter zu stimmen und zu zerstreuen.«

Aus dem Wissen um das von Zeit zu Zeit Entlastende hat sich der Schwank gerechtfertigt, seine Gestalt geschaffen, bei aller Varianz und Nähe zu anderen Formen wie Fabel, Exempel oder Novelle seine Bestimmungen sich erhalten. Schwank und Facetie sind literarische Narrendarstellungen, die trotz Zeitkritik und zuweilen gründlichem Menschheitstadel doch das Lachen der Hörer als Ziel anstreben.

Damit verbindet sich brauchtümliches und literarisches Narrentum nicht nur durch seine schützenden und zugleich Freiräume schaffenden Begrenzungen, sondern auch durch seinen Konservatismus. Denn durch das Lachen über die Narren – und das Lachen der anderen ist als Reflex die physische Begrenzung der geleisteten oder berichteten Narretei – wird die Ordnung, die das Närrische verletzte, repariert: Wo aber viel repariert wird, gerät auch immer die Gebrechlichkeit, schließlich gar das Flickwerk der irdischen Ordnungen ins Blickfeld. Das Komische und Lächerliche der literarischen Narren kann mit jener Definition gefaßt werden, die Odo Marquard (»Exile der Heiterkeit«, S. 141) gegeben hat:

»Komisch und zum Lachen bringt, was im offiziell Geltenden das Nichtige und im offiziell Nichtigen das Geltende sichtbar werden läßt.«

Poggios Konstanzer Konzils- und Stadtnarren veranschaulichen dies: Denn die offiziellen Konzilsmitglieder suchten statt eines neuen Freiheitsbegriffs die Nichtigkeit der freizügigen Einzelaktion, die offiziell nichtige Schwängerung der Ledigen machte im Geltenden – hier dem Konzil – eben dieses Nichtigkeitsstreben kenntlich. Wenn man nun darüber lacht, dann – so Odo Marquard – »erspart (man) freilich zugleich auch den Aufwand, der zur realen Kollision mit diesen Verhältnissen nötig wäre ... so antwortet man auf die plötzlich sichtbar werdende Veränderlichkeit der Verhältnisse nicht mit Ändern oder Stabilisieren, also nicht mit einer Aktion, sondern einzig mit einer Aktion statt der Aktion: mit Lachen«. Der literarisierte Narr stellt – wie sein Bruder, der ritualisierte Narr des Brauchtums – die Totalität sanktionierter Antworten in Frage. Damit bezweckt er nicht eine fraglos gültige Weltverbesserung, die eine Zukunft auf die andere planend häuft, sondern er sucht Weltbewältigung in weise begrenztem Bezug auf die Gegenwart.

Das Mittelalter hat mit den literarischen Formen Schwank, später auch durch die Facetie dieses die Fragwürdigkeit der irdischen Ordnung offenhaltende Lachen literarisch vermittelt, es hielt so das Bewußtsein um die Hinfälligkeit menschlicher Normsetzung wach – und so konnte der Eremit vom Bodensee denn auch die Narren, die dafür die Beispiele geben, zum Hofgesinde Gottes erheben – sie verweisen auf ein Geltendes, das für den Gläubigen nicht durch das Beiwort »offiziell« eingeschränkt werden kann.

Wo aber Nichtiges und offiziell Geltendes in Konflikt geraten sollen, muß zunächst eine im allgemeinen Bewußtsein verankerte Geltungsqualität vorhanden sein. Damit kommen wir zum Lokaltermin für Literaturnarren – nach Konstanz. Konstanz hatte im Mittelalter Größe und Macht genug, um als Zeichen des Geltenden zu stehen, hatte so hohe Bedeutung, so weite Bekanntheit, daß sich das Nichtige an ihm reiben konnte. Selbst ins Sprichwort des Spätmittelalters wird die Größe von Konstanz gebannt. Ein mehrfach bezeugter Bistümer-Katalog stellt Konstanz stets an erste Stelle: »Konstanz das größte, Basel das lustigste, Straßburg das edelste, Speyer das andächtigste, Worms das ärmste, Mainz das würdigste, Trier das älteste, Köln das reichste . . .« Auch weniger schmeichelhafte Kennzeichnungen waren nach Ausweis des Deutschen Sprichwörterlexikons von Wander (Bd. II, Leipzig 1870, Stichwort »Konstanz«) verbreitet. Man behauptete »In Konstanz sieht man die fettsten Bäuche aller Reiche« und verbreitete über die fromme Stadt mit ihren vielen Klöstern, daß man »in der Schreibergass mit 'nem Kuttenzipfel bis in die Höll abgraben könnt«. Durch die Nennung der Lokalität wird deutlich, wie dieser Spruch auf die

Ordnungsmacht seiner Zeit zielt: Die heutige Konradigasse, die bis zur Verlegung der Rheinbrücke Fährgasse hieß, dann im 13. und 14. Jahrhundert als Webergasse urkundet, wurde im 15. Jahrhundert, als die Textilmanufaktur in eine Rentabilitätskrise geriet, in Schreibergasse umbenannt, »weil Schreiber der geistlichen Behörden in größerer Zahl die Häuser besiedelten«. Konstanz war bedeutend und bekannt genug, um als Chiffre des offiziell Geltenden zu stehen. Es war Name und Zeichen zugleich für kirchliche Macht und stadtbürgerliche Regsamkeit, geistliche und weltliche Ordnung konnten mit dem Wort »Konstanz« berufen werden. So tritt denn Mitte des 11. Jahrhunderts die Stadt zum ersten Mal ins Licht der Schwankliteratur – und zugleich als erste deutsche Stadt, an deren Namen sich die höfisch unterhaltsame Gattung des »ridiculums«, des gelächterstiftenden Schwanks, heftet. Im »Schneekind«, das in der Handschrift »Modus Liebinc« heißt – was soviel bedeutet, daß es nach einer offenbar überregional bekannten Melodie eines Liubo gesungen werden konnte –, tritt uns das Literaturnarrentum dieser Stadt bereits in vollem Ornat entgegen:

IV MODUS LIEBINC

»Merkt, alle Leute, auf eine belachenswerte Geschichte und spitzt Eure Ohren, hört, wie einen Schwaben [›Suevus‹ heißt es im Text, es läßt sich nicht umgehen, die Bedenklichkeit zur Kenntnis zu bringen, daß der erste Konstanzer Literaturnarr ›Schwabe‹ genannt und als betrogener Betrüger eingeführt wird] sein Weib und er sie betrog. Dieser Konstanzer Bürger, das Schwäblein, [›Constantiae civis Suevulus‹] ließ, während er wertvolle

Waren zu Schiff über den See transportierte, sein lüsternes Eheweib allein daheim. Kaum, daß sein Schiffsbug das trostlose Meer durchschneidet, erhebt sich ein Unwetter: Es rast die See, es tobt der Sturm, es türmen die Wellen sich. Nach langer Not trieb der Südwind den in der Fremde verirrten Fahrer an fernen Landes Ufer. Doch daheim die Gattin ergab sich nicht der Einsamkeit. Junge Gaukler machten ihr den Hof, und sie nimmt diese mit Freuden auf, ohne auch nur einen Gedanken an ihren fernen Gatten zu verschwenden. Prompt in der zweiten Nacht wird sie geschwängert und bringt – später – am rechten Tag einen unrechten Sohn zur Welt. Zwei Jahre rollen dahin. Der Kaufmann kehrt aus der Fremde heim. Entgegen eilt ihm die untreue Gattin und führt das Knäblein mit sich. Kaum sind die Küsse getauscht, fragt sie der Gatte: ›Sag, woher hast du den Knaben, sonst droht dir das Schlimmste!‹ Sie aber, aus Furcht vor dem Ehemann, lügt mit großer Listigkeit: ›O du – sagt sie schließlich – o du mein Gemahl, nur einmal habe ich in den Alpen meinen brennenden Durst mit Schnee gestillt – und davon wurde ich schwanger und habe diesen Knaben durch solche verdammte Empfängnis geboren.‹ Fünf oder mehr Jahre vergingen. Der Kaufmann erneuert die Ruder, bessert das undichte Schiff aus, setzt die Segel – und dann nahm er den Schneegezeugten mit sich. Jenseits des Meers bietet er den Knaben zum Verkauf an und erhält von einem Händler dafür hundert Pfund. So kehrt er nach dem Verkauf des Kindes reich nach Hause zurück. Kaum betrat er sein Haus, sagte er seiner Gattin: ›Tröste dich Weib, tröste dich, Liebste. Deinen Sohn, den ich nicht weniger liebte als du, habe ich verloren. Ein Sturm brach los, das Wüten der Winde jagte uns, die wir kaum mehr Kraft hatten, in die seichten Syrten. Uns trocknete dort die Sonne aus, den Schneegezeugten aber machte sie flüssig.‹ So verspottete der Schwabe sein untreues Weib. Und es hatte Betrug den Betrug besiegt. Denn den der Schnee gezeugt hat, den hat mit Recht die Sonne verflüssigt.«

Diese Geschichte muß einem moralischen Zeitalter suspekt sein, einem aufgeklärten eine Zumutung. Doch wer hier die Tragödie der Kindsversklavung, die blasphemische Anspielung auf die wunderbare Empfängnis, die Unmenschlichkeit des talionistischen Rechtsverständnisses (Betrug gegen Betrug wie Auge um Auge) ins Zentrum des Verstehens rückt, versäumt das ausdrücklich angestrebte Lachen, das diese – hier bis ins Entsetzliche ausgeweitete – Unordnung wieder in die Grenzen der literarischen Gattung zurückweist. Ein Ridiculum ist kein Exempel; eine Sentenz wie die, daß die Sonne ein Recht habe, Schneegezeugtes in Wasser

zu verwandeln, keine Moral; das Fazit, daß Betrug den Betrug besiegt hatte, ist nicht als Handlungsanweisung formuliert. Narrentum bevölkert den Schwank: Das Liebesverlangen verschafft sich Geltung gegenüber der Treue- und Wahrheitsnorm, die Konstanzer Kaufmannsfrau verläßt die sichernde Ordnung und handelt auch darin nach Narrenart, daß sie versucht, andere zum Narren zu halten. Leben macht sich geltend, wird Fleisch. Es geht nicht um eine Gesamtdeutung dieses problematischen Werkes, nicht um Beantwortung der Fragen, ob hier höfisch-klerikale Bürgertumskritik sich lachend zu Wort meldet, ob hier auf mittelalterliche Sprachphilosophie angespielt wird (weil der Name des Schneekinds so zu einer Substanzwirklichkeit umgelogen wird, daß wegen der Bezeichnung das Bezeichnete wegschmelzen kann), ob hier ein Zeugnis mittelalterlicher Frauenfeindlichkeit vorliegt oder ob nicht auch die hinterhältige Rationalität des Mannes getroffen werden soll. Ganz äußerlich und oberflächlich ist zunächst Konstanz als der Ort auszumachen, dem man solch Geschehen zutrauen konnte – und das Narrentum, das hier die Ordnung verletzte, ist das hochgeschätzte Liebesnarrentum.

Zwischen dem 11. und der Mitte des 13. Jahrhunderts liegen keine Konstanz betreffenden Schwänke vor. Das ist zu einem Teil daraus zu erklären, daß die mittelhochdeutschen Mären oder Schwänke erst im 13. Jahrhundert einsetzen – und Konstanz um 1300 sich eines anderen literarischen Interesses befleißigte. Hier wurden Minnedichtungen gesammelt und aufgeschrieben, die Konstanz-Weingarten-Stuttgarter Handschrift entstand hier, an der großen Manessischen Handschrift hat sicher Konstanzer Überlieferung und Sammlerinteresse seinen Anteil. Wenn wir mit einem die strengsten Regeln der Wissenschaft übersteigenden Wagemut es für symptomatisch halten wollen, daß der erste

Schwank vom »Schneekind« schon das Liebesnarrentum mit der Stadt Konstanz vereinte, dann
könnte man auch den Eifer, mit dem hier Liebes-
dichtung zusammengetragen wurde, als bezeich-
nende Tätigkeit der Bischofsstadt würdigen. Dazu
kommt, daß im Anhang der Konstanz-Weingarten-
Stuttgarter Handschrift die früheste deutsche Minnelehre aufgezeichnet ist, die hier nicht nur abge-
schrieben, sondern auch von einem zumindest dem
Namen nach Hiesigen verfaßt wurde. Dieses Opus
Johanns von Konstanz ist keineswegs eine spröde
Didaktik für minnegemäße Annäherungsversuche,
sondern ein Werk, das Gelehrtes und Delikates zu
verbinden weiß. Das literarische Narrentum ist
nahe. Ein erzählendes Ich stellt sich geradezu als
Liebesnarr vor: Es will zwar der Minne entsagen,
aber diese läßt es nicht zu und ihn nicht los. Die
Liebe zu einem Mädchen macht ihn krank, läßt ihn
darniedersinken und einen Liebes-Ersatztraum
schauen: Eine liebesvolle und liebestolle Paradies-
landschaft öffnet sich seinem inneren Blick, Venus
und Amor erscheinen. Nun wird nach mittelalterlicher Kunst Allegorese getrieben, das heißt, es wird
das Gesehene in einem Frage- und Antwortspiel
gedeutet. Da ist ein Minnesee, der besagt, daß alle
in Liebe ertrinken müssen; eine goldne Säule ragt
auf, um an das wichtigste Liebesmittel zu mahnen,
das Geld; Cupidos Fackel ist vonnöten, um in min-
nefeindlichen Herzen unverlöschliche Feuer zu zünden – und so geht es bis in die Einzelheiten »mit
einem Freimut, wie er bei einem mittelalterlichen
Dichter jener Periode ganz ungewohnt klingt« – so
stellt erstaunt die wissenschaftliche Literatur fest.
Das ergötzlichste Deutungsangebot macht Cupido,
als er vom Schreiber aufgefordert wird, den höheren Sinn seiner göttlichen Nacktheit zu erklären.
Cupido leistet die Entschlüsselung seiner allegorischen Unbekleidetheit:

».. . obwohl ich nackt,
mich dennoch keine Scham je packt.
Den Grund dafür will ich dich lehren.
Stell dir vor, viel' Bäume wären
in einem Garten voller Wonne,
Blütenpracht und heller Sonne,
und auch an Früchten aller Art
wäre darin nichts gespart.
Es wäre Sommer alle Zeit,
es gäbe dort nicht Haß, nicht Neid
und Zwist nie zwischen Frau und Mann.
Ein jeder hätte auf dem Plan
sein liebstes Lieb von aller Welt,
und jedes Paar ein herrlich Zelt.
Darüber ließen Stimmen fein
erklingen alle Vögelein
in eitel süßer Wonneweise.
Auch gäbe es dort jede Speise,
die sie nur wünschen sollten.
Sie dürften leben, wie sie wollten,
ganz nach ihrem Wunsch und Sinne.
Sie übten im Gezelte inne
das Schach- und auch das Saitenspiel
und hätten Kurzweil mehr als viel.
Umarmen, Küssen, Lust entfachen,
Tanzen, Singen und viel Lachen
sollten dort vollkommen sein.
Dort lebten sie ganz frei von Pein.
Doch Wind wär's nur, ein Nichts geblieben,
entgegen dem, wenn dann die Lieben
ganz nackt zu einem Bette schreiten
und dort mit gleichen Chancen streiten,
Liebe sich mit Lieb vergelten
und sich dazu vergnügend schelten
in minnetollem Feindschaftsspiel.
Ach, wie Frau Minne schön und viel
die Liebenden zusammenschmiegt,
daß Mund auf Mund zum Kusse liegt!
Da gibt's Umarmen, Liebe fein –
›Ach Gott, laß diese Nacht recht lange sein‹,
das sagen sie im Lustgelingen
und ihre Herzen möchten springen,
wenn sie in ganzer Seligkeit,
wozu Frau Minne war bereit,
die volle Liebe ganz erkannt –
und deshalb trag ich kein Gewand.«

(Verse 421–466)

70

Diesen Traum versucht der Schreiber nun mittels fünf hochstilisierter Liebesbriefe Wirklichkeit werden zu lassen. Mit einem Stelldichein in einem »wurzegarten«, das noch nicht den »amor factus« bestätigt, bricht die Liederhandschrift ab. Das Werk hatte aber immerhin so viel Wirkung, daß es noch vier andere Handschriften gibt, die einen Schluß rekonstruierbar machen: Die Liebenden treffen sich wieder, und das Liebesverhältnis bleibt in vornehmer Verschwiegenheit gesichert. Die Wirkung dieses Werkes war offenbar groß, Konstanz und Liebe waren hier zusammengebracht in weitreichender Weise. Da entsteht gemäß dem Text vor 1400 ein elfenbeinernes Minnekästchen am Bodensee mit dem nackten Amor (Kohlhausen, Tafel 41), im 15. Jahrhundert paraphrasiert Elblin von Eselsberg die Cupido-Allegorie »Das nackent pilde und ain Maisterliche tieffe rede«, im 14. und im 15. Jahrhundert entstehen in Konstanz zwei Liebesbriefsteller, die Johanns Minnelehre bis in den Wortlaut verpflichtet sind – und schließlich hat der einzige Dichter eines umfänglichen Schwank-Epos, der 1387 in Konstanz bezeugte Heinrich Wittenwiler, in seinem »Ring« Motive der Minnelehre verarbeitet: Traumvision, Frau Venus, Liebesbriefwechsel werden als schwankfähig erkannt und parodistisch ausgebeutet. Liebesproblematik einer hochgeistlichen Stadt diskutiert in einem schwankhaft gebauten Streitgespräch auch ein Freizeit-Poet, der Klein-Heinzelein von Konstanz heißt und Küchenmeister des Grafen Albrecht von Hohenberg war. Sein Opus »Von dem Ritter und dem Pfaffen« läßt zwei Damen über die Liebesvorzüge dieser beiden Standespersonen rechten. Nun ist das ein Thema, das im 14. Jahrhundert schon eine 200jährige europäische Tradition hinter sich hatte. Doch Heinzeleins Werk steht »in diesem Rahmen eigentümlich isoliert«, wie Ingeborg Glier in ihrem großen Werk über Minnereden (1971) betont. Konstanzer Liebesliteratur, so urteilt auch hier die Wissenschaft, fällt aus dem Rahmen des zeitgenössisch Üblichen – und besitzt damit eine Qualität, die sie der Narrheit nähert. Die Einzigartigkeit gründet bei dieser Minnerede nicht nur in dem pikanten Beginn, wo der Erzähler sich als Voyeur betätigt und zwei wunderschöne junge Damen durch ein Guckloch belauscht, sondern auch in der für einen Dichter der Bischofsstadt so naheliegenden Entscheidung: Pfaffen haben den Vorrang, aber auch gute Ritter mögen bei der Liebesentscheidung in Betracht gezogen werden. Es gibt hier eine das Gespräch in die Nähe des Schwanks, seiner situativen Voraussetzung und seiner Spitzfindigkeit bringende Listigkeit des Argumentierens. Ritter werden moralisch klassifiziert in gute und schlechte, Pfaffen unterliegen dieser Wertung nicht – damit ist die Entscheidung so gut wie präjudiziert, denn wer will den Liebesvollzug durch vorauszuschickende moralische Wertprüfungen lähmen. Das kann von jenen Damen kaum erwartet werden: Zwar verschweigt Heinzelein vornehm ihre Profession, doch kann man unter Zuhilfenahme jener Phantasie, die meist durch ein Beiwort denunziert wird, aus den Worten der Pfaffen-Verteidigerin eine Ahnung gewinnen:

> »Wenn ich von Pfaffen rede, meine ich die, die keine hohe Weihe haben. Sie zählen zur Geistlichkeit aus keinem anderen Grunde als dem, daß sie pfäffliches Geld haben.«
> (Verse 313 ff.)

Die erhabene Klerikalität des mittelalterlichen Konstanz wurde literarisch vom weniger klerikalen Daseinsmuster der kreatürlichen Liebe unterwandert. Konstanz – wenn man die Verallgemeinerung und aufwertende Zuspitzung wagen will – war ein Synonym für die Spannung zwischen Geistlichkeit und Eros, Seele und Leib, Verzicht und Vollzug.

Liebesnarren sind die literarische Spezialität dieser Stadt im Mittelalter. Ist es da Zufall, daß der gewaltige Prediger Berthold von Regensburg in Konstanz eine Rede über die Tugenden hält, die ihm zur Lasterrevue wird, zumal wenn es um die Liebe geht. In dieser »von dem niderlande unde von dem oberlande« überschriebenen Predigt, die möglicherweise am 25. Februar 1255 zur Einweihung des Franziskanerklosters am Stefansplatz gehalten wurde, geht der Lasterexorzist mit den Hörern mächtig ins Gericht:

> »Pfui, ihr Vernascher und Vernascherinnen, wie rar ist bei Euch die Tugend der Keuschheit, und ihr Ehebrecher, wie selten dieselbe Tugend bei Euch. Tut gleich und mächtig Buße – oder in den Abgrund der Hölle mit Euch zu Eurem Herrn, dem Teufel! Denn das, was zuerst aus der Waagschale des Gerichts herausrutscht, das ist voller Schalkheit, weil es dauernd von dem redet, was Mann und Frau zusammen machen, und auch noch darüber lacht!«
> (Ausgabe von F. Pfeiffer, Nr. XVII, S. 256, Z. 12–17)

Bertholds »Philippika« ist allgemein. Doch wenn man nach einem Zeugnis dafür sucht, daß Liebe und Lachen in Konstanz sich literarisch im Mittelalter vereinten, dann könnte man auf einen Dichter verweisen, von dem alte Konstanzer Chroniken berichten:

> »Anno 1383 am Sanct Pelagius-Tag (28. August), da starb Meister Hans Mütinger, der war ein guter Dichter in Latein und Deutsch, und war sonst ein gar schimpfig guter Geselle, der zu seinen Lebzeiten viel Wunderliches getrieben, wovon viel zu schreiben wäre« – was leider unterblieben ist.
> (Ruppert, S. 92)

Wir erfahren hier von einem Dichter dieser Stadt, dessen Spezialität es war, in Deutsch und Latein zu schreiben und eine Menge Allotria zu treiben – denn »schimpfig« bedeutet lustig, närrisch, spaßig.

Wir erfahren aus der späteren Zimmerischen Chronik, daß seine Werke in einem Sammelband aufgenommen wurden, wo er in erlauchter Nachbarschaft mit Wolfram, Morungen, Frauenlob sich befand. In der ständisch geordneten Aufzählung erscheint er in folgender Poeten-Kumpanei: »Marner, Mütinger, Öttinger . . . Rupfdenmann und Schweizer, genannt Heine Zolki, der war ein großer Dolki« (Zimmerische Chronik, Bd. II, S. 193). Auch hier stand Mütinger in der Nähe eher lustiger als klassisch-erhabener Poeten. Wo aber sind seine Werke? Die Handschrift des Herrn von Zimmern ging verloren. Nun eröffnen den »Laßbergschen Liedersaal« 23 Gedichte, deren Charakteristikum ist, daß sie von Liebe handeln, Deutsches und Lateinisches mischen und auf eine kauzige Weise die Narrheit der Minne rechtfertigen. Verse wie:

> »und wünsch, daß ihr mehr Lieb ergeh'
> als Tropfen hat der Bodensee«
> (Laßbergs Liedersaal, Bd. I, 19, Z. 57/58)

verbürgen die Zugehörigkeit zur Landschaft, in der auch die Handschrift entstand. Nur Mütingers Name fehlt. Im 19. Jahrhundert wurden diese Gedichte von dem großen Philologen Karl Bartsch mit bedenkenswerten Gründen Mütinger zugesprochen – im 20. Jahrhundert ihm wieder aberkannt, mehr durch lexikalischen Federstrich als durch philologische Argumentation. Hier kann kein letztes Wort gesprochen werden, doch scheint alles so trefflich auf Konstanz und den schimpfigen guten Gesellen zu passen, daß wir ihn unvorgreiflich für die These in Anspruch nehmen wollen, daß ordowidriges Liebesnarrentum in Konstanz eine literarische Heimstatt besaß. Mütinger mischte das offizielle Latein – wie es Johann von Konstanz in seiner Minnelehre schon tat – mit der nichtigen Liebe, mehr noch, er mischte in einem Atemzug Worte des

Apostels Paulus mit solchen des Heidenpoeten Ovid, was gewiß als mittlere Frivolität gelten konnte. Mehr als eine Kostprobe verträgt unser Thema nicht, doch die soll verabfolgt werden:

> »Ein Wort las ich in artibus,
> das sagt der Liebe lieben Gruß:
> nullas excedit caritas
> virtutes. Und in Deutsch heißt das:
> Lieb übertrifft die Tugend viel,
> weil's der Apostel Paulus will.
> Darum, Geliebte, bitte ich,
> daß du der Tugend fleißigst dich,
> und mich, wie ich dich liebe, liebst,
> auch dich in steter Treue übst.
> Zumal Ovid uns sagt: 's tut weh
> amare sine spe.
> Geliebte hör, der Lehrer spricht:
> Die Liebe ohne Zuversicht,
> die schmerzt, und ich vergeh darum,
> quia volneratus caritate sum,
> weil mich die Lieb' verwundet hat . . .«
> (Laßbergs Liedersaal, Bd. I, 9, Z. 7–22)

Das alles, will es scheinen, paßt in das Bild: Wo höchste Ordnungspräsentanz sich etabliert, wird zugleich jenes höhere Narrentum auf den Plan gefordert, das dagegen die schönste Unordnung der Lebendigkeit, die Liebe, einsetzt. Die Ordnung der Gattungen – ob höfische Lieder, gelehrte Minnetraktate, moralbehängte Ridicula – gab dafür eine Legitimation, einen Schutz. Doch scheint an einem Text offenbar zu werden, daß diesem Schutz wohl auch gelegentlich mißtraut wurde. Einer der in fast allen europäischen Ländern verbreiteten Schwänke, dessen Herleitung sogar aus dem Orient versucht wurde, ist der von drei Liebesnarren, die ihre Narretei mit dem Tode bezahlen müssen. Die deutsche Version des 13. Jahrhunderts kann als eine Schlüsselnovelle gelesen werden: Es wird von Kolmar darin geredet, aber Konstanz ist gemeint. Der Verfasser versteckt sich überdies hinter einem garantiert unauflösbaren Pseudonym, er nennt sich »Niemand«. Kurz gefaßt spielt sich in dem 400-Verse-Werk folgendes ab:

Einer, der von Kolmar geritten kam, hat mir dies als verbürgte Wahrheit erzählt: Ein jäh verarmter Bürger hatte eine schöne 20jährige, gottesfürchtige Frau. Diese wollte in der Fastenzeit beichten gehen. Drei Klöster besuchte sie: Dominikaner, Franziskaner, Augustiner. Statt der Absolution aber erhält sie dort jeweils ein unzweideutiges Angebot: Man bietet für ihre Liebe Geld, die Dominikaner 30, die Franziskaner 60, die Augustiner 100 Mark. Ungebeichtet kehrt sie weinend nach Hause zurück. Ihr Mann tröstet sie und hat einen, seine Finanzpläne begünstigenden, Gedanken: Er läßt die Mönche zur Nacht mit jeweils 100 Mark ins Haus bestellen. Bevor die Mönche dieser Einladung folgen, füllt der Mann einen großen Zuber mit kochendem Wasser und stellt ihn ins Frauengemach. Der Dominikaner kommt und ist gerade dabei, Geld in Liebesleistung umzusetzen, da pocht der Mann an die Tür, der Mönch »Tecia« will sich im Zuber verbergen, wo er gebrüht und gesotten untergeht. Geradeso ergeht es dem Barfüßer und dem Augustiner. Nun ist wieder Kapital im Hause, aber auch drei Leichen, die beseitigt werden müssen. Der liebevolle Ehemann zieht den ersten – obwohl ein tonsurierter Mönch – an den Haaren aus dem Zuber und trägt ihn vor die Tür. Dort kommt gerade ein volltrunkener Student vorbei. Dieser läßt sich verpflichten, den Mönch für vier Pfennige – man beachte die Verdienstspanne des Bürgers! – in den Rhein zu befördern. Der Student tut es, kommt zurück und fordert den Lohn – aber da steht die Mönchsleiche wieder in der Türfüllung. In Nacht und Rausch erkennt der dienstbare Scholar den Kuttenwechsel nicht, sondern hält den Mönch für einen Auferstandenen oder Wiedergänger, packt ihn und wirft ihn nochmals in den Rhein. Beim dritten geht es genauso zu. Kaum aber ist der Studiosus zum dritten Mal vom Rhein zurück, da sieht er einen frommen Bruder, der gerade zur Messe gehen will. Den packt er an der Kapuze und wirft ihn auch in den Fluß. Dann bekommt er sein Geld.

Auch das finanzielle Fazit verschweigt die Mär nicht: Pro Mönch ein Pfennig. Die Moral:

»Dieses Beispiel, das ich sage,
das bewährt sich alle Tage
und ereignet sich nicht selten,
daß, wer schuldlos, muß entgelten,
was ein Schuldiger verbrach.« (Verse 389–393)

Im übrigen sei den Mönchen recht geschehen und der das alles erdichtet habe, heiße »Niemand«.

Diese Geschichte wurde nicht in Konstanz erfunden, aber hier in aktualisierende Kutten gesteckt, lokalisiert – und schließlich auch in einer Konstanzer Handschrift um 1433 oder etwas früher aufgezeichnet. Volker Schupp gebührt die Ehre, in diesem Schwank »Kolmaere« als Pseudonym für Konstanz entdeckt zu haben.

1. Sprach- und stilkritische Befunde haben die Entstehungszeit des Textes auf die 2. Hälfte des 13. Jahrhunderts eingegrenzt. Damals gab es in Kolmar keine Augustiner. Dagegen besaß Konstanz die drei genannten Klöster: Seit 1235 saßen die Dominikaner auf der Insel; Franziskaner sind seit 1240 bezeugt, seit 1255 hatten sie ihr Kloster auf dem Stefansplatz; die Augustiner wirkten seit 1268 in Konstanz. Der Weg der Frau kann lokal-topographisch sinnvoll nachgegangen werden: Irgendwo in der Niederburg mag sie gewohnt haben, von dort ging sie über die Brücke zu den Dominikanern, suchte dann die Franziskaner auf dem Stefansplatz auf, eilte in ihrer Not schließlich gar vors Tor zu den Augustinern, heute die Dreifaltigkeitskirche in der Rosgartenstraße. Der unschuldige vierte Mönch, kann die Phantasie ergänzen, wollte womöglich über die Brücke zu den – in diesem Schwank bemerkenswerterweise nicht betroffenen – Benediktinern in Petershausen – darum war er so nahe am Rhein.

2. Selbst einem hochtrainierten Sportler wäre es nicht möglich gewesen, in einer Nacht vom elsässischen Kolmar aus drei Leichen in den Rhein zu befördern. Denn Kolmar liegt – und lag auch vor

der Regulierung – etwa 12 bis 15 Kilometer vom Rhein entfernt. Das wäre eine Strecke von dreimal mit und dreimal ohne Mönchslast gleich 72 bis 90 Kilometern. Wieviel günstiger für solche Vorhaben waren da die Konstanzer Ortsverhältnisse.

3. Nach allen mittelhochdeutschen und geographie-historischen Wörterbüchern gibt es keinen Beleg für die Form des Ortsnamens »Kolmaere«. Es wäre bei dem wortspielenden Verfasser zu erwägen, ob nicht »Kolmaere« ohnedies ein sprechender Name sein sollte: »Maere« wäre Gattungssignal, wie es die Schwänke dieses Jahrhunderts vielfach aufklingen lassen. »Kol« allerdings kann nicht in solchen Zusammensetzungen nachgewiesen werden. Sollte es zu »Kohlen« gehören und damit ein weiteres Indiz dafür liefern, daß sich hier – wie Volker Schupp es betont – der »schwarze Humor« des Mittelalters manifestiert und beinahe schon terminologisch etabliert?

Dieser »schwarze Schwank« mit seiner dreimal dreifachen Reihung – dreimal wird gebeichtet, dreimal gesotten, dreimal ersäuft – erfährt durch den vierten Mönch eine pointierte Störung: Hier scheint nicht nur die moralische, sondern gar die Weltordnung defekt zu werden. Selbst die pessimistische Schlußfolgerung, es sei an der Tagesordnung, daß ein Unschuldiger die Schuld eines anderen entgelten müsse, stimmt nicht, weil hier ja die Schuldigen bereits zu brutaler Buße verdammt wurden. Dennoch ist das Werk nicht Strafpredigt oder Zeitsatire, sondern ein Schwank, dessen Ziel und Ende das Lachen ist. Mit Henri Bergson kann man unterstellen, daß das Lachen eine »Anästhesie des Herzens« ist – und sicher wird man für das Mittelalter davon auszugehen haben, daß nicht nur im medizinischen Bereich die Betäubungen massiver gehandhabt wurden als heute. Es soll auch hier nicht die ganze Problemfülle dieses Schwanks in einer gründlichen Texterhellung ausgebreitet werden. Wichtig ist das Liebesnarrentum der Mönche, die Konstanzer Bezüglichkeit, die Störung der hohen geistlichen Ordnung durch die in ihr offiziell nichtige leibliche Liebe.

Das ist auch das Thema eines späteren Schwanks, erst im frühen 16. Jahrhundert in Nürnberg überliefert, doch mit Sicherheit älter. Er trägt in der Handschrift den Titel »ain gutter spruch von natürlicher liebe«. Hanns Fischer hat ihn in seiner »Deutschen Märendichtung« (1966) »Liebesabenteuer in Konstanz« genannt. Hier muß die Stadt nicht erst aus topographischen Anspielungen erschlossen werden, denn Konstanz und der Ziegelgraben – nahe dem Pulverturm – werden genannt; hier wird im Klartext von »Narren« gesprochen; hier ist zudem die Gattung mit ihren eindeutigen Begrenzungssignalen greifbar:

In einer Schenke sitzen Männer und reden über Frauen. Hans, der schon einen grauen Bart hat, wird aufgefordert, ein Beispiel seiner erotischen Lebenserfahrungen zu bieten. Er erzählt:

> »Zu einer Zeit, da sollt es sein,
> da kam ich abends spät vom Wein
> und wollte drum noch Kurzweil haben
> zu Konstanz an dem Ziegelgraben.
> Dort blickt ich in ein Fenster rein
> und sah ein hübsches Schmuckstück fein,
> gar schön geputzt für Männerlust,
> die weiten Ärmel voller Zier
> nach niederländscher Weibsmanier,
> wie's in Brabant der letzte Schrei.
> Ich sprach zu ihr mit Tändelei
> und grüßte sie nach feiner Art
> wie's Buhler tun mit grauem Bart.
> ›O zarte Frau, nun laßt mich ein,
> ich zahle einen Krug voll Wein,
> den allerbesten aus der Stadt.‹
> Und weil ich sie so freundlich bat,
> schloß sie mir auf ganz ohne Scham.
> Wie ich nun in ihr Stüblein kam,
> ward ich empfangen wunderschön

> und ließ sofort ein Goldstück sehn
> und bat um einen vollen Krug.
> Das tat sie gleich, ganz ohn' Verzug.
> Da ging es zu mit Ehr und Zucht,
> da setzte sich die edle Frucht
> zu mir – ein Weib von Welt,
> das ganz auf Freundlichkeit gestellt.
> Mein Geld, das gab ich gerne dann.
> Sie sprach: ›Ihr seid ein redlich Mann,
> wollt ihr noch mehr, wollt ihr den Leib,
> ich bin ein untertänig Weib.‹
> Was sie an Freud und Lust geübt,
> die man bei solchen Sachen liebt,
> das ward dreifaltig gut erfüllt.
> Das kleine Handwerk ward gespielt.
> Ich legte bald von mir mein Kleid
> und dachte grad, ›'s ist rechte Zeit,
> heut Nacht stehn Freud und Kurzweil an‹ –
> da klopft bei ihr ein Schüler an.
> Es fiel kein Wort, sie folgt ihm nach
> ließ mich allein im Lustgemach.
> Mir ward ganz eng und grau und graus –
> wo war sie hin? Ins Pfaffenhaus!
> Und lag im Pfarrhof über Nacht.
> Der Teufel hat sich krumm gelacht.
> Das Geld war hin, die Freud entzwei
> und denken mußt ich mancherlei.
> So dacht ich da: ›ich alter Tor,
> hab minder Freude als zuvor.‹
> Die Kleider nahm ich übern Arm
> und dacht: ›O weh, daß Gott erbarm,
> ich bin ein ganz betörter Mann!
> Was sucht ich auf der Narren Bahn?‹
> Dann schlich ich weg mit Weh und Ach . . .«

(Verse 70–125)

Zum Schluß wird vor der Verbindung von jungen Frauen und grauen Harren gewarnt und ein fluchendes Fazit angeboten: Der Teufel solle auf Buhlschaft gehen. Der Verfasser dieses Schwanks ist gegenüber dem geradezu problemlastigen »Niemand« ein schlichtes Gemüt, das gleichwohl die Gattungsgrenzen zieht, ein Narrentum vorstellt, das mit den gegebenen Bestimmungen verrechenbar ist: Der alte Hans wird zum Liebesnarren, weil

75

er den biologischen Zeitzaun zu überspringen sich anschickte und stolperte. Freilich macht es die Doppelbödigkeit dieses Konstanzer Erlebnisses aus, daß nicht sein Alter, sondern die geistliche Konkurrenz ihn fallieren läßt: Die Liebe höret nimmer auf, nur ereignete sie sich nicht immer dort, wo sie gesucht wird.

Ehe die Liebesrevue der Konstanzer Literaturnarren zum Finale antritt, ist wenigstens mit einem Hinweis auf andere Formen der Dichtkunst zu erinnern, daß zumal seit dem großen Konzil sich Konstanz als deutsche Eros-Metropole in der Literatur verewigt hat. Der Minnesänger Oswald von Wolkenstein, Konzilsgast und auch später noch Besucher von Konstanz, besingt mit keiner Note irgendein konziliares Ereignis. Dafür preist er das »wunnicliche paradis«, das er in Konstanz ganz und gar erlebt habe, dafür wirbt er für diese Stadt:

> »Wer nach dem Leid ergötzt will sein,
> nicht eingeseift geschoren fein,
> der zieh nach Konstanz an den Rhein,
> wenn's Reisen ihm gefüge.
> Darin gibt's viele Fräulein zart,
> die können grasen ihm im Bart,
> ob sich kein Haar darein geschart,
> daß er nicht gerne trüge . . .«   (Lied 123, 1. Strophe)

Ähnlich dem alten Hans wird der Wolkensteiner in Konstanz auch zum Liebesnarren, der nicht nur im Zunfthaus der Katze »mit Ehren das lustliche Freudenspiel« genießt, sondern von jenen kunstfertigen Damen den Bart verlesen und zugleich den Geldbeutel »meisterlich geschnitten« bekommt. Oswald hat das Konstanzer Konzilserlebnis durch Liebeserinnerung verdrängt. Andere, so ein Eberhard Windecke schon um 1415, haben in Liedern – oder wie Poggio in einer Facetie – die weltlichen Begleitumstände und irdisch-nichtigen Kontrapost der geistlichen Großkonferenz zum Thema erhoben. Für Windecke ist es ein Dirnenkonzil:

> »Nun hat man neue Mär im Lande wohl vernommen,
> seit das Konzilium nach Konstanz ist gekommen.
> Die Dirnen wurden fröhlich gleich
> und wenig später dann auch reich . . .«
> (R. v. Liliencron, Bd. I, Nr. 54, Z. 1–4)

In dem Maße jedoch, wie die Bedeutung von Konstanz im Spätmittelalter abnahm, nahm auch die für gesetzte Ordnung stehende Zeichenhaftigkeit dieser Stadt ab. Der Schwank verläßt sie. Eines der letzten Zeugnisse Konstanzer Literaturnarren ist das Lied vom Konstanzer Striegler, das 1530 in Zürich gedruckt erschien und so populär wurde, daß es bis ins 17. Jahrhundert zum sicheren Anspielungsfundus der Schwankliteratur gehörte. In Valentin Schumanns »Nachtbüchlein« (1559) wird ein Pfaffe von einer Buhlerin in die Wanne gebeten, was er zu seinem späteren Nachteil auch tut. Der Text gibt die für den Hörer sofort verständliche Vorausdeutung »Der gute pfaff gedachte nicht an den Kaufmann zu Kostenz« (S. 291). In Fischarts »Geschichtsklitterung« (1575) genügt der Ausruf »O badgestriegelter Doktor von Costenz!« (S. 38) – und der zeitgenössische Leser wußte Bescheid. Dies Lied ist ein Schwank in Strophenform: Ein reicher Kaufmann hat eine wunderschöne Frau, die aber heimlich einen Doktor liebt. Der Kaufmann gibt vor, auf Geschäftsreise ausreiten zu müssen. Er reitet zum oberen Tor hinaus, aber gleich zum unteren wieder herein, verbirgt sich bei einem Freunde und beobachtet, wie der Doktor in seinem Hause nächtigt. Da geht der Kaufmann zum Schmied und läßt sich einen besonders zackenreichen Pferdestriegel anfertigen. Damit schleicht er in sein Haus, wo er Dame und Doktor gemeinsam in der Wanne findet. Die Frau reißt aus, der Doktor wird »von unten an bis auf den Bart« so gestriegelt, daß er einen halben Tag später auf dem Leichenschragen liegt. Bei seiner Beerdigung flüstern sich die Konstanzer Fräulein zu, »vor dem Striegel wolln wir uns hüten«. Damit auch jeder sicher sein kann, daß dies ein lustiges Lied ist, bekräftigt die Schlußstrophe:

»Dies Lied ist gemacht mit hohem Fleiß,
vorm Striegel hüt dich, bist du weis',
daß dir nicht mißlinge!
Es sangs ein freier Schreiber gut,
vor Freud tät er aufspringen.«
(Fr. M. Böhme, Lied Nr. 97, S. 193)

Die irdische Vergeltung zeigt sich hier wie in den anderen vorgestellten Schwänken als Mittel, Lachen zu ermöglichen oder zu provozieren. Der Narr attackiert die Ordnung, die Ordnung schlägt zurück – und macht sich in der Unangemessenheit der Vergeltung selbst zum Narren. Das Lachen quittiert die Maßlosigkeit, die sich in der literarischen Erfindung, an der zügelnden Kandarre der Gattung erlauben durfte, über die Grenzpfosten des gemaßregelten Lebens zu springen.

Darum ist dieses Lachen nicht Sanktionierung der mittelalterlichen Heiterkeitsbrutalität, sondern deren Zurückweisung oder Verdrängung in die Unglaublichkeit. Lachen ist ungläubig, Pointen sind keine Wahrheiten. Daher ist es auch nicht überraschend, daß selbst Humanisten an dieser Art des Humors produktiv Anteil nahmen. Derjenige, der als erster die lateinische Humanisten-Facetie nicht nur als Übersetzer aufgriff, als erster sie als zweisprachiges Werk verfaßte – in Latein und Deutsch –, als erster sie mit Moralisationen kostümierte, als erster auch auf deutschem Boden das Wort »Facetie« für sein Werk gebrauchte, war Augustin Tünger, Prokurator des Konstanzer Bischofs. Dieser 1455 in Endingen/Balingen geborene Verwaltungsjurist hatte in Erfurt studiert, 1478 in Konstanz eine – zunächst offenbar nur mäßig alimentierte – Stelle und eine Frau gefunden und war bis ins zweite Jahrzehnt des 16. Jahrhunderts in der Stadt seßhaft und tätig. 22mal erscheint er in den Protokollen des Konstanzer Domkapitels als vielbeschäftigter und mit hohen Aufgaben betrauter Syndikus. Aber nur einmal, soweit wir wissen, mischte er sich unter die Literaten. Am 28. November 1486 beendigte er die erhaltene Handschrift seiner »Facetie latinae et germanicae«, die 54 Prosa-Facetien enthält und Herzog Eberhard im Barte gewidmet ist. Es ist hier nicht Ort und Thema, dieses Werk monographisch zu würdigen und seinen historischen Stellenwert zu taxieren. Der Text ist reich an Konstanzer Narren. Elf Facetien spielen in dieser Stadt, Namen werden genannt: Die Bischöfe Hermann und Otto IV., der Chorherr Heinrich Nithart, der Prokuratoren-Kollege Johannes Truckenbrot – Namen, die historisch verbürgt sind. Dazu erfahren wir von Wirtsleuten und den bischöflichen Hofnarren Hamman Faber und Bugg Strobel, dem es so gut ging, daß der »gar liebliche Fatzmann« ein »kostlich Kleid und einen anderthalbschühigen Bauch vor sich hertrug«. Was wir vermissen in diesem Werk, sind die Konstanzer Liebesnarren – der Jurist in klerikalen Diensten scheint hier Zurückhaltung geübt zu haben. Dennoch gibt es Liebesnarren in seinem Werk, aber sie agieren andernorts. Als letztes Beispiel für die schwankvereinigte Narrenschaft, die in Konstanz angesiedelt oder in Konstanz in die Schriftlichkeit erhoben wurde, sei Tüngers 19. Facetie gewählt – auch deshalb, weil sie die einzige ist, die eine Spur in der Wirkungsgeschichte hinterlassen hat. Tüngers Werk ist erst 1874 veröffentlicht worden, bis dahin konnte es bestenfalls ein klösterlicher Bibliothekar auf sich wirken lassen. Die 19. Facetie ist ein Liebesnarren-Schwank, der freilich eine überraschende Optik verrät: Hier wird einer zum Narren, weil er die Ordnung *nicht* stört, sondern bürgerliche Normen gegen die Lebensmacht Liebe obsiegen läßt:

»In der Stadt Butzbach, vier Meilen von Frankfurt entfernt, war eine sehr schöne Jungfrau. Sie wurde von einem Jüngling dermaßen geliebt, daß er ihr Tag und Nacht nachging – bis sich die Tochter überwunden gab und ihm Zeit und Ort sagte, wo sie sich ihm ergeben wollte. Als sie einander in den Armen lagen und die Tochter dem Jüngling erlaubte, nach seinem Begehr mit ihr zu tun, fing er an, seufzte, gebärdete sich keineswegs fröhlich, wie man hätte erwarten müssen. Als die Tochter deswegen bekümmert war und ihn nach der Ursache seines Traurigseins fragte, bekannte er: Er wage nicht, mit ihr nach seinem Begehren zu verfahren, denn sie könne davon leicht schwanger werden und ihm ein Kind eintragen, das er dann mit merklichen Kosten erziehen müßte. Daher bat er um Erlaubnis, sich verabschieden zu dürfen. Als die Jungfrau dies vernommen hatte, wurde sie betrübt und dachte: Sie sei so schön, habe ihre Ehre für den Geliebten hinangestellt, er aber ein bißchen zeitlichen Besitz für größer erachtet als ihre Liebe – und beschloß, Rache zu nehmen. Als es wieder stockfinstre Nacht war, nahm sie den Jüngling bei der Hand, als ob sie ihn wieder zu ihrer Tür führen wollte. Als sie oben an der Stiege angelangt waren, zauderte sie nicht und warf ihn kurz entschlossen die Treppe hinab. Da lag er ohnmächtig. Als er wieder zu sich kam, konnte er wohl ermessen, daß Liebe und Geiz sich schlecht vereinen lassen.«

Vom 17. bis zum frühen 19. Jahrhundert lag die Handschrift im Kloster Weingarten. Dort hat sie in der Barockzeit ein Mönch gelesen – und zu unserer Geschichte eine Randglosse hinterlassen: »Ist ihm recht geschehen.« Er hatte den Schwank lebenspraktisch – und nicht im Sinne geistlicher Moralität gelesen.

Wir wagen ein dreifältiges Fazit: Narren stören Normen, Normen werden zur Narrheit – und Narren machen den zum Narren, der sie so zur Kenntnis nimmt wie der sympathische klösterliche Glossator.

Genau das führt zu dem, was Schwänke und Facetien erklärtermaßen wollen: Narren erzeugen, die sich im Lachen bekunden – und damit die schlimmste Krankheit, die dem Mittelalter gar als

sündhaft galt, besiegen: die Melancholie. Luther sagte von dieser die Zeitlichkeit wie die Ewigkeit des Menschen bedrohenden Schwarzgalligkeit: »Ubi est caput melancholicum, ibi Diabolus habet balneum.« (Tischreden Nr. 2889 a/b) – Eine melancholische Hirnschale ist des Teufels Badezuber. Keine der großen Schwanksammlungen des 16. Jahrhunderts von Lindener, Schumann, Kirchhoff, Montanus und anderen – in diesen großen Sammlungen ebenso wie in Bebels lateinischen Facetien ließen sich übrigens noch einige Konstanzer Literaturnarren zusammenklauben – keines dieser literarischen Lustbarkeitskompendien verzichtet im Vorwort darauf, sich als Gegengift wider die Melancholie, die neuzeitliche Individualtraurigkeit, zu empfehlen. Wenn wir einem psychopathologisch orientierten Werk unserer Zeit, Hubert Tellenbachs »Melancholie«, entnehmen, daß die Melancholie nicht als falsche Mischung der Körpersäfte zu verstehen ist, sondern beschrieben werden kann als »Schuldwahn durch verletzten Ordnungssinn«, dann können wir die heilende Humanität des literarisierten Narrentums von solcher Bestimmung her rekonstruieren. Wer über gestörte Ordnungen lachen kann, wem zugleich der Restbestand an Ordnungssinn durch die Bürgschaft des Gattungsrituals gesichert wird, wer Schuld und Sühne aus der Lächerlichkeitsperspektive des Schwanks zuerteilt bekommt und dann das Schuldproblem durch Lachen löscht, der hatte, wenngleich durch Zeit und Situation begrenzt, ein Ventil geöffnet, durch das die Schwarzgalligkeit abdampfen konnte. Ein letztes mag zum höheren Lob der Konstanzer Liebes- und Literaturnarren bedacht sein: Ob im »Modus Liebinc«, bei den drei Mönchen, im Liebesabenteuer, in Poggios Facetie, in Tüngers Butzbacher Treppensturz – immer war der Gedanke des Todes im Spiel, als Faktum, als Lüge, als Drohung, als Möglichkeit. Wie vor der Macht der Liebe und

Triebe sind Menschen vor dem Angesicht des Todes Narrren – Liebe und Tod sind die höchsten Ordnungen und Unordnungen, an ihnen werden Schuld- und Ordnungsnormen zuschanden. Das ist Grund genug für tiefste Melancholie – das Mittelalter suchte dagegen das Lachen, denn »zum Lachen ist es ja nur, weil wir nicht damit fertig werden« – wie der Philosoph Helmut Plessner fand.

Wie prächtig wäre es, hätten wir – etwa für den schimpflichen guten Mütinger, den umfangreichen Bugg Strobel oder den von Tünger verewigten Konstanzer Fatzmann Werlin – ein Zeugnis davon, was man bei ihrem Tode, dem Tod des Narren, dachte und sagte. Wir haben es nicht, doch mag unsere geschichtsklitternde Phantasie sich Ersatz holen und wünschen, daß es auch hierzulande sich am Grabe eines etablierten Narren so ereignet hätte wie 1618, im Jahre, als der todbringende Dreißigjährige Krieg begann, wo zu Schwiebus der Hofnarr Philipps von Pommern, Hannes Miesko, starb. Der Hofprediger Cardelius hielt die Leichabdankung über den Bibelvers 1. Samuelis 21, 13/14: »Und David verstellete seine Gebärde vor ihnen« – und resümierte über den Narren und die Narrheit mit so gründlich verstehender Weisheit, daß er sich als protestantischer Barockprediger wohl mit dem eingangs berufenen katholischen Klausner des gotischen Zeitalters über die mögliche Gottwohlgefälligkeit des Narrentums verständigt hätte:

> »Der Verstorbene ist nicht unwürdig wegen seiner treuen Dienste, die er durch seine Albernheit, Blödigkeit, Einfalt, närrischen Aufzüge und Torheit geleistet, Potentaten und ihren Gemahlinnen manche melancholische und traurige Gedanken vertrieben und bisweilen nützlicher und dienlicher gewesen als mancher verdrossene und faule Knecht. Dieses soll uns dienen zu Lehre und Unterricht . . . zur Vermahnung, dass wir uns bei närrischen Leuten recht verhalten, sie nicht verachten und verstoßen, zwar unsere Lust und Kurzweil an ihnen haben, aber in christlichem Maße, und sie nicht ärgern, daß wir uns selbst an ihnen spiegeln. So sollen sie uns auch zum Unterrichte dienen, daß es wahr sei: Wo Herren sind, da sind auch Narren.« (Mönkemöller, S. 46)

BIBLIOGRAPHISCHE NACHWEISE

K. Bartsch, Der Müttinger. In: Germania 32, Neue Reihe, Bd. 20, o. O. 1887. S. 246–253.

G. Bebermeyer, Artikel »Facetie«. In: Reallexikon der deutschen Literaturgeschichte. Berlin 1958, 2. Aufl., Bd. I, S. 441–445.

Berthold von Regensburg, Predigten. Hrg. von F. Pfeiffer. Wien 1862.

F. M. Böhme, Altdeutsches Liederbuch. Leipzig 1877.

S. Brant, Das Narrenschiff. Hrg. von M. Lemmer. Tübingen 1962 (Neudrucke deutscher Literaturwerke Neue Folge, Bd. 5).

Carmina Cantabrigensia. Hrg. von K. Strecker. Berlin 1966, 3. Aufl., Monumenta Germaniae historica, Scriptores, 7,40.

Erasmus von Rotterdam, Moriae encomium: Lob der Torheit. Mit den Handzeichnungen von H. Holbein. Übersetzt und herausgegeben von U. Schultz. Bremen 1966.

J. Fischart, Geschichtsklitterung (Gargantua). Hrg. von H. Schnabel. Halle/Saale 1969, Bd. I.

H. Fischer, Deutsche Märendichtung des 15. Jahrhunderts. München 1968.

H. Fischer, Studien zur deutschen Märendichtung. Tübingen 1968

I. Glier, Artes amandi. Untersuchungen zur Geschichte, Überlieferung und Typologie der deutschen Minnereden. München 1971.

D. Haake, Zur Heimat der Großen Heidelberger Liederhandschrift. In: Zeitschrift für deutsche Philologie 83, 1964. S. 301–307.

G. W. F. Hegel, Sämtliche Werke (Jubiläumsausgabe, hrg. von H. Glockner). Stuttgart 1961, 4. Aufl., Bd. III.

I. Kant, Werke. Hrg. von Ernst Cassierer. Berlin 1916, Bd. VII.

(Klein)-Heinzelein von Konstanz, Der Minne Lehre. Hrg. von

F. Pfeiffer. Leipzig 1852 (darin auch »Vom Ritter und dem Pfaffen«).

B. Könnecker, Wesen und Wandlung der Narrenidee im Zeitalter des Humanismus. Wiesbaden 1956.

H. Kohlhausen, Minnekästchen im Mittelalter. Berlin 1928.

F. L. von Laßberg, Liedersaal, d. i. Sammlung altdeutscher Gedichte aus ungedruckten Quellen. Bd. I, Basel 1820.

R. von Liliencron, Die historischen Volkslieder der Deutschen vom 13. bis 16. Jahrhundert. Bd. I, Leipzig 1865.

M. Luther, Weimarer Ausgabe. Tischreden, Weimar 1914, Bd. III.

O. Marquard, Exile der Heiterkeit. In: Poetik und Hermeneutik VII (Das Komische). München 1976. S. 133–151.

Mönche von Kolmar, zitiert nach: H. de Boor (Hrg.), Die deutsche Literatur, Mittelalter, Texte und Zeugnisse. München 1965, 2. Teilband, S. 1451–1456.

O. Mönkemöller, Narren und Toren in Satire, Sprichwort und Humor. Halle/Saale 1912.

F. Nietzsche, Gesammelte Werke (Musarionausgabe). München 1925, Bd. XVIII.

Oswald von Wolkenstein. Hrg. von K. K. Klein. Tübingen 1975 (Altdeutsche Textbibliothek 55).

H. Plessner, Lachen und Weinen. Eine Untersuchung nach den Grenzen menschlichen Verhaltens. München 1961, 3. Aufl.

Poggius Bracciolini, Opera omnia. Basel 1538 (Neudruck Turin 1964), Bd. I.

G. G. Pontanus, De sermone libri VI. Lucani: Thesaurus mundi, o. O. 1954.

Ph. Ruppert, Das alte Konstanz in Schrift und Stift. Die Chroniken der Stadt Konstanz. Konstanz 1891.

Schneekind (Modus Liebinc), zitiert nach H. de Boor, s. Mönche von Kolmar. S. 1415–1417.

A. Schopenhauer, Der handschriftliche Nachlass. Hrg. von A. Hübschner. Frankfurt/M. 1966, Bd. I.

E. Schröder, Heinzelin von Konstanz. In: Zeitschrift für deutsches Altertum 53, o. O. 1912. S. 395–398.

V. Schumann, Nachtbüchlein. Hrg. von J. Bolte. Bibliothek des litterarischen Vereins Bd. CXCVII, Tübingen 1893.

V. Schupp, Die Mönche von Kolmar. Ein Beitrag zur Phänomenologie und zum Begriff des Schwarzen Humors. In: Festgabe für Friedrich Maurer. Düsseldorf 1968, S. 199–222.

V. Schupp, Der Dichter des »Modus Liebinc«. In: Mittellateinisches Jahrbuch 5, 1968. S. 29–41.

H. Tellenbach, Melancholie. Zur Problemgeschichte, Typologie, Pathogenese und Klinik. Berlin 1976, 5. Aufl.

Des Teufels Netz. Hrg. von K. Barack. Bibliothek des litterarischen Vereins LXX, Stuttgart 1863.

Sancti Thomae Aquinatis Summa Theologiae. Madrid 1963, Bd. III (secunda secundae).

A. Tünger, Facetiae. Hrg. von A. v. Keller. Bibliothek des litterarischen Vereins CXVIII, Stuttgart 1874.

F. Th. Vischer, Ästhetik. Reutlingen 1846–1857.

K. F. Wander, Sprichwörterlexikon. Ein Hausschatz für das deutsche Volk. Bd. II, Leipzig 1870.

H. Wittenwiler, Der Ring. Hrg. von E. Wiessner. Leipzig 1931.

Zimmerische Chronik. Hrg. von K. Barack. Bibliographie des litterarischen Vereins XCII, Bd. II, Tübingen 1869.

Ein Bildprogramm zur Narrenidee

Der Ambraser Zierteller von 1528[1]

Von Werner Mezger

1. EINFÜHRUNG

Unweit von Innsbruck liegt Schloß Ambras. Es ist eine stattliche Renaissance-Anlage, die ihre heutige Gestalt im wesentlichen in der zweiten Hälfte des 16. Jahrhunderts erhielt. Als nämlich Erzherzog Ferdinand II. Landesherr von Tirol und den Vorlanden wurde, erwarb er das alte Ambras 1563 durch Kauf, ließ es grundlegend um- und ausbauen und machte es schließlich seiner Gattin, der Augsburger Bürgerstochter Philippine Welser (1527–1580), zum Geschenk. Ferdinand II. (1529–1595), ein Sohn Kaiser Ferdinands I. und ein Neffe Kaiser Karls V., war einer der kunstsinnigsten Vertreter des Hauses Habsburg. Bereits in jugendlichem Alter hatte er eine bedeutende Sammlung von allerlei wertvollen und kulturhistorisch interessanten Objekten zusammengetragen; und eben diese Schätze, die sich im Laufe seines Lebens immer mehr auftürmten, wollte er in Ambras endgültig aufbewahrt und ausgestellt sehen.

So entstand im sogenannten »Unterschloß« ein spezieller Museumskomplex, in dem die verschiedenen Teile der Sammlung optisch wirkungsvoll untergebracht wurden. Besondere Berühmtheit erlangte vor allem die »Kunstkammer«, deren Kostbarkeiten sich dem Auge des Betrachters sorgfältig nach Materialien geordnet darboten. Der hohe Bekanntheitsgrad dieses Sammlungsteils resultiert aber nicht allein aus der Qualität der Exponate, sondern es gibt dafür noch einen zweiten Grund. Im Gegensatz zu anderen Kunst- und Wunderkammern der Renaissance hat nämlich diejenige von Ambras die Jahrhunderte nahezu ohne Schmälerung ihrer Bestände überdauert, und so bildet Ambras heute nicht nur ein hochinteressantes Raritätenkabinett habsburgischen Mäzenatentums, sondern es ist zugleich eines der ältesten am ursprünglichen Ort erhaltenen Museen überhaupt[2].

Zum Fundus der Ambraser Kunstkammer, der mittlerweile übrigens durch das Kunsthistorische Museum in Wien verwaltet wird, gehört unter anderem ein reich bemalter hölzerner Teller von 78,9 Zentimeter Durchmesser, der die Datierung 1528 trägt und dessen gesamte Innenseite mit einer Vielzahl grotesker Narrenszenen geschmückt ist (Abbildung 1)[3]. Wahrscheinlich handelt es sich bei ihm um die »gar grosse hulzine gemalte schüssel in ir. fürstlich durchleucht kunstchamer«, die Graf Han-

81

Abbildung 1 Der Ambraser Narrenteller von 1528 (Gesamtansicht)

82

nibal zu Hohenems am 17. Januar 1577 zusammen mit einer Reihe anderer Gegenstände an Erzherzog Ferdinand II. sandte[4]. – Daß der Motivreigen eines so wertvollen und offensichtlich mit großem künstlerischen Aufwand hergestellten Tellers ausgerechnet in den Zusammenhang der Narretei verweist, mag uns heute verwundern – an der Wende vom 15. zum 16. Jahrhundert war dies jedoch durchaus nichts Außergewöhnliches. Damals erlebte die Behandlung der Narrenthematik nämlich eine regelrechte Hochkonjunktur, weil zahlreiche Gelehrte jener Zeit – allen voran Sebastian Brant, Thomas Murner und Erasmus von Rotterdam – in dem Phänomen der Narrheit gewissermaßen ein Signum ihrer Epoche sahen, die von tiefgreifenden geistigen, sozialen und ökonomischen Umwälzungen gekennzeichnet war[5]. So entstand in jenen Jahren »eine förmliche Narrenliteratur, die . . . nichts Geringeres sein und geben wollte, als eine Deutung und Klärung der Zeitsituation unter sittlich-religiösem Aspekt«[6].

Die ersten wissenschaftlichen Deutungen des Ambraser Ziertellers gingen denn auch größtenteils etwas vorschnell davon aus, daß dieser lediglich eine Illustration der verschiedenen Narrendichtungen der frühen Neuzeit sei[7]. Setzt man sich mit dem wegen seiner Figurenfülle fast überladen wirkenden Schaustück jedoch genauer auseinander, so führt dies zwangsläufig zu der Erkenntnis, daß hier Motive auftauchen, die eben keine – oder zumindest keine unmittelbare – literarische Entsprechung mehr haben. Das erschwert die Analyse der Darstellungen auf dem Teller zwar erheblich, weil statt wohlbekannten schriftlichen Überlieferungen in erster Linie weniger erforschten ikonographischen Traditionen nachgegangen werden muß. Andererseits aber bietet der zweifellos schwierigere Zugang über das Bild auch wiederum eine Chance: er kann unter Umständen zu Einsichten führen, die das bisherige Wissen um die Narrenidee im Zeitalter des Humanismus tatsächlich in diese oder jene neue Richtung erweitern. Lassen wir uns also auf den letzteren Weg ein.

2. DIE DARSTELLUNGEN AUF DEM TELLERBODEN

2.1. Die Narrenmutter als Schlüsselfigur

Die Hauptszene auf dem Tellerboden hat offenbar Schlüsselfunktion: dort sieht man im Vordergrund innerhalb eines runden, zum Betrachter hin offenen Bretterzaunes eine feiste Frau mit ausgebreiteten Armen (Abbildung 2). Ihren Kopf ziert ein funkelndes Diadem mit Eselsohren, auf ihrer Brust baumelt ordensähnlich ein kleiner Narrenkopf aus Gold und Silber, und unter ihrem roten Gewand läßt sie Schuhe mit gelbem Besatz sichtbar werden, was im Spätmittelalter vielerorts als Kennzeichen der Dirnen galt[8]. Um sie herum bewegen sich – teils noch im Kindes-, teils schon im Erwachsenenalter – sieben männliche Figuren, von denen außer dem nackten Säugling alle Narrenkleidung tragen. Offensichtlich sind es die Söhne der Frau, denn mittels einer Aufschrift auf dem Bretterzaun stellt sich die weibliche Gestalt folgendermaßen vor: »Ich bin ain mûter der narrenn worden / am hals trag ich den orden.«

Was hat es nun auf sich mit dieser Figur? Zunächst einmal bleibt festzuhalten, daß das Motiv der Narrenmutter in der spätmittelalterlichen

Abbildung 2 Die Narrenmutter mit ihren Kindern

Ideenwelt durchaus geläufig gewesen zu sein scheint. Eine Darstellung der »mère folle« schmückte beispielsweise die Misericordien des Chorgestühls der Kirche St. Spire in Corbeil bei Paris (Abbildung 3)[9]. Im ausgehenden 15. Jahrhundert geschnitzt, hockte sie dort mit Eselsohrenkappe breit auf der Erde, hielt in der linken Hand eine Marotte und umfaßte mit der rechten ihre entblößte Brust, während unter ihrem Rock und hinter ihrem Rücken je ein Narrenkind hervorlugte. – Die Plazierung ausgerechnet dieses Motivs in einem sakralen Raum hatte – so sehr sie uns heute irritieren mag – im ausgehenden Mittelalter selbstverständlich ihre Begründung: je mehr nämlich die Menschen in der Zeit der »großen Wende«[10] die Narrheit in sich selber zu entdecken begannen, desto eher schien sie ihnen identisch mit der Sündhaftigkeit schlechthin. Schließlich löste die

Allgegenwart der Narrheit ein derartiges Betroffensein jedes einzelnen aus, daß man sie kurzerhand mit der Erbsünde gleichsetzte. Und damit war die Narrenmutter letztlich nichts anderes als ein Bild für jene Frau, durch die nach biblischer Auskunft die Erbsünde überhaupt in die Welt kam: Eva.

Diese These läßt sich durch weitere Beispiele erhärten. Der ikonographische Gedanke, die Weitergabe der Erbsünde in die Metaphorik des Narrenwesens zu kleiden und damit Eva zur »mater stultorum« zu erklären, begegnet nämlich in Sakralbauten mehrfach. Im süddeutschen Rottweil greift sogar noch eine um 1700 entstandene, wahrscheinlich aber nach einem älteren Bilderbogen gestaltete Stuhlwange des Heilig-Kreuz-Münsters auf das Motiv zurück (Abbildung 4)[11]: hier hält die Narrenmutter ein Wickelkind im Arm, das schon genau wie sie die eselsohrige Schellenkappe trägt; und sie

84

ist gerade dabei, es mit einem großen Löffel zu füttern. Was also in der Darstellung von Corbeil durch die entblößte Brust der »mère folle« nur angedeutet ist, wird auf der Rottweiler Stuhlwange ganz direkt sichtbar – nämlich das zwangsweise Einflößen der Narrheit, das bereits den Säugling mit der Erbsünde befleckt.

Daß es tatsächlich Eva war, mit der man die Narrenmutter in Verbindung brachte, beweist ein um 1500 bei Geoffroy Marnef in Paris gedrucktes Büchlein des flämischen Humanisten Josse Bade aus Gent: »La grant nef des folles«[12]. Dort zeigt die erste Holzschnittillustration »la nef des folles de Eve« (Abbildung 5). In der Szene, die sich auf einem Schifflein abspielt, empfängt Eva durch die Schlange den Apfel vom Baum der Erkenntnis, während zwei gehörnte Teufel im Narrengewand das Wasserfahrzeug rudern. Der Text unter dem Holzschnitt erklärt, daß »Eve, notre première mère«, die Mutter aller Narrheit sei; und konsequenterweise erscheint die Figur der Eva dann in den weiteren Illustrationen nach dem Sündenfall in spätmittelalterlicher Torentracht mit Eselsohrenkappe.

An der »mater stultorum« des Ambraser Tellers verdient ein Detail noch besondere Beachtung: es ist der Reigen ihrer Kinder. Zählt man nämlich die einzelnen Figuren einmal durch, so kommt man auf exakt sieben Söhne, welche die alte Närrin umgeben. Daß eine solche Zahl keineswegs zufällig ist und daß der Sieben in diesem Zusammenhang ganz sicher eine tiefere Bedeutung zukommt, wird jeder bestätigen können, der sich im Fastnachtsbrauchtum des schwäbisch-alemannischen Raums ein wenig auskennt. Dort wird nämlich die Siebenzahl der Narrensöhne zum Teil bis heute in alten Versen besungen. So ist beispielsweise in der Rottweiler Fasnet noch immer folgender Kinderreim in alemannischer Mundart lebendig: »Narro, sibe Sih,

Abbildung 3 Narrenmutter mit Kindern

sibe Sih sind Narro gsi.«[13] Johannes Künzig hat darauf aufmerksam gemacht, daß dies die Abwandlung eines Verses zur Echternacher Springprozession sei, der dort laute: »Adam hatte sieben Söhne, sieben Söhne hatte Adam.«[14] Da nun Adams Söhne zugleich auch diejenigen Evas sind, ergibt sich hieraus übrigens erneut – und von den bisherigen Überlegungen gänzlich unabhängig – ein Hinweis darauf, daß mit der Narrenmutter niemand anders als Eva gemeint sein kann.

Was aber mag nun die Siebenzahl aussagen? Hierzu sind allenfalls Vermutungen möglich. Vom Grundmotiv der Erbsünde her wäre es vorstellbar, daß es die Sieben Todsünden sind, welche in den Narrenkindern Gestalt annehmen. Ebensogut könnten sie die ins Gegenteil verkehrten Sieben Gaben des Heiligen Geistes verkörpern. Eine Pervertierung der Sieben Tugenden wäre gleichermaßen denkbar[15]. Parallelen ergäben sich auch zu den

85

Abbildung 4 Narren-
mutter mit Wickelkind

Abbildung 5   Eva als Narrenmutter

in der Genesis aufgeführten sieben Geschlechtern von Adam bis zu Henoch[16] oder zu den sieben Stammvätern bis zu Moses[17]. Eventuell ließe sich sogar eine Beziehung zu der Einteilung der Weltgeschichte in sieben Zeitalter herstellen, wie sie die Kirchenväter vornahmen[18] und wie sie an der Wende vom 15. zum 16. Jahrhundert – etwa in Hartmann Schedels Chronik – immer noch üblich war. – Die Bedeutung der Zahl Sieben scheint jedenfalls von altersher ambivalent gewesen zu sein. Einerseits galt sie als heilige, andererseits wiederum als böse, unglückbringende Zahl[19]; und eben im letzteren Sinne dürften sie die Interpreten des Narrenmutter-Motivs verstanden haben.

Daß das Bild der »mater stultorum« mit ihren sieben Söhnen offensichtlich ein feststehender ikonographischer Typus war, läßt sich mit ziemlicher Sicherheit aufgrund eines Kupferstiches sagen, der

87

sehr wahrscheinlich auf eine Darstellung aus dem Umkreis Pieter Brueghels zurückgeht (Abbildung 6)[20]. Das Blatt zeigt die Narrenmutter, wie sie, geschützt durch ein Zelt, in einem gewaltigen Korb hockt und junge Narren ausbrütet. Die kleineren von ihren Kindern drängen unter ihrem Rocksaum hervor und versuchen, über den Korbrand hinauszuschauen, während die größeren teils das Zelt umtanzen, teils ihre jüngeren Geschwister füttern. Zählt man die auf Anhieb erkennbaren Narrensprößlinge zusammen, so ergibt sich wiederum die Zahl Sieben. Erst bei ganz genauem Hinsehen bemerkt der Betrachter, daß hinter dem rechten Knie der Narrenmutter nochmal eine kleine Zipfelmütze sichtbar wird und daß oberhalb der Hand des fütternden Narrensohnes ein weiteres, halbverdecktes Kindergesicht erscheint[21]. Der gesamte Bildaufbau spricht dafür, daß diese beiden Narrenkinder in der Originalzeichnung nicht vorhanden waren, sondern daß sie – übrigens auch graphisch nicht sehr geglückte – Zutaten des späteren Kupferstechers sind, dem offenbar die Bedeutung der Siebenzahl nicht mehr so recht bewußt war.

Versucht man nun die Idee der Narrenmutter im typologischen Denksystem des Mittelalters zu begreifen, so gelangt man zu einem klaren Ergebnis: die Narrenmutter Eva ist ohne jeden Zweifel das negative Pendant zur Gottesmutter Maria. – Der Gedanke, dem Eingang der Sünde in die Welt durch Eva die Errettung der Menschheit durch Maria gegenüberzustellen, taucht bereits bei den Kirchenvätern auf. Später führte die Betrachtungsweise Mariens als Antitypus Evas sogar so weit, daß man den Namen »EVA« wortspielerisch als Umkehrung des auf Maria gemünzten »AVE« (Luc. 1,28) deutete[22]. In der bildenden Kunst wurde es seit dem 13. Jahrhundert üblich, Maria dadurch als Überwinderin der Sünde zu kennzeichnen, daß man ihr eine zertretene Schlange beigab –

jene Schlange nämlich, von der Eva sich einst hatte zur Sünde verführen lassen[23].

Die Darstellung Evas als Narrenmutter ist somit nur eine weitere, den Menschen des Spätmittelalters sofort einleuchtende Verdeutlichung des typologischen Verhältnisses zwischen Eva und der Gottesmutter Maria. Die Antithetik stimmt bis ins Detail: der »mater stultorum« steht die »mater Dei« gegenüber, der Erbsündenbefleckten die schuldlos Geborene, der Dirne des Ambraser Tellers die reine Jungfrau. Dem Typus der »mère folle«, die ihre Kinder unter ihrem Rock oder aus den Falten ihres Gewandes hervorpurzeln läßt, entspricht als Antitypus die Schutzmantelmadonna, an deren Seite die Gläubigen Zuflucht finden. Selbst zu jenen Bildern der Narrenmutter, wo diese den Narrenkindern die Brust darbietet, gibt es ein ikonographisches Gegenstück – die Darstellung der »Maria lactans« nämlich, in der die Mutter Gottes – zur Veranschaulichung der Mittlerschaft Christi – ihrem Sohn die Brust reicht[24]. Und endlich wird die törichte Urmutter Eva, die im Narrenschiff dem Untergang entgegentreibt (vgl. Abbildung 5), auch noch durch das Idealbild einer Maria überwunden, die nach theologischer Vorstellung und beliebter Namensdeutung als »stella maris«, als »Meerstern«, das Schifflein Petri sicher übers Meer leitet[25]. Die kürzeste und einprägsamste Formel aber, auf die das Mittelalter den typologischen Bezug zwischen der Narrenmutter und der Mutter Gottes reduzierte, ist zweifellos diese: »Eva causa mortis – Maria causa salutis.«[26] Hier wird die letzte Konsequenz des Narrenmutter-Gedankens und damit der Kern der Narrenidee überhaupt deutlich. Wer sich für die »mater stultorum« entscheidet und die christliche Heilsbotschaft aus den Augen verliert, der erleidet nicht nur den zeitlichen Tod, wie alle Menschen, sondern er verfällt dem »zweiten«, dem ewigen Tod, von dem es keine Rettung mehr gibt[27].

Tis al ſot, ſoomen wel mach aenſchouwen hier
Duer ſots beſtier, broeyt Jonghe ſotkens dees oude Sottinne.
Aux quatre Vents

Soo doude pijpen en ſinghen, oock deſe Jonghe ſotkens hier
Ouer het eyken danſſen, ſeer licht van ſinne

Abbildung 6 Narrenmutter mit ihren Kindern

Dies also sind die ideengeschichtlichen Dimensionen, in denen sich die Zentralfigur des Ambraser Tellers bewegt. Wenden wir uns nun noch kurz den Kindern der Ambraser Narrenmutter zu: alle sieben Söhne bilden zusammen eine Art Reigen um ihre unselige Erzeugerin. Bei einem von ihnen, der etwas abseits sitzt, wird der Gedanke der Weitergabe und Vermehrung der Narrheit gleich fortgeführt. Er brütet nämlich eine Anzahl Eier aus – ein Motiv, das, wie wir gesehen haben, in anderen Darstellungen zuweilen auch mit der »mère folle«

selbst in Verbindung treten konnte (vgl. Abbildung 6)[28]. Zur Narrenmutter hinweisend wendet sich der Brütende über eine hinter ihm angebrachte Inschrift an den Betrachter, wo es heißt: »Wer vnsser mûter eren tût / dem schenckt si ayn essel or auff seynen hûtt.« Tatsächlich hat ein anderer Sohn, der die Mutter augenscheinlich besonders hofiert, ein drittes Eselsohr auf seiner Kappe. Bei sämtlichen Figuren des Tellers schwankt übrigens die Anzahl der Eselsohren, die sie auf der Kopfbedeckung tragen, ebenfalls je nach dem Grad ihrer

Abbildung 7 Die närrische Welt und das Mühlenmotiv

Torheit. Ein weiterer Sohn fungiert als Spielmann, was wiederum tiefere Bedeutung gewinnt, wenn man bedenkt, daß Spielleute im Mittelalter nicht nur verachtet waren, sondern bisweilen geradezu als Verbündete des Teufels galten[29]. Zu den Melodien des Musikanten bewegt sich die übrige Runde im Tanz, wobei die grotesken Verrenkungen mancher Figuren eine gewisse Verwandtschaft mit den Moriskentänzern zeigen, wie wir sie etwa von Erasmus Grasser kennen[30].

Ein letzter Narrensohn endlich, der das Pendant zum Brütenden bildet, verbindet wiederum wie sein Gegenüber den Hinweis auf die Narrenmutter mit einem hinter ihm zu lesenden Text. Dieser bezieht sich zunächst ganz allgemein auf die Tanzsituation und spielt dann recht unverhohlen auf das Dirnendasein der Mutter an: »Tantzen ist ayn gůter můt / wie wol es die můtter nimen thůt / sie tanzt nit geren dan sie ist siech / aber mit dem arss auff der bett ziech.« Mit diesem derb endenden Kommentar

90

schließt sich der Motivkreis der Kernszene des Narrentellers.

2.2. Die närrische Welt und das Mühlenmotiv

Hinter dem Bretterzaun, der die Narrenmutter mit ihren Kindern umschließt, tut sich der Blick in die närrische Welt auf (Abbildung 7). In einer lieblichen Landschaft, die von einem Fluß durchzogen und im Hintergrund von einer Burg überragt wird, bewegen sich allerlei törichte Nachfahren Evas. Drei davon überschreiten soeben die Brücke, welche die beiden Flußufer miteinander verbindet, wobei der letzte unter ihnen eine Gans hinüberträgt, obwohl ein solches Tier ja schwimmen könnte. Möglicherweise soll mit dieser Personengruppe die Redensart: »Einen über die Gänsebrücke führen« illustriert werden, was etwa soviel bedeutet wie: »Jemanden zum Narren halten«[31].

Neben der Brücke sitzt ein närrischer Angler, der unbeirrt sein Glück versucht, obwohl sich ihm zwei Fischer nähern, die ihr Netz von einem Boot und vom anderen Ufer aus über den ganzen Fluß gespannt haben und dieses langsam stromaufwärts schleppen. Wahrscheinlich besteht auch ein Zusammenhang zwischen dem Angler und den Vogelfangvorrichtungen auf der Anhöhe im Hintergrund, zumal ein Sprichwort besagt: »Angeln und Vogelstellen verderben manchen braven Gesellen.«[32]

Jenseits des Flusses befindet sich eine Schleifmühle, in deren halbdunkler Türöffnung gerade noch erkennbar ist, wie der Meister einen Narrenkopf zurechtschleift. Vermutlich findet hier eine ursprünglich im Straßburger Raum beheimatete spätmittelalterliche Redensart ihren Niederschlag, in der es hieß, man müsse ungehobelte, törichte Zeitgenossen erst in einer Schleifmühle bearbeiten, um aus ihnen brauchbare Menschen zu machen[33].

Daß im vorliegenden Fall alle Mühe des Meisters vergeblich ist und auf seinem Schleifstein doch nur wieder ein Narrenkopf entsteht, entspricht der Gesamtintention des Narrentellers durchaus.

Während die verschiedenen Personen ihren unsinnigen Tätigkeiten nachgehen, betritt von links eine wichtige Symbolfigur die Szene. Es ist der »Zunftmeister« aller Narren und damit gleichsam der Sachwalter des Vermächtnisses der Narrenmutter, der dafür sorgt, daß die Menschen nicht von ihren Torheiten lassen. Er trägt genau denselben Orden wie Eva um den Hals, und ein weiteres Exemplar davon präsentiert er in der linken Hand. Den Blick hat er zur Brücke hinüber gerichtet, an deren Außenseite seine Botschaft steht: »Ich kolman des naren zunft mayster bleyb han vnder mir man vnd weyb das ist vnsres orden sit wer den narren nit bei jm tregt der stat jn meyner büß wa ayner den andern verschweygt der ayn fiertel weyn geyt.« Unter den Toren herrscht also eine Art Zunftzwang. Jeder muß, will er keine Rüge oder gar Strafe riskieren, die Merkmale der Narrheit sichtbar zur Schau tragen. Modern ausgedrückt besteht die Verpflichtung zu absoluter Konformität; wer das nicht respektiert und gesellschaftliche Normen mißachtet, hat mit Sanktionen zu rechnen. In diesem Punkt ist die Darstellung bis heute aktuell geblieben[34].

Das Zentrum der Szene, ja sogar den Mittelpunkt des gesamten Tellers, bildet endlich eine geheimnisumwitterte Mühle, die am diesseitigen Flußufer steht. In ihrem Giebelfeld hat der Künstler übrigens die Jahreszahl 1528 angebracht. Wie bei der Schleifmühle gegenüber ist auch hier die Türöffnung frei, so daß der Betrachter in den dämmrigen Innenraum sehen kann. Dort kommt gerade der Müller mit einem Sieb vorbei, auf dem seltsamerweise drei Narrenschellen liegen. Löst dies schon ein gewisses Befremden aus, so wird die

Szenerie vollends ganz unheimlich durch die makabre Fracht des vor dem Eingang abgestellten Karrens. Der Sack, mit dem er beladen ist, enthält nämlich nicht etwa angeliefertes Korn, sondern die Leiche eines Narren, deren Kopf mit der Eselsohrenkappe für jedermann sichtbar ins Freie ragt. Aber nicht genug damit – vom rechten unteren Bildrand her bewegt sich ein weiterer Leichentransport auf die Mühle zu: zwei Toren in roter und gelber Tracht schleppen hier einen toten Standesgenossen heran, der ebenfalls so tief in einem Sack steckt, daß nur sein hintenübergefallener Kopf mit der Narrenkappe zu sehen ist. – Für die vollständige Erhellung sämtlicher Sinnzusammenhänge des Narrenleichen-Motivs wäre es wohl wichtig, die sicherlich nicht bedeutungslosen Abbreviaturen zu entschlüsseln, die auf den Säcken angebracht sind und die an damals übliche Hauszeichen erinnern. Dies dürfte jedoch mit unserem heutigen Kenntnisstand leider ebensowenig mehr möglich sein wie die Deutung einiger anderer Anspielungen des Tellers, die wahrscheinlich immer ein Geheimnis bleiben werden[35]. Dennoch ist der Grobablauf der dargestellten Geschehnisse einigermaßen durchschaubar. Dicht bei dem Leichenkarren liegt nämlich ein bereits geleerter Sack, der unmißverständlich darauf hinweist, daß die toten Narren in der Mühle irgendwie weiterverarbeitet werden.

Dies paßt durchaus in die spätmittelalterliche Vorstellungswelt, zumal das Müllerhandwerk bis weit ins 16. Jahrhundert hinein als unehrlich galt[36] und die fast immer außerhalb der Städte gelegenen Mühlen die Volksphantasie stark anregten. Nicht selten wurden sie mit Spuk, Zauber und Hexerei in Verbindung gebracht, manchmal sogar als Aufenthaltsorte des Leibhaftigen selbst betrachtet. In Klausen, so erzählte man sich, gab es eine »Schädelmühle«, wo der Müller aufgrund eines Teufelspaktes jede Nacht einen Sack voll Menschenköpfe

mahlen mußte[37] – ein Gedanke, der dem des Narrentellers schon recht nahe kommt. Daneben waren Mühlen aber auch als Schauplätze erotischer Szenen und als Orte der Unmoral verrufen. In vielen Fällen scheinen sie tatsächlich regelrechten Bordellcharakter gehabt zu haben[38].

Von hier aus ergibt sich dann auch wieder ein einleuchtender Zusammenhang mit dem Dirnendasein der Narrenmutter Eva. Nämlich ebenso wie einst Eva durch ihre Begehrlichkeit zur närrischen Sünderin geworden ist und damit den Fluch Gottes über das Menschengeschlecht gebracht hat, ist nunmehr die Mühle neuer, vielfacher Ausgangspunkt der Sünde, wo durch törichte Hurerei ständig neues Unheil gezeugt wird.

Der für die Interpretation des Mühlen-Motivs auf dem Ambraser Teller entscheidende Gedanke liegt aber doch wohl darin, daß sich mit dem Bild der Mühle von jeher die Idee der Unsterblichkeit verband. Schon im Altertum faszinierte die Menschen, wie das Korn, obwohl regelmäßig geerntet, gemahlen und scheinbar getötet, doch immer wieder von neuem keimte und sich vervielfachte[39]. So wurde die Mühle zum Sinnbild für die Vernichtung des Alten und gleichzeitig zum Symbol für seine Wiedergeburt und Verjüngung. Auf dieser Vorstellung fußt beispielsweise die im Fastnachtsbrauchtum gelegentlich noch anzutreffende »Altweibermühle«, welche häßliche alte Frauen betreten und junge hübsche Mädchen verlassen[40]. Dieselbe Grundidee mit negativer Konsequenz begegnet auch in der Reformationspolemik: eine Züricher Glasmalerei von 1566 zeigt nämlich eine Mühle, in die von zwei Teufeln der gesamte römische Klerus hineingeschüttet wird. Was nach dem Mahlvorgang herauskommt, ist ein Gewimmel von Schlangen, Drachen und sonstigen Monstern; und die dazugehörige Inschrift lautet: »Wies Korn ist, also wirts Mål.«[41] Derartige Bilder der »Teufelsmühle« wiederum standen ohne jeden Zweifel in engem Zusammenhang mit dem im Spätmittelalter geläufigen positiven Motiv der »Hostienmühle«. Zur Veranschaulichung der Transsubstantiation, der Verwandlung des Brotes in den Leib Christi, hatte sich nämlich seit etwa 1400 ein Bildtypus entwickelt, in dem das Mysterium der Gegenwart Christi in der Eucharistie folgendermaßen dargestellt wurde: Gott Vater läßt den Leichnam seines gekreuzigten Sohnes in eine Mühle hinab, deren Werk von den Aposteln in Gang gehalten wird. Im unteren Bildteil erscheinen dann die Kirchenväter, die den durch das Mahlen zu Hostien verwandelten Corpus Christi in ihren Kelchen auffangen, um ihn von dort schließlich der Schar der Gläubigen auszuteilen[42]. Höchstwahrscheinlich hat sich eben von hier aus im Zeichen um sich greifender Narrenphilosophie allmählich der Gedanke entwickelt, dem Bild der Hostienmühle das Motiv der Narrenmühle gegenüberzustellen. So waren der Idee der Mühle im Spätmittelalter offenbar zwei diametral entgegengesetzte, aber bewußt antithetisch aufeinander bezogene Bedeutungen zugeordnet: als Hostienmühle sollte sie veranschaulichen, wie das Heil in die Welt kommt, und als Narren- oder Teufelsmühle diente sie dazu, den Menschen vor Augen zu führen, wie sich das Unheil über die Erde ausbreitet[43].

Vor diesem Hintergrund kann man mit Sicherheit sagen, daß in der Mühlenszene auf dem Ambraser Teller keine Vernichtung der toten Narren stattfindet, sondern umgekehrt deren Regeneration und Vervielfältigung. Wie der Künstler von 1528 sich diesen Vorgang im einzelnen vorstellte, können wir nur vermuten. Vielleicht hat er – das macht zumindest die Bilderfolge auf dem Tellerrand wahrscheinlich – daran gedacht, daß die toten Narren zu einer Art Samen zermahlen und später ausgesät werden. Aber mögen diese Detailfragen auch offen bleiben – unbestreitbar ist jedenfalls, daß er zeigen wollte, wie im vermeintlichen Untergang der Narrheit bereits wieder ihre tausendfache Auferstehung begründet liegt.

3. DER BILDERZYKLUS AUF DEM TELLERRAND

Während die beiden Zentraldarstellungen auf dem Tellerboden Ursprung und Ausbreitung der Narrheit zum Thema haben, beschäftigt sich die Bilderfolge auf dem Tellerrand mit dem Problem, ob und wie die Narrheit aus der Welt zu schaffen sei. Dies geschieht in einem Zyklus aus acht Szenen, von denen jede mit einem Zweizeiler kommentiert ist.

Beginnen wir mit dem Teilstück, das genau senkrecht über dem Zentralbild erscheint, so finden wir dort gleich die damals populärste Ausrottungsidee illustriert, nämlich das Narrenschneiden (Abbildung 8). Hierunter stellte man sich eine Art operativer Entfernung der Narrheit vor, die uns in zwei ikonographischen Varianten begegnet. Der ältere Typus, dem etwa das um 1480 entstandene Hieronymus-Bosch-Gemälde vom »Steinschneiden« angehört[44], zeigt stets die Entfernung eines Gewächses aus dem Kopf des Patienten, während der jüngere Typus, den dann auch Hans Sachs literarisch verarbeitete, von einem kaiserschnittartigen Eingriff in den Körper ausgeht, bei dem ein kleiner Narr zutage gefördert wird[45]. Das Bild auf dem Narrenteller steht zweifelsfrei in der Tradition Boschs; möglicherweise war dem Künstler von 1528

Abbildung 8 Das Narrenschneiden

die Darstellung des Niederländers durch Kopien sogar bekannt. Seine Version der Szene zeigt einen dickleibigen Patienten, der erwartungsvoll auf einem Stuhl sitzt und sich von dem hinter ihm stehenden Arzt einen blutenden Schnitt an der Stirn anbringen läßt. Vor beiden ist ein Tisch plaziert, von dem aus sich drei Personen, darunter eine Frau, emsig mit dem Operierten unterhalten. Hinter dem Arzt wandelt außerdem ein Mann auf und ab, der aus einem aufgeschlagenen Buch rezitiert. Die Beischrift indes läßt den Patienten zu seiner Umgebung sagen:

»Vom schneyden bin jch witzig woren,
jetzt sich ich an eych meynen orden.«

Anstatt also einen Unvernünftigen in eine von der Vernunft geprägte Umwelt zurückzuholen, öffnet der Eingriff dem frisch Kurierten lediglich die Augen dafür, daß alle, die sich um ihn bemühen, ebenfalls Narren sind. Tatsächlich tragen auch zumindest die männlichen Beteiligten an der Szene durchweg Narrenkappen.

In den übrigen Randbildern des Ambraser Tellers erscheint noch eine ganze Reihe weiterer, ähn-

94

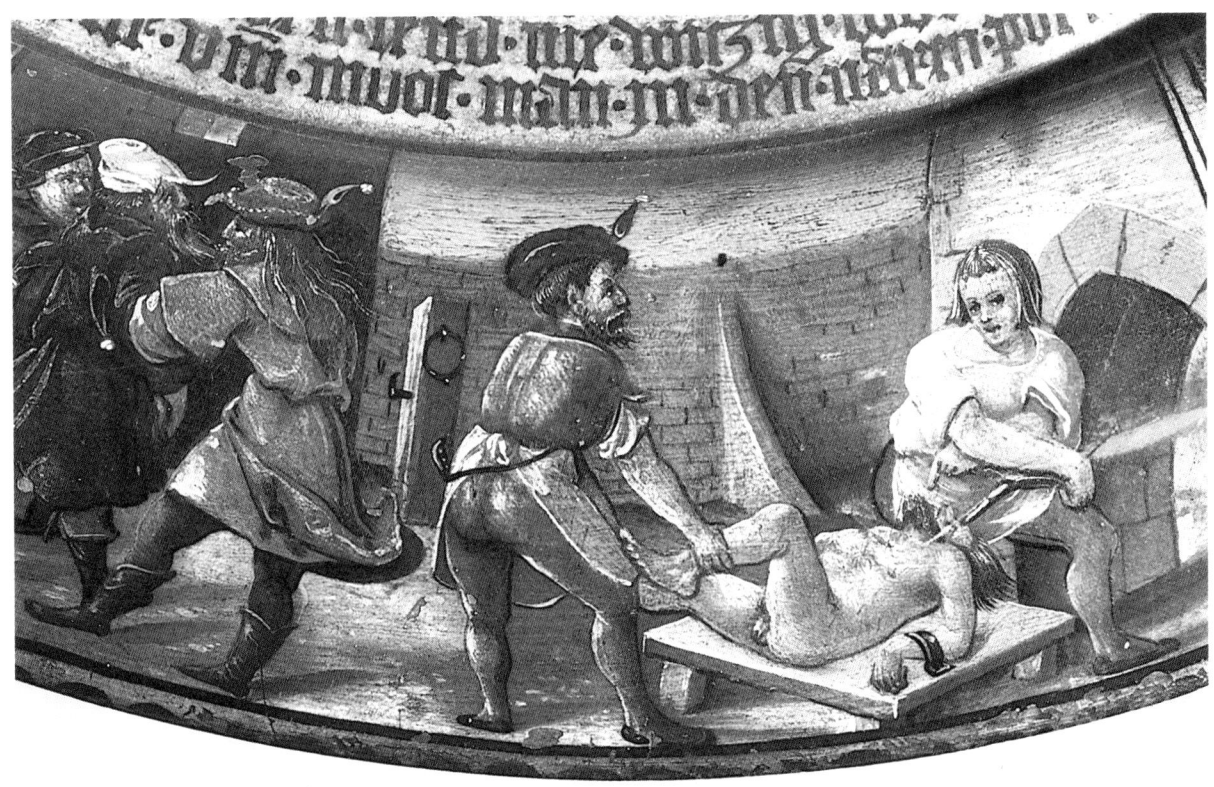

Abbildung 9 Das Narrenbohren

lich wirkungsloser Versuche, Menschen von ihrer Stultitia zu kurieren. Die sinnvollste Motivabfolge ergibt sich, wenn die Darstellungen jeweils symmetrisch zueinander gelesen werden. So betrachtet finden wir dem Narrenschneiden gegenüber eine Methode, die sich ebenfalls auf den Kopf des Kranken konzentriert: das Narrenbohren (Abbildung 9). Diese übrigens wiederum sprichwörtliche Vorstellung[46] hat der Künstler in grausamer Detailliertheit ausgemalt. An beiden Armen festgeschnallt liegt der Patient auf einem Brett. Zudem hält ein rauher Geselle seine Beine fest. Unterdessen tritt der tonangebende Handwerker von hinten an ihn heran und dreht ihm mit hochgekrempelten Ärmeln einen etwa ellenlangen Bohrer in den Kopf, um die Narrheit dadurch tödlich zu treffen. Noch ehe die Behandlung des einen abgeschlossen ist, wird schon ein zweiter von der Torheit geplagter Mann herbeigeführt, auf den dieselbe Prozedur wartet. Der Text dazu lautet:

>»Die zwen send nie witzig worrenn,
>dar vm muos man jn den naren porn.«

Abbildung 10 Das Austreiben der Narrheit mit Faßreifen

Auf der anderen Seite, neben dem Narrenschneiden, folgt dann ein weniger bekanntes Motiv: das Einschnüren des von der Narrheit Besessenen in straff sitzende Faßreifen (Abbildung 10). Voller Zuversicht, geheilt zu werden, steht der närrische Fettwanst, bis auf die Stiefel und die Eselsohrenkappe entkleidet, inmitten einer Böttcherwerkstatt und läßt sich mit wuchtigen Hammerschlägen die schweren Eisenreifen stückchenweise über die Wölbungen seines Körpers schieben. Dabei ermuntert er den Böttchermeister:

»Ach lieber mayster treypt waydlich zů,
so han jch vor dissem naren rů.«

Daß die solchermaßen eingezwängte Narrheit den Leib des Befallenen tatsächlich verläßt, daran glaubt wohl keiner der Beteiligten so recht.

Gegenüber der Böttcherszene, die mit ihren Fässern die Assoziation »Wein« hervorruft, erscheint ein Motiv, in dem Wasser eine entscheidende Rolle spielt. An einem Brunnen wird dem Toren nämlich das Wasser kübelweise über den Kopf geschüttet (Abbildung 11), und es heißt dazu:

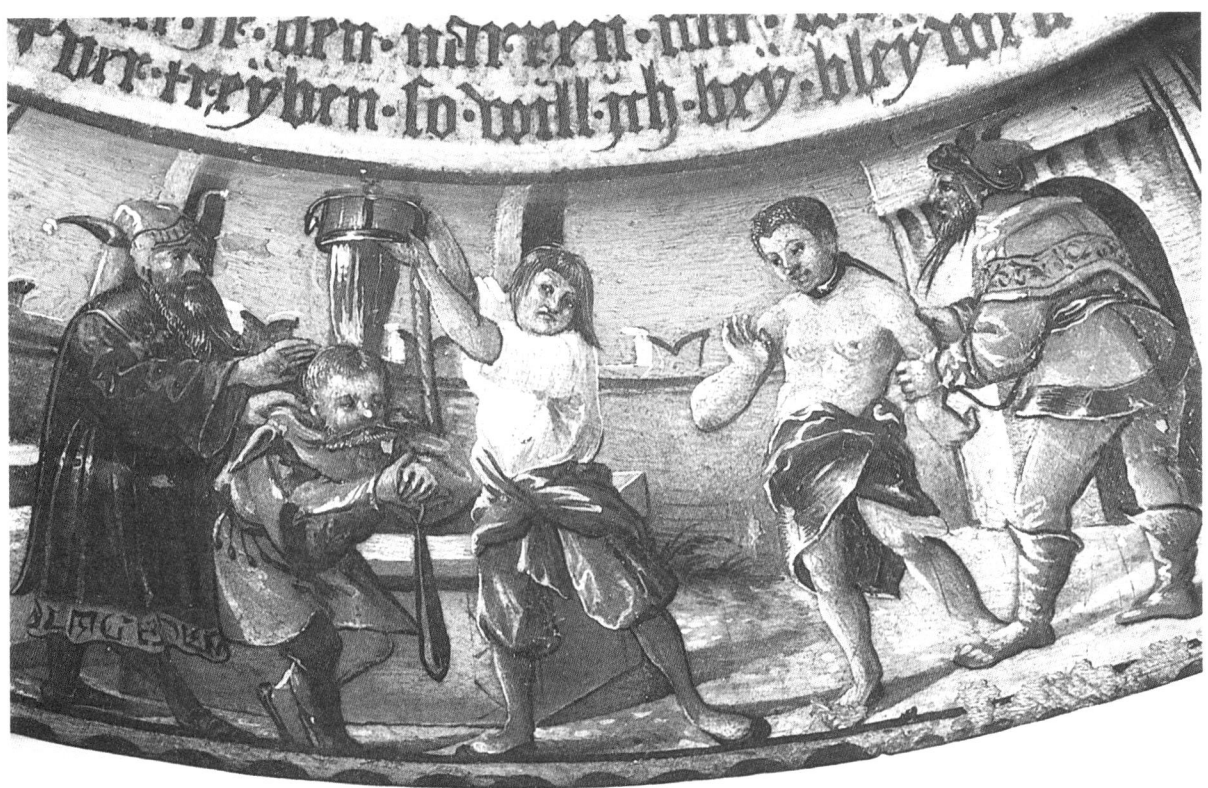

Abbildung 11 Die Reinigung von der Narrheit mit Wasser

»Kint jr den narren mit wasser vertreyben,
so will jch bey bleywen.«

Das Ganze scheint letztlich eine verballhornte
Taufszene zu sein, zumal hinter dem Begossenen
eine Art Narrenpriester steht, der gerade zur Geste
der Handauflegung ansetzt. In der Tat gilt die
christliche Taufe ja als das Sakrament, welches den
Menschen von ihm angeborenen Erbsünde und
Gottesferne, sprich Narrheit, zu erlösen vermag.
Denselben Zusammenhang illustriert übrigens auch
die Redensart: »An Narren hilft weder Chrisam

noch Tauf«[47], die nichts anderes besagt, als daß an
allzu verblendeten Toren selbst die Bemühungen
der Kirche verloren seien. Vielleicht spielt der Zierteller auf diesen Gedanken an, indem er den Prie-
ster, der die Narrentaufe leitet, selbst mit der Esels-
ohrenklappe versieht.

Die nach unserer Lesart nächste Bekämpfungs-
methode, die auf dem Tellerrand erscheint, bewegt
sich an der Grenze zum Obszönen: der Patient
kniet mit verbundenen Augen am Boden und bietet, während ihn ein gewisser »Knecht Heinz« bei
den Ohren faßt und ihm gut zuredet, dem Narren-

97

Abbildung 12 Das Ersticken der Narrheit mit dem Blasebalg

arzt sein entblößtes Hinterteil dar (Abbildung 12). Dieser hat in den After einen Blasebalg gesteckt und pumpt nun emsig Luft in den Darm des Kranken. Ein dabeistehender Mann sagt mit belehrender Handbewegung:

> »Knecht hayntz bethor jn woll,
> der nar bey jm erstickenn soll.«

Wie vom Gesamtaufbau her zu erwarten, schöpft auch das gegenüberliegende Bild aus der Fäkalsphäre, indem es unmittelbar an das Blasebalg-

motiv anknüpft. Hier bekommt der an der Narrheit Leidende nämlich mit der Klistierspritze einen Darmeinlauf (Abbildung 13). Der vornehm gekleidete Meister und sein Knecht halten ihm dabei gewaltsam die Beine gespreizt, und ein dritter Mann sorgt mit einer Laterne für mehr Licht. Der Kommentar zu dem Vorgang lautet:

> »Chrstier hat dissenn krafft,
> das kayn nar nichtz jn dir mer schafft.«

Daß die Anordnung aller acht Bilder auf dem

98

Abbildung 13 Die Bekämpfung der Narrheit mit der Klistierspritze

Tellerrand übrigens streng symmetrisch ist, zeigt sich gerade an diesen beiden Motiven, in denen die Narrheit durch einen Eingriff in den After kuriert werden soll. Sie bilden nämlich zusammen eine Achse, die genau senkrecht auf der Ebene jenes anderen Motivpaares steht, in dem die Behandlung der Torheit durch Schneiden beziehungsweise Bohren jeweils am Kopf des Kranken ansetzt.

Die nach unserem Entschlüsselungssystem siebte Bekämpfungszene zeigt, wie der Torheit mit Hilfe von Tischlerwerkzeug zu Leibe gerückt wird (Abbildung 14). Ein stämmiger Schreiner hat auf dem Rücken des rotgekleideten Patienten seinen Hobel angesetzt und bemüht sich, durch mächtige Stöße die Narrheit gewissermaßen abzuschaben. Der dazugehörige Vers bestätigt den Handwerker in seinem Tun und spornt ihn überdies an, mit der begonnenen Arbeit fortzufahren. Er lautet:

>»Mayster gib jm noch ayn hobel stoß,
>so wirt der mensch seynes narren losß.«

Die Späne, die bei dem Hobelvorgang entstehen, haben eine besondere Gestalt. Sie fallen als rote

99

Abbildung 14 Die Entfernung der Narrheit mit dem Hobel

Eselsohren mit Schellen daran zur Erde. Dort liest sie ein Mann zusammen und wiegt sie, während er sich mit einem vornehm gewandeten Herrn unterhält, gegen ein schwereres Gewicht auf.

Das Detailmotiv der verselbständigten Eselsohren kehrt schließlich im gegenüberliegenden und gleichzeitig letzten Randbild des Narrentellers wieder – allerdings in einem überraschenden Zusammenhang. Statt einer weiteren Methode, die Narrheit auszurotten, zeigt diese Szene nämlich plötzlich drei Männer bei der Feldarbeit (Abbildung 15). Der vorderste, ein normaler Bauer, pflügt mit sei-

nem Ochsengespann. Dahinter eggt ein offensichtlich halb närrischer Mensch in entgegengesetzter Richtung; seine Kappe schmückt ein einzelnes Eselsohr, und einen Esel benutzt er auch als Zugtier. In der dritten Ebene endlich schreitet ein Sämann einher, dessen Narrheit, wie sein mit zwei Eselsohren bestückter Hut anzeigt, anscheinend vollständig ist. Aber nicht genug damit – kaum daß er sie ausgestreut hat, geht seine Saat auch schon auf: unzählige Eselsohren mit Schellen, die aus dem frisch beackerten Boden emporschießen. Der dazugehörige Text legt dem Sämann ein Resümee in den

Abbildung 15 Das Narrensäen

Mund, das unüberhörbar an die biblischen Motive der Kornernte und des Weinbergs anklingt, nämlich:

> »Ich bauet nach weyn vnd korn,
> wuochs mir nichs dan schellen vnd oren.«

Das ist also das Ende aller Anstrengungen, der Narrheit Herr zu werden. Anstatt Ruhe zu geben und, durch die vielfältigen Radikalkuren in die Enge getrieben, schließlich doch aus ihren Opfern auszufahren, verbreitet sich die Torheit jetzt erst recht und gedeiht besser als je zuvor.

Man könnte nun freilich einwenden, wir hätten die Bilderfolge überinterpretiert und durch eine etwas abenteuerliche Lesart auf ein schlüssiges Ergebnis hingesteuert. Eine Skizze vermag aber zu verdeutlichen, daß der Zyklus der Randbilder tatsächlich voller feinsinniger Symmetrien und Querverbindungen steckt und daß die Aussaat der Narrheit ganz zwangsläufig am Schluß steht – und zwar unabhängig davon, ob man eine einfach fortlaufende Zählweise (= römische Ziffern) oder – wofür wir uns entschieden haben – eine symmetrisch gegenüberstellende (= arabische Ziffern) wählt.

Beginn und Ende der Szenenfolge entlang dem

101

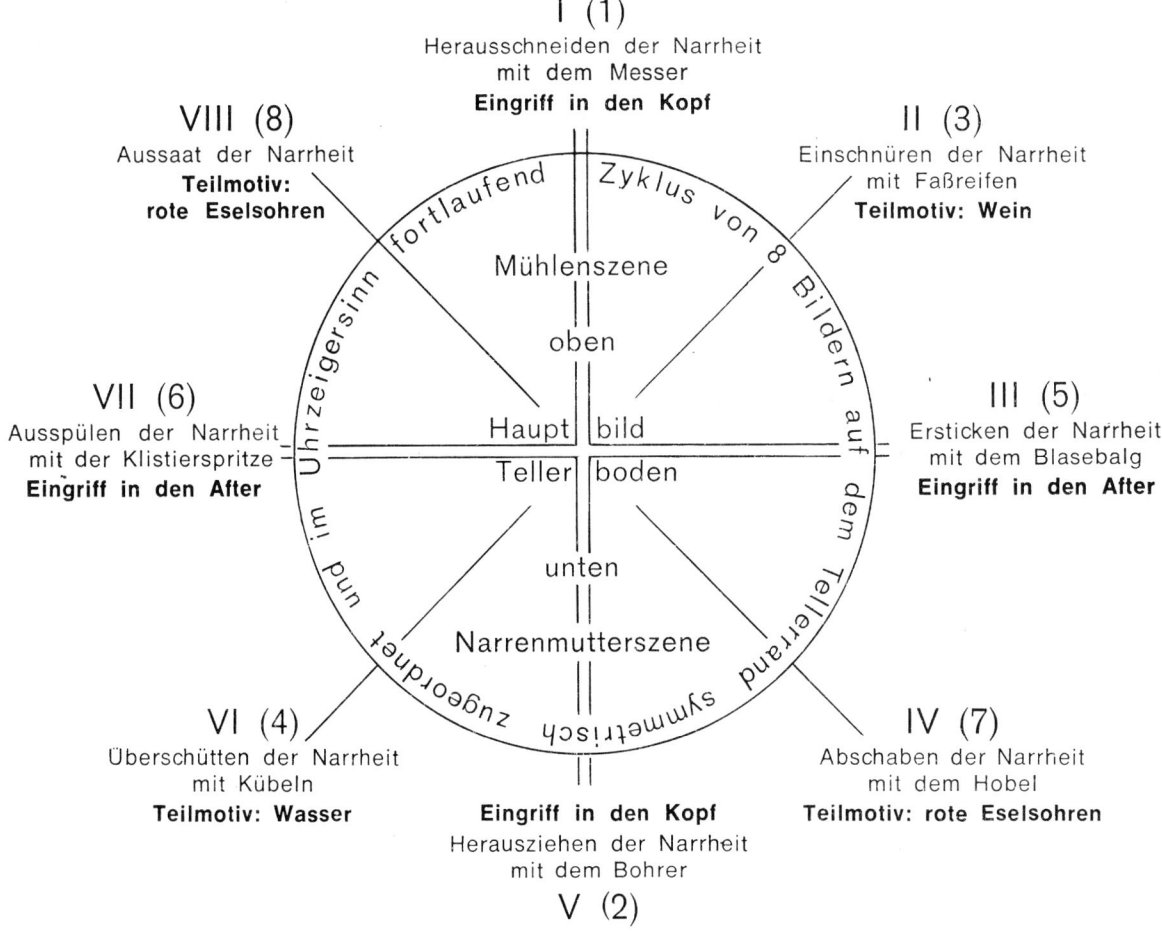

I (1)
Herausschneiden der Narrheit
mit dem Messer
Eingriff in den Kopf

VIII (8)
Aussaat der Narrheit
**Teilmotiv:
rote Eselsohren**

II (3)
Einschnüren der Narrheit
mit Faßreifen
Teilmotiv: Wein

Zyklus von 8 Bildern auf dem Tellerrand symmetrisch zugeordnet und im Uhrzeigersinn fortlaufend

Mühlenszene

oben

VII (6)
Ausspülen der Narrheit
mit der Klistierspritze
Eingriff in den After

Haupt | bild
Teller | boden

III (5)
Ersticken der Narrheit
mit dem Blasebalg
Eingriff in den After

unten

Narrenmutterszene

VI (4)
Überschütten der Narrheit
mit Kübeln
Teilmotiv: Wasser

IV (7)
Abschaben der Narrheit
mit dem Hobel
Teilmotiv: rote Eselsohren

Eingriff in den Kopf
Herausziehen der Narrheit
mit dem Bohrer

V (2)

Tellerrand sind durch das Hauptbild auf dem Tellerboden eindeutig festgelegt. Bringt man dieses nämlich ins Lot, so erscheint exakt darüber, dort wo jedes Uhrenzifferblatt die Zahl XII trägt, als erstes und wohl zugleich populärstes Motiv der Torheitsbekämpfung das Narrenschneiden. Eben die Zifferblattassoziation und der Uhrzeigersinn geben denn auch den Ausschlag für die weitere Betrachtungsrichtung, und so schließt sich der Bilderkreis notwendigerweise mit dem erneuten Aussäen der Narrheit.

Dieses Aussaat-Motiv, das für den »circulus vitiosus« der Randbilder Abschluß und Anfang zugleich bedeutet, ist neben der Narrenmutter vielleicht der wichtigste Schlüssel zum Verständnis des Gesamtwerks überhaupt. Im bildhaften Denken des Spätmittelalters spielte die Vorstellung vom »Narrensäen« nämlich offenbar eine erhebliche Rolle. Insbesondere blieb sie anders als sonstige Veranschaulichungen aus der Narrenphilosophie nicht auf die moral-satirische Literatur beschränkt[48], sondern wurde zu einem wirklichen Bestandteil des volkstümlichen Ideenguts. Der Begriff »Narrensamen« ist beispielsweise noch heute im süddeutschen Fastnachtsbrauchtum lebendig, wo er bei den Umzügen ausgeworfenen Spreu, neuerdings auch Konfetti, bezeichnet oder sich auf eine Schar kostümierter Kinder bezieht, die den Narrennachwuchs bilden[49]. Mancherorts wird das »Narrensäen« an Fastnacht sogar noch szenisch dargestellt; und zwar ergab eine Erhebung für den Raum zwischen Neckar und Bodensee, daß sich allein dort in einem guten Dutzend Gemeinden bis ins 20. Jahrhundert der Brauch erhalten hat, einen närrischen Ackermann umherzuschicken, der – genau wie auf dem Narrenteller von Pflug und Egge begleitet – für die heiratsfähigen Mädchen männliche Narren sät[50]. Mag der Sinn dieses Brauches gegenüber der Ambraser Darstellung von 1528 auch gewisse Brechungen erfahren haben, so zeigt er doch, wie tief die Vorstellung des »Narrensäens« im volkstümlichen Denken verwurzelt ist.

Seinen Ausgangspunkt hat das Motiv der Narrensaat übrigens ohne jeden Zweifel in den beiden Sämannsgleichnissen des Matthäus-Evangeliums. Daß derart griffige sprachliche Bilder, wie sie eben in Matth. 13,3 ff. und Matth. 13,24 ff. vorkommen, im Spätmittelalter förmlich nach optischer Umsetzung drängten, versteht sich angesichts der damaligen Tendenz zu konkretisierender Vergegenwärtigung aller großen Mysterien des christlichen Glaubens nahezu von selbst[51]. So entwickelte sich aus einer simplen Verkürzung des biblischen Kontextes

zunächst einmal die Idee des »Menschensäens«. Und zwar wurde hierbei anstelle des ursprünglichen Samenkörner-Symbols, von dem bei Matthäus die Rede ist, gleich das Bezeichnete selbst eingesetzt – nämlich kleine Menschen, die als Saatgut auf einen Acker fallen und die dort zu Existenzen unterschiedlichster Art heranreifen. Zu den bekanntesten Darstellungen des Menschensäens in der bildenden Kunst gehört ein in Konstanz gefertigter Einblattdruck aus dem Jahre 1520 (Abbildung 16)[52]. Der dort verwendete Holzschnitt, der mit ausführlichen Versen kommentiert ist, besteht aus drei übereinander angeordneten Bildstreifen. In der Mitte sieht man, wie Adam als Bauer über einen Acker geht und lauter winzige Menschlein aussät, die zunächst wahllos durcheinander auf der Erde liegen bleiben. Dahinter folgt Eva, zu Pferd eine Egge ziehend, um den Boden mit der Menschensaat weiterzuarbeiten. Nach diesem Vorgang ist dann das Feld bestellt: nur noch die Köpfe der Ausgesäten ragen aus der Erde. Damit Adam sein Werk fortsetzen kann, wartet jenseits des Ackers bereits ein großer Sack mit neuem Saatgut. Im unteren Bildstreifen erscheinen, der zu erwartenden chronologischen Abfolge etwas zuwiderlaufend, Kain und Abel: sie sind dabei, den Acker Adams und Evas zu pflügen. – Im oberen Bildstreifen endlich geht die Saat auf: aus den Ackerfurchen wachsen Menschen jeglichen Standes mit all ihren Schwächen und Unzulänglichkeiten. Ziemlich genau in der Mitte befindet sich der Papst, unweit von ihm erscheinen ein Kardinal und ein Bischof; links und rechts tauchen Kaiser und König auf, und dazwischen tummelt sich ein bunter Querschnitt durch die mittelalterliche Gesellschaft, vom Schneidermeister mit der Schere über den Bauern mit dem Dreschflegel bis hinunter zum Narren, der – unweit vom Kardinal – an seiner Eselsohrenkappe erkennbar ist. Der dem Holzschnitt vorangestellte Einfüh-

Abbildung 16 Das Menschensäen

rungstext erläutert zunächst kurz das Motiv des säenden Adam und bestätigt anschließend das Gesellschaftsbild des Mittelalters, wonach jeder Stand zugleich als »Zustand«, als eine »von Gott gewollte Seinsweise«, begriffen wurde[53]. Es heißt dort nämlich:

»Nun nement war in der figur
Ain anfang so hat gesåt der bur
Genennt Adam der erste man
Sein sam der ist also gethan
Von krafft so ist er aller gleich
Wie wol darauß wechst arm vnd reich

Ain yetlicher in seinem stat
Dar zů in got geordnet hat.«[54]

In dem langen gereimten Kommentar zu der
Darstellung wird das ganz an der Bibel orientierte
Bild des Menschensäens dann ausführlich und in
allen Details erläutert, wobei insbesondere auch die
Rolle des Brüderpaares Kain und Abel innerhalb
des Gesamtzusammenhanges deutlicher hervortritt.
Durch den Brudermord Kains hat nämlich der Teufel nach dem Verständnis des unbekannten Verfassers die Oberhand über Adams Saat gewonnen. Die
entsprechenden Verse dazu lauten:

»Cayn auß neid den Abel schlůg
Der teüffel das zů sammen trůg /
Alda der som gefelschet wart
Der neyd gesät ist so hart /
Das er noch verendet ist
Her Adams some zů der frist /
Gieng auff wůchs in die weit vnd leng
Deß teüffels gifft kam ins gedreng
Die sünde überhand nam
Der mensch ward an tugent lam
Bis got mit seiner straffe kam.«

Angesichts der überwiegend negativen heilsge-
schichtlichen Aspekte, die mit dem Bild des Menschensäens in Verbindung gebracht wurden, mußte
sich im Zeitalter eines Sebastian Brant und eines
Thomas Murner der Gedanke förmlich aufdrängen,
das Menschensaat-Motiv zumindest versuchsweise
einmal in die Nähe der spätmittelalterlichen Narrenphilosophie zu rücken. Und dies geschah dann
auch tatsächlich. Vom Menschensäen führt nämlich
eine direkte Linie zur Idee der Aussaat personifi-
zierter Sünden und damit zum Narrensäen.

Einen guten Bildbeleg für diesen in sich durchaus
folgerichtigen motivgeschichtlichen Schritt liefert
eine bislang noch kaum beachtete Zeichnung, die
sich in der Universitätsbibliothek Erlangen befindet
(Abbildung 17)[55]. Sie zeigt einen bärtigen alten
Narren mit zurückgeschlagener Eselsohrenkappe,
der übers Feld schreitet und aus einem flachen
Korb lauter kleine Narren sät. In diesem Kontext
dürfte wohl der eigentliche Ursprung des oben
bereits erwähnten Begriffs »Narrensamen« zu
suchen sein. Von entscheidender Bedeutung aber
ist die Tatsache, daß das Bild des säenden Narren
außerdem einen ganz direkten biblischen Bezug
hat, der jenseits der Matthäus-Gleichnisse liegt und
der dem Motiv erst seinen letzten und wahren Sinn
gibt. In 1 Kor. 15,36 ff. schreibt Paulus nämlich:
»Du Narr, was du säst, wird nicht lebendig, wenn es
nicht zuvor starb . . . Gesät wird ein sinnenhafter
Leib, auferweckt aber ein geistiger Leib.« Diese
Worte enthalten im Grunde die Quintessenz der
gesamten spätmittelalterlichen Narrenidee, wonach
der irdische Tod einzig und allein aus der Narrheit
resultiert, die ihrerseits nichts anderes als ein Synonym für die Erbsünde ist. Wer das ewige Leben
erlangen will, der muß während seines gesamten
Erdendaseins stets die eigene Narrheit zu bekämp-
fen versuchen und schließlich im Sterben seine
menschliche Unzulänglichkeit vollends ablegen, um
endgültige Erlösung zu finden. Wer dagegen in der
Narrheit verharrt und als geistesblinder Tor die
christliche Heilsbotschaft ignoriert, dem droht jenseits des irdischen Sterbens als äußerste und
schlimmste Katastrophe der ewige Tod.

Die Vorstellung vom Narrensäen setzt sich mit
eben dieser Problematik bildhaft auseinander. Sie
will zeigen, daß seit dem Sündenfall, durch den sich
die ersten Menschen mit der Narrheit befleckt
haben, Adams und Evas Saat nur noch aus Narren
besteht. Mit anderen Worten: was auf dem
Menschenacker gedeiht, muß seiner Narrheit
wegen zuerst sterben und auf den »Gottesacker«

Abbildung 17
Narrensämann

kommen; denn erst von dort – und darin liegt die tiefere Bedeutung der Bezeichnung »Gottesacker« für »Friedhof« – kann die Menschensaat zum wahren Leben erweckt werden. Ohne das Wissen um diese Zusammenhänge ist ein Verständnis der letzten Szene auf dem Rand des Ambraser Ziertellers kaum möglich.

Es dürfte damit deutlich geworden sein: in der Aussaat des Narrensamens erreicht die Botschaft des von uns untersuchten Bildprogramms unbestreitbar ihren Kulminationspunkt. Schließlich führt eben diese Szene den gesamten Vernichtungszyklus auf dem Tellerrand ad absurdum, ja sie verkehrt ihn sogar ins Gegenteil, indem sie an die Stelle aller Ausrottungsversuche zuletzt das Fruchtbarkeits- und Vervielfältigungsmotiv treten läßt. – Vom Bild des Narrensäens geht wiederum eine direkte Sinnverbindung zurück zur Mühle, zumal dort aus den toten Toren erst das närrische Saatgut gewonnen wird. Somit verwandelt sich die Mühle ebenfalls grundlegend von einer vermeintlichen

Beseitigungsinstanz in eine Art Geburtsstätte, wo die Narrheit tausendfach fröhliche Urständ feiert. Und von hier aus erschließt sich endlich auch der innerste Kreis der Darstellung, die Kernszene mit Eva, der Narrenmutter. Vom Schöpfer einst zur Ahnherrin eines vollkommenen Geschlechts erwählt, ist sie durch ihren Sündenfall zum Ursprung der menschlichen Unvollkommenheit schlechthin geworden. Schon sieht sie den eigenen Makel in ihren sieben Kindern vervielfältigt und muß mitanschauen, wie diese ihn unwiderruflich über die ganze Welt verbreiten.

Den Grundgedanken des Tellers, daß die Narrheit nicht mehr auszulöschen ist und daß der Versuch, sie zu vernichten, ihre vielfache Wiedergeburt bewirkt, hat der Künstler also gewissermaßen in emporsteigender Linie dreifach variiert: von Eva über die Mühlenszene bis hin zum Randbilderzyklus. In eben dieser thematischen Abgestimmtheit mit ihren feinsinnigen Bezügen und Symmetrien liegt das Einzigartige des Werks.

4. ZUORDNUNGSVERSUCH: DER TELLER UND DIE BILDERSPRACHE MURNERS

Über den Maler des Ambraser Tellers wissen wir nichts Näheres. Sollte die Aufschrift »BERTEL KESSELSCHMID« in der rechten unteren Bildecke der Narrenmutterszene als Signatur zu lesen sein, so kennen wir allenfalls seinen Namen, nicht jedoch das genaue Umfeld, aus dem er seine Anregungen bezog. Aber nach allem, was wir über den Bildgehalt des Ziertellers sagen können, ist anzunehmen, daß der Künstler trotz seiner nachweislich primären Orientierung an ikonographischen Traditionen bei der Gesamtkonzeption des Werks doch wohl auch die eine oder andere literarische Vorlage im Auge gehabt hat. Sucht man nun nach entspre-

chenden Textquellen, so kommt eigentlich nur ein Name in Betracht: Thomas Murner.

Die Erstveröffentlichungen seiner narrenthematischen Schriften fallen in das Jahrzehnt zwischen 1512 und 1522. Allein schon aus diesem Grunde wäre an eine Abhängigkeit des 1528 entstandenen Tellers von Murners Narrendichtungen zu denken, zumal die Murnerrezeption erst nach 1522 voll ins volkstümliche Bewußtsein drang, als der streitbare Franziskanermönch den Vorwurf der Narrheit gegen Luther richtete und damit massiv in die Reformationspolemik eingriff. Ungeachtet dieser zeitlichen Übereinstimmung aber sind vor allem die

Motivanklänge des Narrentellers an verschiedene Murnerschriften interessant. Die Mühlenszene etwa erinnert unwillkürlich an Murners 1515 erschienene Dichtung »Die Mühle von Schwindelsheim«, in der geschildert wird, wie Narren aus allen Ständen zu einer Mühle strömen, um dort den Jahrtag der verstorbenen »Gredt Müllerin«, der populären Personifikation der Dirne, zu begehen, so daß sich der Müller des Zulaufs schließlich kaum noch erwehren kann. Im Hinblick auf den Teller ist dabei ikonographisch besonders bedeutsam, daß der Titelholzschnitt zur »Mühle von Schwindelsheim« ebenfalls im Vordergrund den Antransport der Narren in Säcken und im Hintergrund das Mühlengebäude am Bach zeigt. – Wenn weiter eine der Telleraufschriften den Begriff »naren zunft« verwendet, so könnte darin Murners 1512 gedruckte »Schelmenzunft« anklingen, in der die Idee, sämtliche Toren in eine gemeinsame Zunft einzugliedern, erstmals literarisch durchgestaltet wurde. – Besonders auffällig ist schließlich die Tatsache, daß zumindest zwei von Murners Werken, nämlich die »Narrenbeschwörung« von 1512 und die 1522 erschienene Schrift über den »Großen Lutherischen Narren«, durchweg ganz ähnliche exorzistische Maßnahmen der Narrheitsbekämpfung schildern, wie sie später in dem Randbilderzyklus des Tellers begegnen. – Überhaupt decken sich manche sprachlichen Bilder der beiden letztgenannten Dichtungen so exakt mit einzelnen Motiven der Tellerbemalung, daß hier eine direkte Abhängigkeit nicht ausgeschlossen scheint[56]. Für den Randszenenzyklus etwa ließe sich diese Vermutung stützen mit Murner-Formulierungen wie »die nerrisch fistel stechen«[57]; zum goldenen Narrenkopf-Abzeichen der Narrenmutter und des Zunftmeisters würde die bei Murner häufig auftauchende Vorstellung vom »narren orden« passen[58], und die Tellerdarstellung des brütenden Narren beispielsweise hätte in dem Mur-

ner-Abschnitt »geuch ußbrieten« ihre literarische Entsprechung[59].

An einer Stelle der »Narrenbeschwörung« aber häufen sich die Übereinstimmungen mit dem Bilderreigen des Ziertellers schließlich derart, daß Murners Dichtung hier geradezu als Interpretationsgrundlage für dessen Verständnis herangezogen werden kann. Und zwar ist es das Kapitel 4, vom »Narrensäen«[60], in dem dieses Höchstmaß an Kongruenz auftritt. Zunächst spricht Murner aus der Sicht des Sämanns die rasende Vermehrung der Narrheit an und berührt damit ein Problem, das letztlich auch den Maler von 1528 durchgängig beschäftigt:

> »Do ich yetzundt narren seyen,
> Wil ich für ein dry tusent meyen;
> Der boden treits vnd ist so gůt,
> Das er so grossen wůcher thůt.«[61]

Wenig später folgt die Gleichsetzung der Narrheit mit der Erbsünde, der Rückgriff auf die Genesis und schließlich der Hinweis, daß Eva als Urheberin allen Übels den Boden für das Böse in der Welt bereitet habe:

> »Do gott adam bschůff vff erd,
> Was diser acker nit so werd,
> Vnd mocht kein narr nie grůnen druff;
> Do aber eua schüttet vff
> Den mischt ir vngehorsamkeit
> Vnd dinckt den acker wyt vnd breit,
> Vnd gott in fůcht mit synem flůch,
> Als mich bericht das erste bůch
> Der heiligen bibel / syt der zyt
> Gots zorn vff im zerspreitet lyt.«[62]

Das hier mit Eva verbundene Motiv des Düngens und Mistens wirkt übrigens möglicherweise auch auf dem Zierteller nach; denn der Bretterverschlag, in dem dort die Narrenmutter mit ihren sieben Söhnen dargestellt ist, läßt sich durchaus als eine grün überwucherte Bauernmiste deuten[63].

Schließlich wird bei Murner sogar die Einordnung Adams und Evas als Narren, welche die Eselsohrenkappe tragen, offen ausgesprochen. Seine ursprüngliche Freiheit, heißt es nämlich, habe Adam in dem Augenblick verscherzt,

»Do er die narren capp ergriff,
Mit eua saß ins narren schiff.«[64]

Immer wieder erhebt Murner dann Klage gegen die ersten Menschen, denen die Schuld am Verlust des Paradieses zuzuschreiben ist und die den Fluch der Narrheit über sich und ihre Nachfahren gebracht haben:

»Adam vnd eua hands gethon,
Den acker vns zů erb gelon,
Mit großem leyd gedingt so wol,
Das er der narren wachßt so fol.
Er was kein weyser ackerman,
Vnd nam eyn schlechten acker an.«[65]

Erscheint nicht das achte Randbild des Narrentellers mit dem törichten Ackermann, der nur Schellen und Eselsohren erntet, wie eine Illustration hierzu?

Angesichts so vieler Parallelen lassen sich gewisse mehr als nur zufällige Beziehungen zwischen dem Teller und Murners »Narrenbeschwörung« kaum bestreiten, zumal ein letztes Zitat aus deren 4. Kapitel geradezu wie eine Erklärung dafür anmutet, warum der Maler von 1528 ausgerechnet die Narrenmutter, also eine Frauengestalt, ins Zentrum seines Werks gestellt hat:

»Noch ist ein acker vnd ein grundt,
Da von manch grosser narre kumpt.
Der heisset můtterlicher lyb;
Den yeder narr kompt von eim wyb.«[66]

Trotz all dieser inhaltlichen Abhängigkeiten ist der in Ambras aufbewahrte und wahrscheinlich im oberrheinischen Raum entstandene Teller[67] jedoch weit mehr als lediglich das kuriose Produkt eines malenden Murner-Epigonen. Das Werk steht in der bildenden Kunst ohne Beispiel da; es entwickelt ein erstaunliches Eigenleben, verarbeitet zahlreiche literarisch nicht faßbare Motive und bringt es mit seinem präzis durchdachten Aufbau zu einer Symbolkraft, die mit sprachlichen Mitteln niemals erreichbar gewesen wäre. Eben diese Dichte und Geschlossenheit machen den Zierteller zu einem einmaligen historischen Zeugnis, dessen Quellenwert für die Erforschung der spätmittelalterlichen Narrenphilosophie bisher viel zuwenig beachtet worden ist. Der Weg nach Ambras lohnt sich.

ANMERKUNGEN

[1] Der vorliegende Aufsatz stützt sich auf zwei frühere Veröffentlichungen des Verfassers zum selben Thema: Werner Mezger: Der Ambraser Narrenteller von 1528. Ein Beitrag zur Ikonographie der spätmittelalterlichen Narrenidee, in: Zeitschrift für Volkskunde 2/1979, S. 161–180; Werner Mezger: Der Ambraser Narrenteller und ein Fresko auf der Churburg.

Unsterbliche Torheit, in: Das Fenster. Tiroler Kulturzeitschrift 29/1981, S. 2917–2926.

[2] Vgl. Elisabeth Scheicher / Ortwin Gamber / Kurt Wegerer / Alfred Auer: Die Kunstkammer (= Führer durch das Kunsthistorische Museum Nr. 24), Innsbruck 1977, S. 13 ff.

[3] Inventar-Nr. auf Ambras: P 4955.

4 Jahrbuch der Kunsthistorischen Sammlungen des Allerhöchsten Kaiserhauses XIV, 1893, Reg. 10 670. – Auch erwähnt im Nachlaßinventar Erzherzog Ferdinands II. von 1596, F. 475.

5 Vgl. dazu: Werner Mezger: Hofnarren im Mittelalter. Vom tieferen Sinn eines seltsamen Amts, Konstanz 1981, S. 24 ff.

6 Barbara Könneker: Wesen und Wandlung der Narrenidee im Zeitalter des Humanismus. Brant – Murner – Erasmus, Wiesbaden 1966, S. 1.

7 Heinrich Kohlhaussen, der den Narrenteller 1942 in einem Aufsatz zitierte, interpretierte die komplizierte Bilderfolge auf der Innenseite kurzerhand als »Travestie des Moriskentanzes« und als eine Verspottung aller »mittelalterlichen Minnenarretei« (H. Kohlhaussen: Minnekästchen im Mittelalter, in: Zeitschrift des deutschen Vereins für Kunstwissenschaft, Bd. 9, Heft 3/4, 1942, S. 171). – Zehn Jahre später hat Hadumoth Hanckel diese Deutung in ihrer Dissertation überzeugend widerlegt und die Kernszene des Tellerbodens mit dem wesentlich einleuchtenderen Motiv der Narrenmutter in Verbindung gebracht, ohne den Gedanken allerdings weiter auszuführen (H. Hanckel: Narrendarstellungen im Spätmittelalter, Diss. masch., Freiburg i. Br. 1952, S. 25). – Besonders deutlich wird die primär literarische Orientierung des Interpretationsansatzes schließlich im 1977 erschienenen Katalog der Ambraser Kunstkammer, dessen Autoren vermuten, daß »Gegenstand der Darstellung humoristische Szenen im Sinne der Narrenpoesie Sebastian Brants und seiner Zeitgenossen« seien (E. Schleicher / O. Gamber / K. Wegerer / A. Auer: wie Anm. 2, S. 298).

8 Werner Danckert: Unehrliche Leute. Die verfemten Berufe, Bern/München 1963, S. 150.

9 Heute leider zerstört, aber durch Zeichnungen überliefert. Vgl. Gustave Joseph Witkowski: L'art profane à l'église, Paris 1908, S. 354, Fig. 420–425, Nr. 2.

10 Will-Erich Peuckert: Die große Wende. Das apokalyptische Saeculum und Luther, Hamburg 1948.

11 Albert Walzer: Fasnachtsbilder auf Rottweiler Kirchstuhlwangen, in: Schwäbisches Heimatbuch 1935, S. 94 ff.

12 La grant nef des folles selon les cinq cens de nature, composée selon l'évangile du Monseigneur Mathieu, Paris o. J. (um 1500) – Bibl. nat. In-4°, Rés. m. Yc. 750, fol. 5.

13 Eugen Ritter: Rottweils Fasnacht einst und jetzt, Rottweil 1935, S. 23.

14 Johannes Künzig: Die schwäbisch-alemannische Fasnet, Freiburg i. Br. 1950, S. 60.

15 Wilhelm Molsdorf: Christliche Symbolik der mittelalterlichen Kunst, Leipzig ²1926, S. 229.

16 1 Moses 5, 1–24.

17 Karl Friedrich Wilhelm Wander: Deutsches Sprichwörter-Lexikon, Bd. 4, Leipzig 1876, Sp. 552, Nr. 4 (s. v. »Sieben«).

18 Vgl. K.A. Schöndorf: Die Geschichtstheologie des Orosius, Diss. masch., München 1952, S. 33.

19 K. F. W. Wander: wie Anm. 17, Bd. 4, Sp. 552, Nr. 3, 4, 21.

20 Louis Maeterlinck: Le genre satirique dans la peinture Flamande, Brüssel 1907, S. 272.

21 Selbst H. Hanckel (wie Anm. 7, S. 26) gab aufgrund der ihr vorliegenden Reproduktion die Zahl der Kinder im Korb mit drei und die Zahl der restlichen Söhne mit vier an.

22 Vgl. Konrad Kunze: Himmel in Stein – das Freiburger Münster, Freiburg 1980, S. 50.

23 W. Molsdorf: wie Anm. 15, S. 137, Nr. 853.

24 W. Molsdorf: wie Anm. 15, S. 20, Nr. 33 u. S. 150 f., Nr. 932.

25 W. Molsdorf: wie Anm. 15, S. 143, Nr. 868.

26 »Eva ist die Ursache für den Tod, Maria die Ursache für das Heil.« Vgl. Friedrich Ohly: Synagoge und Ecclesia. Typologisches in mittelalterlicher Dichtung, in: Schriften zur mittelalterlichen Bedeutungsforschung, Darmstadt 1977, S. 321 ff.

27 Zum Zusammenhang zwischen Narrenidee und Todesvorstellung im Spätmittelalter: Werner Mezger: Bemerkungen zum mittelalterlichen Narrentum, in: Narrenfreiheit. Beiträge zur Fastnachtsforschung (= Untersuchungen des Ludwig-Uhland-Instituts der Universität Tübingen, Bd. 51), hg. v. Hermann Bausinger u. a., Tübingen 1980, S. 57 ff.

28 Vgl. etwa das Fresko eines brütenden Narren im Arkadengang der Churburg bei Schluderns/Südtirol. Reproduziert in: Werner Mezger: Der Ambraser Narrenteller und ein Fresko auf der Churburg. Unsterbliche Torheit, in: Das Fenster. Tiroler Kulturzeitschrift 29/1981, S. 2922. – Das Motiv des Narrenbrütens hat übrigens auch diverse literarische Entsprechungen. Zur Ikonographie vgl. ferner den Holzschnitt von Urs Graf zu: Thomas Murner: Narrenbeschwörung, Kap. 6 »Geuch ußbrietten« (1512).

29 Reinhold Hammerstein: Diabolus in musica. Studien zur Ikonographie der Musik im Mittelalter, Bern/München 1974, S. 50 f.

30 Auf die Ähnlichkeit des Tanzreigens um die Narrenmutter mit dem Moriskentanz hat auch H. Kohlhaussen (wie Anm. 7) hingewiesen.

31 K. F. W. Wander: wie Anm. 17, Bd. 1, Leipzig 1867, Sp. 1337, s. v. »Gänsebrücke«.

32 K. F. W. Wander: wie Anm. 17, Bd. 1, Leipzig 1867, Sp. 87, s. v. »Angeln«, Nr. 2.

33 K. F. W. Wander: wie Anm. 17, Bd. 4, Leipzig 1876, Sp. 235, s. v. »Schleifmühle«.

34 Zum Weiterwirken des närrischen Zunftzwanges in der Fast-

nacht und den damit zusammenhängenden Problemen vgl. Werner Mezger: Narretei und Tradition: Die Rottweiler Fasnet, Stuttgart 1984, S. 98 ff.; ferner: Werner Mezger: Fasnacht, Fasching und Karneval als soziales Rollenexperiment, in: Narrenfreiheit. Beiträge zur Fastnachtsforschung (= Untersuchungen des Ludwig-Uhland-Instituts der Universität Tübingen, Bd. 51), hg. v. Hermann Bausinger u. a., Tübingen 1980, S. 203 ff.

[35] Zumindest vier Majuskelinschriften sind rätselhaft: 1. (über dem Leichenkarren) »N PLENCKLIN« – 2. (im Mühleneingang) »KLOCZ« – 3. (im Boot des Fischers) »NOCHTEN WARLACH WAR« – 4. (auf dem diesseitigen Flußufer am rechten Bildrand) »Z. RONFR«. – Wahrscheinlich handelt es sich durchweg um persönliche oder lokale Anspielungen des Künstlers beziehungsweise seines Auftraggebers.

[36] W. Danckert: wie Anm. 8, S. 127.

[37] W. Danckert: wie Anm. 8, S. 129 f. – Vgl. dazu auch: Brüder Grimm: Deutsche Sagen, vollständige Ausgabe nach der 3. Aufl. von 1891, Darmstadt 1982, S. 206, Nr. 184 u. S. 212, Nr. 196 (Sagenmotiv der »Teufelsmühle«).

[38] W. Danckert: wie Anm. 8, S. 139.

[39] Vgl. den ausführlichen kulturgeschichtlichen Abriß hierzu in: W. Danckert: wie Anm. 8, S. 135 ff.

[40] W. Danckert: wie Anm. 8, S. 144. – Vgl. dazu auch: Hans-Ulrich Roller: Der Nürnberger Schembartlauf. Studien zum Fest- und Maskenwesen des späten Mittelalters (= Volksleben, Bd. 11), Tübingen 1965, S. 126 ff.

[41] J. R. Rahn: Konfessionell-Polemisches auf Glasgemälden, in: Zwingliana. Mitteilungen zur Geschichte Zwinglis und der Reformation 2/1903, S. 357 f.

[42] W. Molsdorf: wie Anm. 15, S. 204 ff., Nr. 1045. – Eine ausführliche Darstellung der Idee der Hostienmühle mit umfassender Ikonographie bietet: H. Rye-Clausen: Die Hostienmühlenbilder im Lichte mittelalterlicher Frömmigkeit, Stein a. Rh. 1981.

[43] Zur Gesamtproblematik des Mühlenmotivs: G. Bebermeyer: Das Mühlenmotiv. Kommentar zu: Thomas Murner: Die Mühle von Schwindelsheim, hg. v. G. Bebermeyer, in: Thomas Murners Deutsche Schriften, hg. v. Fr. Schultz, Bd. 4, Berlin/Leipzig 1923, S. 77 ff.

[44] Hieronymus Bosch: Das Steinschneiden. Öltempera auf Holz, 48×35 cm, Madrid, Prado. Vgl. dazu: Charles de Tolnay: Hieronymus Bosch, dt. v. L. Voelker, Baden-Baden ²1973, S. 54 ff. u. S. 335 ff. – Ein weiterer Beleg für diesen Typus aus der Mitte des 16. Jahrhunderts ist ein Gemälde von Jan van Hemessen: Der Steinschneider. Öl auf Holz, Madrid, Prado. Reproduziert in: Elie-Charles Flamand: Die Malerei der Renaissance III, dt. v. Eva Gärtner (= Weltgeschichte der Malerei, Bd. 11), Lausanne 1966, S. 44.

[45] Vgl. dazu: Titelholzschnitt zu Hans Sachs: Das Narrenschneiden. Ein schön Faßnacht Spiel mit dreyen Personen, gedruckt von Friedrich Gutknecht in Nürnberg (1554?). Reproduziert in: Die Welt des Hans Sachs. Katalog zur Ausstellung der Stadtgeschichtlichen Museen Nürnberg, Nürnberg 1976, Kat. Nr. 271.

[46] K. F. W. Wander: wie Anm. 17, Bd. 3, Leipzig 1873, Sp. 930, s. v. »Narr«, Nr. 1182.

[47] K. F. W. Wander: wie Anm. 17, Bd. 3, Leipzig 1873, Sp. 878, s. v. »Narr«, Nr. 16.

[48] Vgl. Thomas Murner: Narrenbeschwörung 4.

[49] Hermann Fischer: Schwäbisches Wörterbuch, Bd. 4, Tübingen 1914, s. v. »Narrensamen«.

[50] Martin Scharfe: Rügebräuche, in: Dörfliche Fasnacht zwischen Neckar und Bodensee, hg. v. Hermann Bausinger u. a. (= Volksleben, Bd. 12), Tübingen 1966, S. 238 ff.

[51] Vgl. dazu Werner Mezger: Das Gewölbe im Südschiff des Rottweiler Münsters (= Veröffentlichungen des Stadtarchivs Rottweil, Bd. 7), Rottweil 1982, S. 13 ff.

[52] Vgl. Hermann Meuche / Ingeburg Neumeister: Flugblätter der Reformation und des Bauernkrieges. 50 Blätter aus der Sammlung des Schloßmuseums Gotha, Leipzig 1976, Katalog, S. 102.

[53] Johan Huizinga: Herbst des Mittelalters, Studien über Lebens- und Geistesformen des 14. und 15. Jahrhunderts in Frankreich und in den Niederlanden, dt. v. Kurt Köster, Stuttgart ¹¹1975, S. 74.

[54] Zit. nach: Max Geisberg: The German single-leaf woodcut, 1500–1550, neu hg. v. Walter L. Strauss, Bd. 4, New York 1974, S. 1527 (= G. 1572).

[55] Den Hinweis auf dieses Blatt verdanke ich Herrn Prof. Dr. Dietz-Rüdiger Moser, Freiburg. – Vgl. dazu auch: Dietz-Rüdiger Moser: Von Teufeln und Hexen, Prinzen, Narren und Sündern. Der Karneval und sein kirchlicher Ursprung, in: Forschung – Mitteilungen der DFG 1/1982, S. 9.

[56] Zur Bildersprache Murners vgl. B. Könneker: wie Anm. 6, S. 151 f.

[57] Thomas Murner: Von dem großen Lutherischen Narren 142 (zit. nach der Ausgabe von P. Merker, in: Thomas Murner: Deutsche Schriften, hg. v. Fr. Schultz, Bd. 9, Straßburg 1918.)

[58] Thomas Murner: Die Narrenbeschwörung (künftig NB) 1,18; 12,38; 49,42; 80,20; 83,9; 92,141; 97,138 (zit. nach der Ausgabe von M. Spanier, in: Thomas Murner: Deutsche Schriften, hg. v. Fr. Schultz, Bd. 2, Leipzig/Berlin 1926.)

[59] NB 6,1 ff.

[60] NB 4.

[61] NB 4, Vortext.

[62] NB 4,9–18.

[63] Diese Deutung gab unabhängig von der Murnerstelle bereits H. Kohlhaussen: wie Anm. 7, S. 171.

[64] NB 4,34 f.

[65] NB 4,44–50.

[66] NB 4,99–102.

[67] Für die oberrheinisch-elsässische Herkunft des Stücks gibt es neben dem starken Einfluß Murners noch andere Anhaltspunkte, wie zum Beispiel das Schleifmühlenmotiv, das als Sprichwort ursprünglich mit dem Ort Schnersheim, unweit von Straßburg, verbunden war (vgl. Anm. 33). Ebenso deutet die auffällige partielle Motivverwandtschaft des Tellers mit dem Konstanzer Einblattdruck vom »Menschensäen« (vgl. Anm. 54) auf einen Entstehungsraum nahe der Schweizer Grenze hin. War vielleicht Basel die Heimat des Künstlers? – Der im Ambraser Katalog angegebene Herkunftsort Nürnberg läßt sich jedenfalls durch nichts belegen und ist eher unwahrscheinlich.

VERZEICHNIS DER ABBILDUNGEN

Abbildung 15
Das Narrensäen (Detail des Ambraser Tellers).

Abbildung 16
Das Menschensäen, Einblattdruck, Konstanz 1520, Gotha, Sammlung des Schloßmuseums, Inv. Nr. 37, 17.

Abbildung 17
Narrensämann, Rötelzeichnung eines unbekannten Künstlers (1. Hälfte des 16. Jahrhunderts), Erlangen, Universitätsbibliothek, B 1627.

Gailinger Purim – jüdische Fasnacht im Hegau

Ein Beitrag zum jüdischen Gemeindeleben und zur Emanzipation der Juden in Baden

Von Herbert Berner

*Salcia Landmann
zum 70. Geburtstag*

DAS BUCH ESTHER UND DIE ENTSTEHUNG DES PURIM-FESTES

Das Purim-Fest, dessen Entstehung das Buch Esther im Alten Testament in farbiger Ausführlichkeit beschreibt[1], gehört im jüdischen Festzyklus nicht zu den herausragenden fünf Feiertagen, von denen uns besonders bekannt sind das Peßach- oder Paschafest zum Gedenken an die Verschonung der israelitischen Erstgeburt und die Rettung Israels aus ägyptischer Knechtschaft im Nißan, dem 1. Monat des Jahres (etwa um unser Osterfest), sowie das Laubhüttenfest im 7. Monat Tischri zur Erinnerung an den Aufenthalt in der Wüste, an das Wohnen in Hütten und Zelten. In nachexilischer Zeit, das heißt etwa ab dem 2. Jahrhundert v. Chr., wurde das Purim-Fest zum Gedächtnis an die Errettung der Juden im Perserreich durch Esther und Mordekaj eingeführt, gefeiert im letzten Monat des jüdischen Jahres, dem Adar, der auf unsere Monate März oder April fällt (hierauf kommen wir später noch einmal zurück)[2].

Das Buch Esther überliefert eine kulturgeschichtlich zutreffende Vorstellung vom Leben und Treiben am persischen Königshof des 6./5. Jahrhunderts v. Chr. Wir denken etwa an die Schilderung des Harems oder des Serails, an den plötzlichen Sturz vielvermögender Günstlinge oder an die Allmacht des freilich an seine eigenen Gesetze gebundenen Großkönigs. Man nimmt an, daß die in der Erzählung geschilderten Ereignisse, denen ohne Frage ein geschichtlicher Kern innewohnt und die manche (christliche) Theologen als »freie Geschichte« charakterisieren[3], sich zur Zeit Xerxes I. (485–465 v. Chr.) in Susa nach seiner Rückkehr von dem mißglückten griechischen Feldzug im Jahre 479 v. Chr. ereignet haben könnten. Esther hieß eigentlich Hadassa (= Myrthe) und erhielt ihren persischen Namen, der Stern bedeutet, um ihre Herkunft zu verbergen. Sie war die Nichte und Pflegetochter des Benjameniten Mordekaj (Mardochäeus) und wurde nach Verstoßung der ungehorsamen ersten Gemahlin Vasthi zur neuen Gemahlin des Königs Achaschwerosch (= Xerxes) erhoben. Dieser Bericht erweckt die ganz unhistorische Vorstellung von der Einehe des Perserkönigs, wie sie damals bei den Juden schon bestand. Da Mordekaj die nach persischer Sitte übliche Prokynese vor dem obersten Beamten des Reiches, dem Medier Haman, verweigerte, weil der Kniefall nur Gott und keinem Menschen zustehe, veranlaßte der Großvesir in seinem

114

Zorn den König, nicht nur Mordekaj zum Kreuz, sondern das jüdische Volk im Perserreich zur Ausrottung zu verurteilen[4]. In dieser ausweglosen Lage gelang es Esther, deren Nationalität der König bis dahin nicht kannte, ihren Gemahl mit großer Klugheit umzustimmen, den Einfluß Hamans, der zudem als Verschwörer entlarvt werden konnte, zu brechen und an demselben Kreuz hinrichten zu lassen, das für Mordekaj bestimmt war. Mordekaj übernahm nun die hohe Stellung des Großvesirs. Auch den zehn Söhnen Hamans widerfuhr das gleiche Schicksal wie dem Vater. Da der Großkönig den von ihm gegebenen Befehl zur Ausrottung der Juden nicht aufheben oder widerrufen durfte, erlaubte er den Juden, sich selbst zu verteidigen. So entgingen die Juden im Persischen Reich nicht nur ihrer Vernichtung, sondern verschafften sich, nachdem sie ihre geschworenen Feinde, ohne Beute zu nehmen, getötet hatten, eine gesicherte Zukunft. Ob der ohne Frage hinter all dem verborgene Antisemitismus rassisch oder religiös motiviert war, ist schwer zu entscheiden; er dürfte doch wohl eher im religiösen Bereich zu vermuten sein[5].

Im Buch Esther finden wir nun auch die Erklärung des Namens Purim sowie die Regeln, nach denen das Fest begangen werden sollte. Danach hat Haman das Los = Pur zur Bestimmung des Ausrottungstages geworfen; es fiel auf den 13. Tag des 12. Monats Adar[6]. An diesem Tag aber gelang den Juden die Befreiung von ihren Feinden, und einen Tag später, am 14., ruhte man aus und feierte ihn als einen Tag fröhlicher Gelage[7]. »Daher begehen die Juden auf dem Lande in den offenen Ortschaften den 14. Tag des Monats Adar als einen Tag fröhlicher Gelage, als einen Festtag, an dem man sich gegenseitig Geschenke schickt«[8] und die Armen mit Gaben bedenkt. Mordekaj hat alle diese Ereignisse aufgeschrieben, Briefe an alle Juden nah und fern geschickt und ihnen als Satzung auferlegt,

»den 14. des Monats Adar und den 15. desselben Monats alljährlich zu feiern«[9]. – Das angebliche Mausoleum von Esther und Mordekaj, ein in der Stadtmitte von Hamadan, dem einstigen Ekbatana, gelegenes, im Gewirr der Häuser schwer auffindbares Grabgebäude mit einer eleganten Ziegelkuppel, stammt indessen wahrscheinlich aus dem 5. Jahrhundert n. Chr.; hier ist die jüdische Gattin des sassanidischen Königs Yezdegerds I. (399–420 n. Chr.) beigesetzt. Gleichwohl werden die beiden Ebenholz-Sarkophage stets und heute noch Esther (rechts) und ihrem Onkel Mordekaj (links) zugeschrieben[10].

Wir können uns nun nicht mit der Streitfrage befassen, ob und inwieweit diese Erzählung der Historie entspricht, ob die vermeintliche Beleidigung durch einen Juden eine so ungeheuerliche Reaktion auslösen konnte und ob andererseits die Verweigerung der Verbeugung vor einem Menschen durch einen im Perserreich ganz offensichtlich assimilierten Juden glaubhaft erscheint. Die Encyclopaedia Judaica (Band 13) äußert sich – im Gegensatz etwa zu Friedrich Thieberger[11] – zweifelnd und recht zurückhaltend: Die chronologischen Schwierigkeiten, wie die Identität von König Ahasverus und das Fehlen jeglichen Bezuges in den persischen Quellen auf einen König, der eine jüdische Gemahlin hatte; die auffallende Ähnlichkeit zwischen den Namen Mordekaj und Esther mit den babylonischen Göttern Marduk und Ishtar; das Fehlen jeglichen Hinweises auf Purim in der Literatur vor dem 1. Jahrhundert B.C.E.; die Sprache des Buches Esther, die auf ein späteres Datum hinweist, das alles hat die Kritiker veranlaßt, den wahren Ursprung des Festes anderswo als in den Berichten im Buch Esther zu suchen. Viele Vermutungen sind angestellt worden, aber das Problem wartet noch immer auf seine Lösung. Auf jeden Fall war das Fest um das 2. Jahrhundert B.C.E.

115

schon längst eingeführt, als eine ganze Abhandlung von Mishna den Einzelheiten seiner Durchführung gewidmet wurde, besonders den Vorschriften, die das Vorlesen der Schriftenrolle Esther, die in der rabbinischen Literatur die »megillah« genannt wurde, beherrschten. In dem genannten Werk wird eingeräumt, daß Purim ein kleineres Fest (also kein Feiertag) ist, aber es wird fröhlich gefeiert in jüdischen Gemeinden als Erinnerung an Gottes Schutz für sein Volk. Die weitverbreitete Annahme des Festes als unbedeutendes Fest spiegelt sich wieder in der beliebten jiddischen Redensart, daß »genausowenig wie hohes Fieber ernsthafte Krankheit bedeutet, Purim ein Fest ist«[12].

Wir halten nun an dieser Stelle zunächst einmal fest, daß das Buch Esther um 300 v. Chr., auf jeden Fall zwischen dem 4. und 2. Jahrhundert v. Chr., zur Zeit der Ptolemäer und Seleukiden, als das Perserreich nicht mehr existierte, entstanden sein dürfte, daß es um 200 v. Chr. (160 v. Chr.?) ins Griechische übersetzt wurde und daß nach jüdischer Tradition die Esther-Rolle schließlich in den hebräischen Canon des Alten Testamentes aufgenommen worden ist und seit Bestehen des Festes, mithin seit über 2000 Jahren, in der Synagoge vorgelesen wird[13]. Für viele Juden, die so oft Verfolgungen erleiden mußten, hat dieses Fest seine Berechtigung, weil es die Glaubenstreue der Israeliten in Stunden der Bewährung darstellt und den Sieg über den Verfolger Haman nicht als eine Siegesfeier, sondern dem Charakter des Volkes entsprechend als Erlösungsfest begeht[14]. Luther dagegen nahm Anstoß an der Unwahrscheinlichkeit des Berichtes und vor allem an der Rachgier des Verfassers, der phantasievoll Zehntausende von Feinden des jüdischen Volkes über die Klinge springen ließ.

Das Buch Esther diente seiner inneren Logik und der spannungsreichen Handlung wegen auch christlichen Dichtern von der Renaissance bis zur Gegenwart als Vorlage[15]. Wir erinnern nur etwa an Hans Sachs (1530), an das berühmte Spätwerk »Esther« Jean de Racines (1689), an das unvollendet gebliebene Drama Franz Grillparzers (1845 oder 1848), an Max Brod (1919), an Fritz Hochwälder (1940) bis hin zu dem nach Johann Wolfgang von Goethes »schnurrigem Schlüsselstück« (1774) in Knittelversen und Alexandrinern 1975 geschaffenen Stück »Das Jahrmarktsfest zu Plundersweilern« von Peter Hacks[16].

Das religiöse Element des Festes beschränkt sich auf den zur Erinnerung an das Fasten Esthers am Tag zuvor begangenen Fasttag sowie auf das Vorlesen des Buches Esther oder schlechthin der »megillah« in der Synagoge[17] in einem bestimmten Sington, wobei die Namen der zehn Söhne Hamans vom Vorleser in einem Atemzug gesprochen werden müssen, weil sie alle gleichsam nur *einen* Tod erlitten. »Die Sitte der Kinder, mit Rätschen, Hammerklopfen oder Stoßen von Stöcken auf den Boden und dergleichen ein lautes Geräusch zu machen, wann immer der Name Haman gelesen wird . . ., ist alt und besteht immer noch.«[18] Die Vorlesung der »megillah« zu hören, gilt als eine der wichtigsten Verpflichtungen; auch Frauen haben die Pflicht, die »megillah« zu hören, weil die Rettung durch eine Frau bewirkt wurde. Auf weitere liturgische Einzelheiten wollen wir nicht eingehen bis auf die »Sitte der Beschenkung des sogenannten ›mischeloach manot‹, im Volksmund als ›Schlachmones‹ bezeichnet. In der Synagoge werden drei Teller aufgestellt, in die man . . . je eine Münze hineinwirft; das Geld pflegt an die Vorleser der Megilla und an Arme verteilt zu werden.«[19]

An das Purim-Fest haben sich nun im Laufe der Zeit die verschiedensten Bräuche geknüpft[20]. Das Rätschen und Klopfen der Kinder beim Ausspruch des Namens Haman wurde bereits erwähnt. In Babylon und Elam verbrannte man Hamanpuppen, im Jemen wurden sie in einem Schulhof an einen Baum gehängt und mit Pfeilen und Steinen beschossen, bis sie zusammenfielen. Das sonst von strenger religiöser Satzung geregelte Leben der Juden verlief einmal im Jahr, eben an Purim, wider alle sonst üblichen Ge- und Verbote. So fängt das Fest als einziges erst am Morgen an und nicht am Vorabend. »An Purim ist alles frei. Purim verwischt die Unterschiede von Rang und Alter. Es gestattet sogar hier und da gegen sonst geltendes Verbot die Vertauschung männlicher und weiblicher Kleidung und entgegen einer Mäßigkeit, der zum Beispiel die 4 Becher am Sederabend abgerungen werden müssen, einen Rausch, der – wie es im Talmud heißt – zwischen dem Lobpreis auf Mordekaj und der Verwünschung Hamans die Grenzen verwischt.«[21] Sogar ein Purim-Rabbiner, eine Art »Gebieter der Unordnung« entsprechend dem »Narrenkönig«, wurde eingesetzt, der die Purim-Torah, eine frivole Manipulation heiliger Texte oder eine Parodie des Talmud mit dem Hauptthema, fröhlich Wein zu trinken und sich des Wassers vollkommen zu enthalten, aufzusagen hatte. In der kabbalistischen Literatur gilt Purim als ein Tag der Freude und der Freundschaft, als ein Tag der Hoffnung und Ermutigung. Andere erblicken darin den alljährlichen Versuch, von der sonst fast unerträglichen Last der Treue zur Torah eine psychologische Erleichterung zu finden.

Salcia Landmann[22] glaubt, daß es in Deutschland schon im Mittelalter Sitte war, einen »Purim-Rabbi« zu wählen sowie von kostümierten und maskierten Schülern der Talmudschulen selbstverfaßte Purim-Spiele zur Estherlegende aufzuführen. Solche alten Purim-Spiele haben sich zum Teil erhalten. »Von den Purimspielen aus, in welchen (alle Rollen durch Männer gespielt) die Estherlegende vorgeführt wurde, und zwar sehr bald auch in einem richtigen Lokal, also nicht nur durch Burschen von Haus zu Haus, beginnt die früheste dramatische Literatur in Jiddisch auch mit anderen Themen[23]. Auch die Estherlegende selbst wurde parodiert: erhalten hat sich eine ›Hagada le'schikorim‹, eine Sage für Besoffene mit einer solchen Parodie des Estherstoffes.« Die Purim-Spiele wurden in nicht allzu orthodoxen Gemeinden sogar im Bethaus selbst aufgeführt[24].

PURIM-SPEISEN

Bei der Einsetzung des Purim-Festes spielte das Beschenken der Armen und der Freunde (Buch Esther 9, 22) eine große Rolle. Die Vorschrift ist, mindestens zwei »Anteile« Eßbares, Süßigkeiten und dergleichen zu schicken und ein Geldgeschenk an mindestens zwei Arme zu geben. Ein besonderes Festmahl wird am späten Nachmittag des Purim-Festes gegessen. Zu den Festspeisen gehören gekochte Bohnen und Erbsen, die wohl an die (Getreide-)Speisen erinnern sollen, die Daniel im Königspalast zu sich nahm, um eine Verletzung der Speisevorschriften zu vermeiden, sowie die dreiekkigen Pasteten, die als »Hamantaschen« (= Hamansohren) bekannt sind[25]. Salcia Landmann deutet die Hamantaschen dagegen als ursprüngliche hebräisch/deutsch (Judendeutsch) »Ho-Mohn-Taschen«, denn sie waren »ursprünglich meist mit einer Mischung aus gemahlenem Mohn und Honig gefüllt, kleine Pyramiden, bei denen die drei Seitenwändchen über der Füllung zusammengeklebt werden, ohne Zweifel ein altes Phallussymbol. Man füllt die Hamantaschen aber ebenso oft mit Powidl (Zwetschgenmus).«[26] Auch Thieberger führt »die Hamansohren« auf, nach ihm ein Nudelteig, viereckig herausgeschnitten, die Ecken umgeklappt, in Öl gebacken und mit Vanillezucker bestreut. Als weitere Purim-Speise nennt Salcia Landmann »Röllchen aus Kohl- oder Weinblättern mit Hackfleisch und Reis darin, ein Balkangericht, das aber an diesem Tag bei den Juden auch weiter nördlich gegessen wird. Ferner NUNT = Nougat, aus Honig

und Walnüssen, zu Rhomben geschnitten. Man ißt ferner eine ganz bestimmte Torte aus mehreren aufeinandergelegten Teigplatten mit je einer Füllung dazwischen: 1. Mischung aus geriebenen Nüssen und Honig; 2. aus Mohn und Honig; 3. aus Johannisbeerkonfitüre. Die Torte soll ein paar Tage ruhen, ehe man sie anschneidet und schmeckt lecker.« Ein anderes Purim-Gebäck ist ein riesiger Eierzopf, ein wenig gesüßt und mit Rosinen drin[27]. Der Malchesbrejtel ist ein Kranzkuchen als Nachbildung des Diadems der Königin Esther. Für die Suppe werden Purimtasch(k)erln, auch Krepplech (Krapfen) genannt, bereitet. Das Fleisch, die spezifische Festtagsspeise, ist in Teig gehüllt, denn Purim ist kein Feiertag. Zum Purim-Menü gehören ferner kalte »gefüllte« Fische. Megillokraut ist ein Sauerkraut mit Zibeben und Zucker. In Jerusalem nennt der Araber Purim wegen der Süßigkeiten, die der Jude da genießt, »Zuckerfest«[28].

SONDERFORMEN DES PURIM

Zwei Bräuche sind nun noch erwähnenswert: erstens die Sitte, sogenannte Schlachmanot/ Schlachmones (= Geschenksendungen) von Haus zu Haus zu schicken, die aus lauter Leckereien bestehen. Ihre Entstehung geht zurück auf den Schluß der »megillah«, wo von Geschenken die Rede ist, welche die erretteten Juden einander zusandten. Salcia Landmann erinnert in dem Zusammenhang an eine Schilderung von Isaak Bashewis Singer, Sohn eines sehr armen Rabbiners ohne feste Besoldung in Warschau, »wie die Mutter die eintreffenden Platten jeweils ein wenig umordnete und an andere Freunde weitersandte. Es lief bei armen Leuten ein wenig auf einen Kreislauf hinaus.« An diesem Tag besuchte man sich gegenseitig zwanglos und kostete überall von den Leckereien und trank Schnaps. Arme Leute bekamen hierbei noch ein »Purim-Geld« als Zugabe[29]. – Schon früh im Mittelalter kam ferner die Sitte auf, »bei jeder Errettung an dem betreffenden Datum einen lokalen Purim zu feiern, zu welchem die lokale Rettungsaktion in einer speziellen Megilla aufnotiert und öffentlich verlesen wurde«[30]. In der Enzyclopaedia Judaica[31] finden wir eine große Zahl solcher lokaler und familiärer Spezial-Purims in Europa, Nordafrika und Vorderasien, die ältesten aus dem 12. Jahrhundert, die meisten aus dem 17./ 18. Jahrhundert; als deutsche Städte sind genannt Ettingen (?) 1690; Frankfurt/Main 1616, Purim Winz oder Fettmilch; Fulda; Posen 1704; Danzig 1804.

Wenn wir abschließend die in Persien entstandenen, im Grunde profanen Purim-Bräuche dem sonst üblichen jüdischen Brauch, den strengen religiösen Normen gegenüberstellen, verstehen wir, daß die Juden Palästinas lange zögerten, das Fest zu übernehmen. »Die spannende Geschichte einer meisterhaften Intrige mit einer dramatischen Lösung und einem glücklichen Ende«[32] gleicht fast einem Märchen, das den handelnden Personen nach Not und Prüfung Rettung und Ruhm beschert. Dazu passen manche Brauchformen des Purim-Festes eigentlich recht wenig. Der in den Vorfrühling fallende Purim-Festbrauch mit ausgelassener Narrheit und Aufhebung des Thora-Verbotes der Verkleidung und der Unmäßigkeit weist aber darauf hin, daß er wahrscheinlich zuerst mit einem älteren Neujahrsfest und Frühjahrsbräuchen verbunden war und sich zur Zeit der Perserherrschaft davon gelöst hat. Man könnte vielleicht sogar sagen, daß ältere heidnische Bräuche im jüdischen Selbstverständnis umgeformt, judaisiert worden sind, so wie ähnlich das Christentum 1500 Jahre später mit den heidnischen Neujahrs- und Frühjahrsbräuchen verfahren ist[33]. Das Fest verlor bald viel von seiner ursprünglichen religiösen Bedeutung und erlangte den Charakter eines Volksfestes nach der Art unseres Karnevals, unserer Fasnacht. In Israel hat das Fest für die Mehrheit der Bevölkerung keine religiöse Bedeutung mehr, es ist ein Frühjahrskarneval wie in Italien oder Südfrankreich. Uns scheint, daß hierzulande sowohl Einflüsse der heimischen Fasnacht wie auch des italienischen Karnevals an der Entfaltung des Purim beteiligt sind. Für Salcia Landmann decken sich Purim und Fasnacht ganz eindeutig, sie glaubt sogar, daß das Fest erst im kühlen Europa späte-

stens seit der frühen Neuzeit, vermutlich aber schon lange vorher, seine volle Ausgestaltung erfahren hat. Von außen, also aus unserer Sicht betrachtet, entdecken wir in der Tat Parallelen: das Vermummen, Lärmen und Rätschen, das Spiel, den Purim-Rabbi oder Kinderbischof, Heischebräuche, Fasten und Fasnachtsspeisen, Ausgelassenheit und Fröhlichkeit, Verbrennen von Puppen, Auswechslung des Alltags, Gegenwelt. Aber von der Entwicklung der Purim-Bräuche im Laufe der Jahrhunderte, eines Jahrtausends in Mitteleuropa oder gar bei uns in Südwestdeutschland wissen wir so gut wie nichts.

Vielleicht mag auch in unserem Falle die jüngst von Werner Mezger so meisterhaft vorgeführte Methode, in zeitgenössischen Bilddokumenten nicht nur bloße Illustrationen, sondern vielmehr eigenständige Quellen zu erkennen, weiterhelfen[34]. Freilich müssen wir uns vorderhand auf wenige Beispiele beschränken und uns damit zufriedengeben, mehr Fragen aufzuwerfen als Antworten zu wissen. So fällt auf, daß Friedrich Thieberger sein Purim-Kapitel einleitend mit einem Holzschnitt »Spielleute zu Purim« aus einem alten Minhagin-Buch, Amsterdam 1723, schmückt. Das Bild zeigt drei Personen in dem uns wohl bekannten Narrengewand mit der Eselsohrenkappe, der eine spielt eine Flöte, der andere hält zwei trommelähnliche Geräte (Rätschen) in Händen, der dritte trägt einen großen Weinkrug und führt mit der Linken ein trompetenähnliches Instrument zum Mund[35]. Dem gleichen Bild begegnen wir auch in der Enzyclopaedia Judaica[36], nur ist es hier auf das Jahr 1707 datiert. Vor vielen Jahren (1964) sah ich im Multscher-Museum zu Sterzing die berühmten Tafelbilder (1459) des Ulmer Meisters Hans Multscher (um 1400–1467) und entdeckte bei der Darstellung der

120

Abbildung 1

Kreuztragung Christi von Michael Wohlgemut (?) 1489. Ausschnitt: Gelbgekleideter Narr mit Spottgebärde gegen Maria und die hl. Frauen bzw. den Evangelisten Johannes.
Foto: Österreichische Akademie der Wissenschaften, Institut für mittelalterliche Realienkunde Österreich, Krems/Donau.
Erlaubnis zur Veröffentlichung: Kunstsammlung des Stifts St. Florian/Oberösterreich, 4. November 1983.
(Siehe hierzu auch Anmerkung 38.)

122

Geißelung eine ebensolche Narrenfigur[37]. Ich konnte mir damals die Beziehung von Narren und Passion nicht erklären. Nach Mezgers erhellenden Vorträgen über das Thema »Narr und Tod« (1978 und 1979 – zuletzt am 24. November 1979 im Langensteiner Arbeitskreis), in denen der vernunftlose Narr mit Gugel und Eselsohren als Synonym von Sünde und Tod gedeutet wurde, verstand ich den tieferen Sinn dieser Darstellung auf Passionsmotiven, die sich nun auch andernorts entdecken ließen, wie etwa im Museum des bayrischen Schlosses Burghausen, wo bei der Gefangennahme Christi wieder ein Narr dabei ist. Es würde sich gewiß lohnen, diesem Thema einmal nachzugehen[38] (Abbildungen 1 und 2). Sebastian Brant hat in seinem berühmten »Narrenschiff«, das man als Gegenstück zur Arche Noah verstehen muß, in diesem Sinne im 98. Kapitel »Von ausländischen Narren« die Juden nebst Sarazenen, Türken und Heiden als Ungläubige »auf des Teufels Schwanz gebunden« ausgewiesen[39]. Mezger bemerkt dazu: »Sowohl der Narr als auch der Jude hatten . . . keinen Platz innerhalb der Gemeinschaft der christlichen Stände, beide waren soziale Außenseiter. Den Geistesgestörten blieb die Einsicht in den göttlichen Heilsplan aufgrund seiner mangelnden Vernunft verwehrt, der Jude stellte sich durch seine Weigerung, den christlichen Glauben anzunehmen, selbst ins Abseits. Und wem Christus gleichgültig war, oder wer ihn gar leugnete, von dem ging – egal ob Jude oder Narr – zwangsläufig eine Bedrohung für die mittelalterliche Weltordnung aus.«[40]

Es ist deshalb sicherlich nicht abwegig, anzunehmen, daß Sebastian Brant, obwohl er den Juden namentlich an keiner Stelle nennt, im 86. Kapitel »Von der Verachtung Gottes«, im 87. Kapitel »Von

Gotteslästerung« oder im 93. Kapitel über »Wucher und Aufkauf« den Juden meint und bildlich vorführt und daß seine Leser ihn so auch verstanden haben[41]. Ob die Juden im Mittelalter tatsächlich diese Narrentracht getragen haben, ist unter solchen Umständen doch wohl zu bezweifeln; vielleicht mag dies später, etwa ab dem 16. Jahrhundert, der Fall gewesen sein, als der Narr respektive der Hofnarr nicht mehr wie im 13. Jahrhundert als der dumme Tor, der Insipiens des 52. Psalms, erscheint, sondern mehr als Wissender und Warner[42]. Ein berühmtes Beispiel für diesen Wandel des Narrenbegriffs bietet unser Landsmann Kuni von Stocken mit seiner auch heute noch aktuellen Warnung. Spätestens seit dem 18. Jahrhundert ist die Figur des Hofnarren in die Fasnacht integriert. Auch die Juden haben damals dies Narrengewand benutzt, wie aus einer Kleiderordnung von Mannheim 1717 hervorgeht. Bei einer mit größtem Pomp gefeierten jüdischen Hochzeit wurde unter anderem auch die »Vorhertanzung eines Hofnarren« gerügt[43], und Berty Friesländer-Bloch erwähnt bei den Gailinger Purim-Umzügen um 1912 ebenfalls den Hofnarren im Schellenkleid.

Jüngere Purim-Bilder wie das in der Enzyclopaedia Judaica[44] veröffentlichte Blatt von maskierten Purim-Spielern in Venedig (1601), eines Maskenballes in Holland um 1780[45] oder zweier Purim-Musikanten in Prag, mit Fellmützen bekleidet, eine Fidel und Fagott haltend, vor ihnen ein tanzender Junge, eine Weinkanne auf dem Kopf tragend[46], lassen den Einfluß des italienischen Karnevals unübersehbar erkennen. Auswirkungen des heimischen Karnevals auf den Purim dürfen wir mit einigem Grund im 19. Jahrhundert auch in unserer Heimat annehmen[47].

Um die Besonderheit – sagen wir freiweg: die Einmaligkeit – des Gailinger Purim verstehen und würdigen zu können, müssen wir noch einen kurzen Überblick über die Niederlassungen der Juden in der Landgrafschaft Nellenburg und im Bodensee-Gebiet vorausschicken sowie das Verhältnis zwischen Juden und Christen in den Dörfern, speziell in Gailingen, betrachten und die Sonderstellung dieser Gemeinde beschreiben. Freilich können wir dabei im Rahmen unseres Themas nur beiläufig auf die allgemeine Geschichte der Judenheit, ihre oft demütigenden rechtlichen und drückenden wirtschaftlichen Verhältnisse und die Durchführung der Juden-Emanzipation eingehen, sondern wollen lediglich versuchen, den volkskundlichen, religionsgeschichtlichen Aspekt herauszuarbeiten. Die historischen Fakten wurden inzwischen erfreulicherweise durch eine stattliche Zahl älterer und jüngerer Publikationen sorgfältig und verantwortungsbewußt dargelegt, wobei wir freilich anmerken, daß sich die Forschung mit der Judengemeinde Gailingen zusammenfassend noch nicht beschäftigt hat[48].

Die ältesten Judengemeinden auf deutschem Boden finden wir in rheinischen Städten (Mainz, Speyer, Worms), hierzulande im 13. Jahrhundert in Überlingen (1226), Konstanz (1242) und Radolfzell (1. Hälfte des 14. Jahrhunderts bis zur Verfolgung [1348–1349])[49]. Auch in Schaffhausen lebten im 14. Jahrhundert Juden, die wegen ihrer Streitsucht, die sie selbst am Purim 1394 nicht unterdrücken konnten, keinen sonderlich guten Ruf genossen[50]. Nach unverbürgten Nachrichten soll im Hegau eine eigene Judenstadt zwischen Eigeltingen und Honstetten bestanden haben, die 1348 zerstört und deren Einwohnerschaft ermordet wurde. Gemeint

ist damit die Vorburg der Tudoburg – eine Verballhornung des Namens? –, doch bezog sich noch im Jahre 1823 die Judenschaft von Gailingen, Randegg, Worblingen und Wangen bei einer Verhandlung vor dem Hofgericht in Meersburg auf diese jüdische Siedlung[51].

In der Stadtkirche von Engen erinnert heute noch ein Sandstein-Relief an den angeblichen Ritualmord eines Christenbübleins durch die Juden um das Jahr 1295[52]. Nach den Pogromen des Jahres 1348 (bei der Pest in Oberdeutschland wurden die Juden der Brunnenvergiftung beschuldigt und in Konstanz, Zürich, Schaffhausen, Winterthur, Diessenhofen, Saulgau, St. Gallen und Überlingen verbrannt), 1401 (Scheiterhaufen loderten abermals in Winterthur, Diessenhofen und für 30 Juden in Schaffhausen) und 1429 (angeblicher Ritualmord in Ravensburg, Judenverbrennungen in Ravensburg, Überlingen, Lindau, Gefangensetzung in Konstanz) lebten in diesen Städten wegen der ablehnenden Haltung von Rat und Bürgerschaft seit dem 15./16. Jahrhundert keine Juden mehr; auch in Schaffhausen gab es ab 1475 keine Juden mehr[53].

Die Judenverfolgungen des 13./14. Jahrhunderts waren – nachdem die Beschlüsse des 3. und 4. Laterankonzils von 1179 und 1215 sich allmählich auszuwirken begannen – zunächst religiös motiviert. Feindseligkeiten zwischen christlicher und jüdischer Religion kamen zum ersten Mal während der Kreuzzüge zum Ausbruch. Es beginnt die Absonderung der Juden in Ghettos. Die Kirche erneuerte ihre von den Kirchenvätern begründete (patristische) Lehre von der »ewigen Knechtschaft der Juden« als Strafe für ihre Verwerfung Christi (1215) und erließ nach mohammedanischem Beispiel eine erniedrigende Kleiderordnung für die ungläubigen Juden. Später – im 15. und beginnenden 16. Jahrhundert – trat das Bemühen der Kirche, die Christen von Irrlehren (Hussiten, Reformation) fernzuhalten und um ihre Gläubigen Schutzbarrieren zu errichten, hinzu. Auch das Beispiel der spanischen inquisitorischen Verfolgung der Juden spielte ganz sicherlich eine unheilvolle Rolle in Verbindung mit dem geringen Erfolg der Judenmission durch die Predigerorden, was die Erbitterung über die verstockten Häretiker noch erhöhte. So lebte unter anderem der oft wiederholte Erlaß der Konzilien des 6. und 7. Jahrhunderts wieder auf, der den Juden verbot, »von Gründonnerstag bis Ostersonntag auf den Straßen und auf dem Markte sich wie zum Hohn zu zeigen«[54]. Verleumdungen wie Hostienfrevel, Brunnenvergiftung (Pest) und Ritualmord taten ein übriges, um die kirchlichen Instanzen davon zu überzeugen, daß die Juden für die Christen, für das Christentum schlechthin eine höchst bedrohliche Gefahr darstellen[55]. Berichte über Hostienschändungen liegen vereinzelt seit dem Ende des 11. Jahrhunderts vor; Ende des 13. Jahrhunderts setzt eine Hochflut der Anklagen ein. Man behauptete, die Juden wollten sich von der Wahrheit der Transsubstantiation überzeugen. Auch die Anschuldigung der Ritualmorde (im Judenprivileg Kaiser Karls V. von 1544 als »angebliche« Verbrechen bezeichnet) beginnt Ende des 11. Jahrhunderts. Nach einer jüdischen Geheimlehre soll das vorwiegend durch Kindermorde gewonnene Christenblut als Sakramentale beim Passahfest, aber auch beim Purim-Fest (dem dreieckig geformten Honigkuchen = Hamantaschen beigemischt!) verwendet worden sein[56]. Derartige Ritualmordbeschuldigungen sind auch für unser Gebiet bezeugt: 1292 Konstanz; 1332 Ulrich Frei aus Überlingen; 1401 Conrad von Diessenhofen; 1407 ebenda; 1445 Ahausen bei Meersburg; 1495 Engen[57]. Derartige absurde Vorwürfe waren

Anlaß für Judenverfolgungen und Prozesse bis um 1900 (Ungarn, Rußland, Xanten 1892, Konitz 1900), obwohl die Unsinnigkeit der Beschuldigung sich allein schon aus der Tatsache ergibt, daß den Juden selbst der Genuß von Tierblut aufs strengste untersagt ist. Ganz unter diesen Vorstellungen scheint auch der Konstanzer Bischof Heinrich III. v. Brandis (1370–1380) gestanden zu haben, der 1380 eine ausführliche Judenordnung mit überaus gehässigen Bestimmungen für seine Diözese erließ, um möglichst jeden Kontakt zwischen Juden und Christen zu unterbinden[58].

Zwei aufsehenerregende Ritualmordprozesse von 1503 in Freiburg im Breisgau und Ensisheim wirkten über das engere Heimatgebiet hinaus, so auch in die Landgrafschaft Nellenburg hinein, wo ein unbekannter Sekretär – wahrscheinlich der nellenburgische Landvogt zu Stockach – sich am 7. Mai 1504 bei der vorderösterreichischen Regierung in Innsbruck über die Bürger von Stockach beschwerte, weil sie den beschlagnahmten Besitz der dortigen Juden nicht herausrücken wollten; die Juden in Aach und Stockach waren aus Furcht vor Haft und Folter unter Mitnahme ihrer Barschaft und Kleinodien geflüchtet[59].

Später – etwa ab der Stauferzeit bis in das 17. Jahrhundert – war die Judenverfolgung mehr durch religiös verbrämte wirtschaftliche Gründe motiviert; Rassismus spielte im ganzen Mittelalter keine Rolle, wenngleich man zunehmend die Fremdheit der Juden erkannte. Das von der Kirche ausgesprochene Zinsverbot, das nur die Christen betraf, »drängt die Juden seit dem 12. und 13. Jahrhundert in den Geldhandel, einen wirtschaftlich notwendigen, aber verachteten Beruf. Die verhängnisvolle Entwicklung beginnt sich abzuzeichnen: die Juden werden zu Gläubigern, die Christen zu Schuldnern, ein stets gespanntes Verhältnis, das zu Entladungen drängt . . .« Der den Juden verbliebene Handel mit

126

Altwaren und der Verkauf von Pfändern war in der Tat »dem Hehlergewerbe so gefährlich nahe wie der Geldverleih dem Wuchern und der Geldwechsel in einer Zeit des Münzwirrwarrs dem Betrug«[60]. Indessen gewährten die geltenden Bestimmungen des römischen Rechts im 16. und 17. Jahrhundert den Juden doch einen gewissen Schutz, nach dem sie nicht als »servi« (Sklaven), sondern als »Cives Romani« (»des Römischen Reiches Bürger«, nach Johannes Reuchlin) galten; so waren sie vor schrankenloser Willkür bewahrt und in ihrem bescheidenen Lebensraum gesichert[61].

Im 19. Jahrhundert wandte sich die wirtschaftliche Tätigkeit der Juden dem Frucht-, Korn- und Viehhandel zu; in Baden gewannen sie eine beherrschende Stellung im Getreidehandel. Ferner betätigten sie sich als Kleinkreditgeber an Bauern, Handwerker und Kleinkaufleute, die vielfach ihre Darlehensbeschaffung diskret behandelt sehen wollten, dafür sogar wucherische Bedingungen in Kauf nahmen, weil sie die zur Erlangung eines Bankkredits nötigen Formalitäten (zum Beispiel Schätzung der zu verpfändenden Grundstücke durch ortsansässige Taxatoren) scheuten. Dazu gehörte auch der Aufkauf zweifelhafter Schulden, oft in einem Atem mit der seit Beginn des Jahrhunderts verpönten Güterschlächterei genannt, die durch die allgemeine deutsche Wechselordnung von 1847 möglich geworden war[62].

Nach der Vertreibung aus den Städten zogen die Juden mit Vorliebe in kleinere Landstädte, in geistliche und weltliche Zwergstaaten, vereinzelt auch in reichsritterschaftliche Dörfer, wobei sich wiederum die in mehreren Gemeinden wohnenden Juden zu _einer_ »judischhait«, einer communitas synagoge oder »gemeinde der juden« zusammenschlossen. Besonders in Vorderösterreich und in der Landgrafschaft Nellenburg konnten, begünstigt durch mehrere Privilegien der Landesherrschaft, im 15./

16. Jahrhundert zahlreiche Juden-Gemeinden entstehen, so in Stockach, Aach, Engen, Stühlingen, Geisingen und Tengen[63]. Die Grafschaft Baden/Schweiz ließ als eine der ersten Herrschaften die Juden in ihrem Gebiet wieder zuwandern, freilich jeweils nur auf 16 Jahre; da sie ihre Toten nicht auf heimatlichem schweizerischen Boden beisetzen durften, erlangten sie von der vorderösterreichischen Stadt Waldshut um 1603 die Erlaubnis zur Anlage eines Judenfriedhofs auf der von Hochwasser bedrohten Au-Insel im Rhein[64]. Von den Juden zu Diessenhofen, Rheinau, Aach, Überlingen und Engen hören wir, daß sie im Jahre 1494 in einer Hegauer Judengemeinde vereinigt waren[65]. Auch später, vom 18. bis ins 20. Jahrhundert hinein, beobachten wir, daß die Rabbinatsbezirke mehrere, oft weit auseinander liegende Gemeinden zusammenfassen. So gehörten zum Rabbinatsbezirk Gailingen seit 1827 die jüdischen Gemeinden Donaueschingen, Gailingen, Randegg, Tiengen, Wangen und Worblingen, seit 1866 auch Konstanz; erst 1925 erhielt Konstanz den Sitz des Bezirksrabbinates, doch bekamen die orthodoxen Gemeinden Gailingen und Randegg 1927 nach harten Auseinandersetzungen mit den liberalen Konstanzer Juden einen eigenen Ortsrabbiner mit Sitz in Gailingen[66].

Judengemeinden in den Dörfern entstanden fast durchweg erst nach dem Dreißigjährigen Krieg, mit Vorliebe, wie wir sahen, bis Ende des 16. Jahrhunderts in Vorderösterreich und danach in reichsritterschaftlichen Territorien, die aus den Schutz- oder Satzgeldern beträchtlichen Nutzen zogen[67]. In Gailingen zum Beispiel belief sich das von 112 Familien an die Grundherrschaft bezahlte Judensatz-Geld 1825 auf 1391 fl (pro Familie 13 fl, pro halbe Familie 6 fl 30 xr); zum Vergleich sei angemerkt, daß das Rittergut Billafingen in der 2. Hälfte des 18. Jahrhunderts nur einen durchschnittlichen Reinertrag (ohne Juden!) von 1500 fl erbrachte[68].

Während im Gebiet des Fürstbistums Konstanz aufgrund eines Privilegs von Kaiser Maximilian II. keine Juden siedeln oder handeln durften – ein ebenso großzügig wie willkürlich gehandhabtes Judenpatent[69] –, erteilte 1652 Kaiser Ferdinand III. unter Berufung auf ältere Privilegien von 1559, 1578, 1620 und 1651 den fünf Vierteln der schwäbischen Ritterschaft ein neues Judenprivileg[70]. 1657 stellte der Nellenburgische Landvogt Carl Friedrich Graf zu Hohenems unter Bezug auf einen herrschaftlichen Satzbrief vom 20. September 1656 einen Schirmbrief für die Hebräer in der reinachischen Herrschaft Randegg aus[71]. Auch in Gailingen, damals ebenfalls reinachisch, konnten sich um 1655/57 zunächst auf 18 Jahre Juden niederlassen[72]. Einzelne Judenfamilien lassen sich auch in Bodman[73], Singen (1666)[74], Worblingen und Wangen (1669)[75], in Engen (1670) und Schlatt unter Krähen[76] nachweisen. Die Satz- oder Schutzbriefe waren immer nur für eine bestimmte Zeitspanne ausgestellt und mußten danach wieder erneuert werden. Manchmal geschah dies nicht – wie etwa im Fürstentum Fürstenberg 1743, das damals seine Juden auswies, die sich dann zum Teil nach Gailingen wandten. Meist durften sie auch keine Liegenschaften erwerben, sondern bekamen diese nur als Lehen; in Nellenburg dagegen war ihnen dies gestattet, allerdings war den Bürgern gegen einen Juden der ewige Zug vorbehalten[77].

Von allen diesen jüdischen Niederlassungen wuchs nur die Gailinger Juden-Gemeinde »zur größten jüdischen Landgemeinde Badens und vielleicht ganz Deutschlands« heran[78]. Bereits 1676 wurde die Chewra Kadischa, die heilige Bruderschaft, gegründet, die sich die Beschäftigung mit der Lehre, mit dem Gottesdienst und mit Werken der Nächstenliebe zur Aufgabe gesetzt hatte, in praxi sich also um die Unterstützung der Armen und die rituelle Bestattung der Toten sorgte.

Damals wurde auch der jüdische Friedhof in Gailingen angelegt. Die Statuten wurden mehrfach erneuert und 1729 von 19, 1768 von 17, 1777 von 40 und 1782 von 20 Mitgliedern (= Familien) unterschrieben[79]. 1794 gibt eine zeitgenössische Beschreibung der Landgrafschaft Nellenburg für Gailingen 450 Einwohner an: »Es sind daselbst über 60 Judenfamilien.«[80] Im Jahre 1813 wird im Historisch-Statistisch-Topographischen Lexikon des Großherzogtums Baden[80a] Gailingen als eine grundherrliche Besitzung des Freiherrn von Liebenfels mit 116 Häusern und 696 Seelen beschrieben, worunter sich 406 Juden befunden haben sollen, eine höchst unwahrscheinliche Zahl. Auch eine Synagoge (Betsaal, 1764) ist vorhanden. 1825 zählte die jüdische Gemeinde 596 Seelen (= 47,6 Prozent), 1858 waren es 996 Juden und 982 Christen. Von da an begann die Abwanderung der Juden in die Städte Konstanz, Mannheim, aber auch nach Singen, ferner nach Diessenhofen und Zürich, wo sie Geschäfte und Fabriken gründeten, sowie nach Übersee. 1875 gab es in Gailingen noch 704 (40,7 Prozent), 1900 waren von 1702 Einwohnern 663 Juden (995 Katholiken, 42 Protestanten und 2 Sonstige). Im Jahre 1905 waren es bei 1665 Einwohnern (davon 996 katholisch) 572 Juden, 1925 bei 1524 Einwohnern 375 Israeliten, 1933 bei 1574 Einwohnern (1056 Katholiken) 314 Israeliten[81].

Für diese ungewöhnliche Entwicklung lassen sich mehrere Gründe aufzählen. Die reichsritterschaftliche Grundherrschaft und für sie die vorderösterreichische Landgrafschaft Nellenburg förderten in Maßen den Zuzug der Juden und gewährten tatsächlich Schutz bei Übergriffen und in Bedrängnis[82]. Nach Werner J. Cahnmann nahm der spätere steile Aufstieg der Juden – und dies gilt expressis verbis für Gailingen – aus der Erniedrigung des Spätmittelalters seinen Ausgang gerade von den reichsritterschaftlichen Dörfern, wohin sie sich nach der Ausweisung aus den Städten zurückgezogen hatten. »Beim Beginn des 16. Jahrhunderts waren die Juden auf das Versatzgeschäft, den Kleinkredit und den Handel mit Gebrauchtwaren verwiesen, Geschäftszweige, welche die Feindschaft der Zünfte hervorrufen mußten. In den ritterschaftlichen Dörfern dagegen hatten die Zünfte wenig zu sagen, und der Schutz der Territorialherren war wirksamer. In den Dörfern bot sich den nicht zunftfähigen Juden die Gelegenheit, sich wieder in den Warenhandel einzuschalten; insbesondere erschlossen sie Märkte für Wein, Getreide, Häute und Vieh. Sie gewährten Kredit für den Erwerb von Land, das die Bauern ursprünglich von den adligen Herren gepachtet hatten. Die Bauern benötigten ferner Anleihen, um über die Periode vor der Ernte hinwegzukommen und um Steuern zu zahlen. Es ist richtig, daß mancher Bauer aus der Schuld nicht herauskam und seinen Besitz verlor, aber Bauern wie Juden wußten, daß sie aufeinander angewiesen waren.«[83]

Gailingen war auf drei Seiten von der Schweiz umgeben, eine Brücke führte nach Diessenhofen und in den Thurgau, wohin alte geschäftliche Beziehungen bestanden. So findet sich schon 1660 im Stadtbuch von Diessenhofen die Formel für einen Judeneid – ein Hinweis auf lebhaften Geschäftsverkehr[84]. Im Jahre 1681 erlaubten die sieben den Thurgau regierenden Orte (Stände) den in Gailingen, Wangen und in dieser Gegend wohnhaften Juden nicht nur, im Thurgau handeln und wandeln zu dürfen, sondern auch bei Kriegsläufen und Gefahren in den nächsten Orten am Rhein und Untersee Unterschlupf oder Wohnung zu nehmen, bis die Gefahr vorüber sei[85]. – In badischer Zeit gehörte die Straße Schaffhausen–Büsingen–Randegg–Singen–Stockach mit Anschlüssen in Richtung Ulm und Konstanz zu den wichtigsten Handels- und Reisestraßen beim Übergang von oder nach dem Ausland; über Schaffhausen gelangte man nach Freiburg und Frankfurt am Main. Die nördlich der Rheinstraße von Büsingen nach Gailingen führende Straße heißt Judenstraße, wohl deshalb, weil auf ihr die jüdischen Händler nach Schaffhausen zogen[86]. Im Jahre 1837 wurde die Poststation Singen aufgehoben, nach Randegg verlegt (Gasthaus »Adler«), allerdings 1842 wieder nach Singen zurückgebracht[87]. Von größerer und langwirkender Bedeutung als die Straßen- und Poststationen waren zweifellos für die handeltreibenden Juden, die es vielfach zu beträchtlichem Wohlstand brachten[88], die zweckmäßige und vorteilhafte Regelung und Abwicklung der Zollgeschäfte. In Gailingen und Randegg befanden sich nellenburgische »After-Zoller« mit wesentlich niedrigeren Ansätzen als etwa im Fürstentum Fürstenberg. So sah der vorderösterreichische Zoll für eine Judenperson zu Fuß 10 xr vor, Fürstenberg dagegen erhob einen Tarif von 30 xr[89]. In besonderen Fällen gestattete das Nellenburgische Oberamt die Zahlung eines Jahresbeitrages von 45 oder 50 fl anstelle der jeweils und häufig anfallenden Zollgebühren[90]. 1812 wurde ein badischer Hauptzoll Büsingen errichtet mit Nebenstellen (Wehrzöllen) in Gottmadingen und Randegg; zum Hauptzoll Ebringen gehörten unter anderen die Wehrzölle Ober- und Unter-Gailingen sowie Wangen. Die Bildung des deutschen Zollvereins (1834), dem das Großherzogtum Baden 1835 beitrat, brachte dem stark nach der Schweiz ausgerichteten Gailingen zunächst gewisse Nachteile und daraus resultierend eine lebhafte Zunahme des Schmuggels. 1836 kam es zur Errichtung des Nebenzollamtes II. Klasse Gailingen und Randegg, 1837 sogar zur Verlegung des Hauptzollamtes Singen nach Randegg und zur Umwandlung des Nebenzollamtes II. Klasse, Gailingen, in ein Nebenzollamt I. Klasse; 1864 schloß man den bis dahin zugelassenen Verbindungsweg von Ramsen über Ober-Gailingen nach Diessenhofen und etablierte 1865 in Wangen ein Nebenzollamt II. Klasse. 1878 wurde das Hauptzoll- und Steueramt wieder nach Singen zurückverlegt und Randegg zum Nebenzollamt abgestuft. 1869 erhielt Gailingen ein Postamt I. Klasse mit Telegraphenbetrieb und 1906 die erste Ortsfernsprechanlage mit 14 zumeist jüdischen Teilnehmern[91]. – Diese Fakten haben wohl insgesamt wesentlich zum Aufblühen der Judengemeinde Gailingen beigetragen, ganz abgesehen davon, daß das Zusammenleben in großer Zahl das Gemeindeleben förderte und einen Gailinger Heimatstolz entstehen ließ bis hin zum unverkennbaren Gailinger Jiddisch[92].

»kajn léchem im bejss,   »kein Brot im Haus
die goye muréress   die Ehefrau schwanger
kajn mesúmen in de kiss   kein Geld in der Geld-
daless gewiß«   tasche
                     Armut (Elend) gewiß«[93]

Etwa mit der Jahrhundertwende beginnt die spürbare Abwanderung der aktiven und vermögenden Judenfamilien, von der wir bereits gesprochen haben. Zwar heißt es im Ortsbereisungsprotokoll von 1902, daß dennoch der Wohlstand der christlichen Bevölkerung gleichgeblieben sei und daß man – trotz des Rückganges des israelitischen Bevölkerungsanteiles – immer noch an der alten Übung festhalte, daß der achtköpfige Gemeinderat hälftig von Christen und Juden besetzt war. Auch in den Bürgerausschuß (1907) wurden Juden und Christen hälftig gewählt[94]. Bald aber begann sich der Wegzug der kapitalkräftigen Juden auf den Gemeindehaushalt nachteilig auszuwirken, so daß etwa der Gailinger Gemeinderat im Februar 1911 die Erhöhung der Umlagen von 28 auf 35 Pfennige beschließen mußte[95].

Diese Darlegungen sollen keineswegs darüber hinwegtäuschen, daß es bis zur Vollendung der Juden-Emanzipation erhebliche Vorbehalte, Spannungen, Ungerechtigkeiten, grund- und landesherrliche Ge- und Verbote sowie finanzielle Belastungen gab, unter denen die Juden besonders in ritterschaftlichen Gebieten zu leiden hatten. Das bestärkte das lange schon vorhandene, ausgeprägte Zusammengehörigkeitsgefühl und führte zur Ausbildung der verfassungsgeschichtlich einzigartigen reinen Personalgemeinde in der Tradition der Kult- und Rechtsformen der altjüdischen Gemeinde. »Vom Dorfbürgerrecht ausgeschlossen, allenfalls in eine bestimmte Dorfgasse oder einen Dorfteil zusammengedrängt, traten bei dieser dörflichen Juden-Gemeinde die persönlichen Elemente hervor. Neben religiösen Aufgaben oblag den ländlichen Juden-Gemeinden vor allem die Armenfürsorge für Mitglieder – insofern standen sie der christlichen Pfarrgemeinde nahe. Gemeindefunktionen ergaben sich auch aus der Schreiberei, welche die – oft in hebräischer Schrift und Sprache abgefaßten – Schuld- und Zinsbriefe herstellte oder aus Kollektiv-Haftungsformen, wie sie in Prozessen oder im Verhältnis zur Herrschaft hervortraten.«[96]

ZUSAMMENLEBEN VON JUDEN UND CHRISTEN

Welcher Art war nun das Verhältnis, und wie vollzog sich das Zusammenleben von Juden und Christen in einer nellenburgischen oder badischen Gemeinde vor und nach der Emanzipation im kultisch-religiösen und gesellschaftlichen Bereich? Vorweg gilt für alle diese Fragen grundsätzlich die

Feststellung, daß wir aus deutschen Quellen und der Literatur – auch von jüdischen Autoren – zwar über die rechtliche und wirtschaftliche Stellung der Juden ziemlich viel, jedoch »über das innere Leben der jüdischen Gemeinschaften, über ihr Geistesleben, ihre Ordnung und über ihr tägliches Leben« verschwindend wenig erfahren[97]. Der erwähnte Schutzbrief des nellenburgischen Landvogts von 1657 gewährte den Juden das Recht, privat und öffentlich ihre Zeremonien zu halten und einen Rabbiner anzustellen. Im Satzbrief des Grafen Ferdinand Friedrich von Fürstenberg vom 2. Januar 1662 für neun Judenfamilien in Donaueschingen heißt es unter anderem: »Und mögen sie ihre Feste, Feiertage, Laubreisen nach jüdischer Gewohnheit mit und unter ihnen selbst oder fremden Juden wohl begehen und halten, jedoch sollen sie die zu ihnen anderwärts einkommenden Juden und Jüdinnen nicht allzulange ›underschlaufen und auffhalten oder gewohnlichen Judenzoll darmit hinderschlagen‹. Die Juden sollen sich an ihren Sabbaten still, züchtig und ohne Tumult verhalten und an den Sonntagen die Untertanen mit Eintreiben der Schulden unangefochten lassen.«[98] Auch in der Landgrafschaft Nellenburg war den Juden in den bekannten vier Judengemeinden freie Religionsausübung zugesichert[99]. Andererseits erschwerten viele Verordnungen die freie Ausübung der Religion. Geradezu »unmenschlich« mutet es uns an, wenn für jüdische Leichen, die von Wangen auf dem Rhein nach Ober-Gailingen transportiert wurden, um auf dem Gailinger Friedhof beerdigt zu werden, ein Leibzoll bezahlt werden mußte. Eine Beschwerde des Oberamtes Stockach 1761 wurde schweizerseits mit der Begründung zurückgewiesen, daß auf alle Waren Zoll erhoben werde[100]! An Sonn- und Feiertagen, besonders in der Karwoche und an Ostern, mußten die Juden vielerorts bis tief in das 18. Jahrhundert hinein (zum Beispiel in den Bistümern Speyer und Konstanz) bei verschlossenen Fenstern und Türen in ihren Wohnungen bleiben[101], in Karlsruhe (1752) hatten sie sich an diesen Tagen eines »eingezogenen sittsamen Wandels« zu befleißigen und durften die Stadt bei Strafe nicht verlassen[102]. Um 1655 war es so auch den Gailinger Juden an Sonn- und Feiertagen verboten, die Diessenhofener Rheinbrücke zu betreten, es sei denn, sie benötigten den Arzt oder die Apotheke[103]. Die Judenordnung der Markgrafschaft Baden-Baden 1732 untersagte nicht nur das Wohnen eines Juden bei einem Christen in einem Hause, sondern auch das Wohnen nahe an einer Kirche oder einem Friedhof[104]. Kurmainz verbot noch Ende des 18. Jahrhunderts bei Strafe »Spiele und jegliches Getändel zwischen Männern und Frauen« an Chanukka, Purim und bei Hochzeiten[105].

Mit der in Baden 1862 abgeschlossenen Emanzipation der jüdischen Untertanen, die nicht nur die rechtliche und wirtschaftliche Gleichstellung mit den christlichen Bürgern bewirkte, war verbunden die Neuordnung der jüdischen Religionsverfassung und deren weitgehende Angleichung an die Organisationsstruktur der christlichen Kirchen, die Einführung des Schulzwanges (sofern keine eigenen jüdischen Schulen und Lehrer vorhanden waren) und die Annahme erblicher Familiennamen. Die im 9. Konstitutionsedikt vom 13. Januar 1809, dem sogenannten Judenedikt, enthaltenen Bestimmungen konnten nur mühsam in Jahrzehnten durchgesetzt werden. Auch den Juden fiel es recht schwer, sich zu assimilieren und beispielsweise feste (zum Teil neue) Familiennamen anzunehmen. Am 11. Februar 1809 legte so auch die Gemeinde Gailingen ein Verzeichnis mit den alten und neuen Namen der 88 jüdischen Familien des Ortes vor, von denen 22 Pferde- und Viehhandel und 56 Hausier- und Markthandel mit Tuch, Leder und Metallen betrieben. Der Rabbiner Salomon Wolf Levi bat damals, seinen Geschlechtsnamen Levi – wie seine anderen Verwandten in Augsburg und anderen Städten – beibehalten zu dürfen[106]. Die Einführung der Ortssynagoge mit kirchlichen Beamten (Rabbiner) und einem Ortsvorsteher mit der übergeordneten Provinzsynagoge und auf Landesebene dem jüdischen Oberrat wurde dankbar begrüßt. Man sah ein, daß man außerhalb des Ghettos nicht mehr derselbe sein konnte wie früher im Ghetto, und gewöhnte sich daran, das Gebet für den Landesherren in deutscher Sprache zu beten, während des Gebetes nicht mehr zu schaukeln und als weitere »Mißbräuche«, etwa »das Haman-Klopfen am Purimfest, . . . die Spaßmacherei am Vorabend des Freudenfestes und das Austeilen der Konfitüren durch Frauen, . . . die Vornahme von Trauungen in Höfen und auf den Straßen, . . . die Begleitung der Brautzüge mit Musik«, nicht mehr zu üben[107]. Im ganzen verhielten sich die Gailinger Juden bis in die Mitte des 19. Jahrhunderts gegenüber Neuerungen und Reformen zurückhaltend, sie waren überwiegend streng orthodox[108].

Noch weniger gefiel die Assimilation den christlichen Mitbürgern. Als der badische Landtag 1819 über die Gemeindeverfassung und Zubilligung des Ortsbürgerrechtes an die Juden beriet, drohte zum Beispiel die Gemeinde Gailingen in einer Petition, sie werde auswandern und die angestammten Wohnsitze verlassen, wenn sie einen Juden als Ortsbürger annehmen müsse[109]. Zu diesen Spannungen trug unter anderem nicht wenig die Weigerung der Juden bei, Abgaben an die Gemeinde zu entrichten sowie keine Fronen zu leisten, die durch die Schutzgelder bereits abgegolten waren. Bis 1860 blieb die Regelung der gemeindebürgerlichen Rechte unentschieden. Den Juden waren nach dem Bürgerrechtsgesetz von 1851 und der Gemeindeordnung von 1831 nach wie vor alle jene Gemeinden für die bürgerliche Aufnahme verschlossen, in denen es

bisher keine Juden gegeben hatte[110]. Aus diesem Grunde verweigerte zum Beispiel der Stadtrat von Konstanz dem aus Worblingen zugezogenen Leopold Frank die Niederlassung in der Stadt, Frank mußte sogar ein bereits erworbenes Haus wieder verkaufen[111]. Aber auch dort, wo Juden das Ortsbürgerrecht erworben hatten, blieben sie von der Gemeindeselbstverwaltung ausgeschlossen, da die Wählbarkeit zu öffentlichen Ämtern an das christliche Glaubensbekenntnis gebunden blieb[112].

Eine vorsichtige Andeutung all der Stimmungen, Wünsche und Hoffnungen dieser Übergangsphase vermitteln einige Sätze aus einer Predigt des Bezirksrabbiners J. Loewenstein bei der Einweihung der neuen Gailinger Synagoge 1836, in der er mutig und zuversichtlich den Umbruch der gesellschaftlichen und bürgerlichen Verhältnisse ansprach. Er führte an einer Stelle aus, daß die Israeliten nicht mehr – wie früher – als »völlig abgesondertes Volk dem Heidentum gegenüberstünden. Wir leben jetzt unter Menschen, die – wie wir – den wahrhaften Gott erkennen und anbeten; wir leben mit ihnen in gemeinschaftlichen Wohnörtern, im gemeinschaftlichen Vaterlande, unter einem gemeinschaftlichen Regenten, der auch seine israelitischen Untertanen mit Huld umfaßt.«[113] In diesen Worten des Bezirksrabbiners klingt leise, aber unüberhörbar auch die Aufforderung an die christlichen und jüdischen Mitbürger um Toleranz an und läßt die immer noch ungute Stimmung im Dorfe ahnen.

Aus dieser Zeit und Situation nun haben wir die ersten konkreten Nachrichten über den Gailinger Purim, und zwar in Form einer Beschwerde des katholischen Pfarramtes an das Erzbischöfliche Ordinariat in Freiburg[114]. Pfarrer George beklagte sich darüber, daß in dem judaisierten Gailingen das Ansehen der christ-katholischen Religion sowie des Pfarrers nicht nur an Sonn- und Feiertagen durch

132

häusliche Arbeiten und unehrerbietiges Benehmen bei Prozessionen und Leichenzügen (die Juden nahmen nach ihrer Sitte die Kopfbedeckung nicht ab), sondern vor allem durch maskierte Juden an ihrer Fasnacht verhöhnt wurde. Am 28. Februar 1839 zogen von morgens bis abends zahlreiche Masken zu Fuß und teilweise mit Wagen unter großem Tumult durch die Straßen, wodurch die christlichen Einwohner in ihrer während der Fastenzeit gebotenen Stille gestört wurden. Darunter sollen sich auch als Klosterfrauen verkleidete Jüdinnen mit Jungfrauenkränzen befunden haben. Abends und in der Nacht erlaubten sich nun einige Masken beleidigende Anzüglichkeiten und Spöttereien auf die christliche Religion; unter anderem sprach ein Kapuziner in einer aus Schaffhausen geliehenen Kutte mit Rosenkranz und Wachskerze das »Vaterunser« und wandte sich mit christlichen Sprüchen an katholische Gailinger, welche sich die Spöttereien verbaten. Einige Juden freilich hätten im Dettelbachschen Kaffeehaus die Kapuzinermaske von ihrem Treiben abzuhalten versucht, andere dagegen hätten die Religionsspötterei unterstützt. Als nachts um dreiviertel elf Uhr etwa 15 bis 20 Juden den Ortspfarrer, der sich von den Vorgängen persönlich überzeugen wollte, bemerkten, sangen sie das Lied aus Schillers »Räuber«:

> »Ein freies Leben führen wir,
> heut' kehren wir bei Pfaffen ein,
> bei reichen Pächtern morgen.«

Pfarrer George, der sich gegen diese Verspottung der christlichen Religion verwahrte, beantragte schließlich, den Juden als Angehörigen einer bloß geduldeten Religion das Maskengehen an ihrem Fasnachtsfest gänzlich zu untersagen, weil dieses Fest alle Jahre in die christliche Fastenzeit fällt. Schon 1836 hätten Juden an ihrer Fasnacht die Fronleichnamsprozession aufgeführt, wogegen diese einwandten und behaupteten, es sei ein Umzug von (zum Teil nackten) Wilden gewesen. Wenn dem so gewesen sei, wurde zwar nicht die christliche Religion, wohl aber die Sittlichkeit grob verletzt. – Das mit der Untersuchung beauftragte Bezirksamt Radolfzell stellte nur fest, daß außer dem Kapuziner keine anderen anstößigen Masken ermittelt werden konnten, daß das öffentliche Maskengehen am Purim nicht genehmigt sei und auch künftig nicht erlaubt werde und daß die Übertreter unnachsichtig zur Strafe gezogen würden. Der Kapuziner erhielt 12 Tage Gefängnisstrafe mit Dunkelarrest, zwei weitere erhielten je sechs Tage, auch soll jedes öffentliche Maskengehen künftig mit 10 Reichstalern geahndet werden[115].

Sicherlich fiel es den Angehörigen der beiden Konfessionen schwer, an den jeweiligen Feiertagen – Sabbath und Sonntag – aufeinander Rücksicht zu nehmen, religiöses Denken und darauf gegründetes Verhalten des anderen zu tolerieren. Mit der Zeit lernten wohl alle voneinander so viel, daß das Verstehen leichter fiel; das Verhältnis zwischen christlichen und israelitischen Dorfbewohnern entkrampfte sich. Das Festhalten an dem ererbten religiösen Bekenntnis und seinen religiösen Vorschriften vereinte letztendlich Juden und Christen, denn »mit dem religiösen Herkommen brechen, hieße sich selber ausschließen aus der Gemeinschaft«[116]. Werner J. Cahnmann erläutert dies im einzelnen noch in folgender Weise: »Die Bauern hatten Achtung für die heiligen Gebräuche der Juden, teils weil die Beachtung religiöser Gebote für das Landvolk selbstverständlich ist, teils weil es als ausgemacht galt, daß die Juden mit magischen Kräften Umgang pflegen.«[117]

Gewisse, immer wiederkehrende Reibungsmöglichkeiten lieferte nun allerdings die divergierende jüdische Kalenderrechnung, nach der das Purim-Fest nicht selten in die Karwoche und alle fünf oder sieben Jahre auf einen Sonntag fällt.

Das jüdische Jahr ist ein Mondjahr, und da der Mond zu seinem Umlauf 29½ Tage braucht, setzt sich das jüdische Jahr aus 12 oder 13 Mondmonaten dergestalt zusammen, daß in einem Zyklus von 19 Jahren 7 Jahre je 13 und die übrigen 12 Jahre je 12 Monate haben. Das Kalenderjahr beginnt an sich in der zweiten Septemberhälfte mit dem Monat Tischri, doch läßt die Tora das Jahr im Frühling, im Monat Nißan (März/April) beginnen, dem Monat des Auszugs aus Ägypten. Die Dauer der einzelnen Monate beträgt abwechselnd 29 und 30 Tage; der erste Tag des Monats hat als Neumondtag festlichen Charakter. Aus all dem ergibt sich, daß der jüdische Kalender keine bestimmt fixierten Festtermine kennt und daß der im 12. Monat Adar (im Schaltjahr ist es der 13. Monat = 2. Adar) gefeierte Purim in die christliche Fastenzeit oder gar in die Karwoche fällt[118]. Auch die einzelnen Tage werden vom Abend, das heißt vom Sternenaufgang bis zum nächsten Abend, gezählt, der Sabbath mit seinem Werkverbot (39 Werktätigkeiten und alle damit irgendwie zusammenhängenden Verrichtungen sind nach dem sehr strengen Sabbathgesetz verboten) beginnt also bereits am Freitagabend.

Die Purim-Klage des Pfarrers George blieb ein Einzelfall; spätere und ähnliche Beschwerden wurden zumindest nicht aktenkundig. In den Verkündbüchern der Pfarrei Gailingen von 1836 bis 1929 konnten wir nicht einen einzigen Hinweis auf die Juden und ihre Feste ermitteln.

Die katholischen Feiertage, darunter auch die Prozessionen und Umgänge, deren es 12 im Jahr gab (davon 3 nach Ober-Gailingen) mit der stets besonders hervorgehobenen Fronleichnamsprozession, fanden in Gailingen ohne Störungen statt. Als im Juli 1878 der Bischof zur Firmung kam, wurden Bogen aus Grün und Tannenreis aufgestellt, die Häuser geschmückt und der hohe Gast unter Glockenläuten in Prozession vom Ortseingang zur Kir-

che geführt. In der Weihnachtspredigt 1876 dankte Pfarrer Fink für die vielen im Laufe des Jahres eingegangenen Wohltaten und Spenden, dabei erwähnte er eine Spende von 20 Mark der Witwe Rebekka Moos für die Ortsarmen (die einzig namentlich genannte Spenderin)[119].

Als im April 1847 die festliche Einweihung des jüdischen Schulhauses begangen wurde, nahm auch der Schulvorstand mit dem katholischen Pfarrer George als Schulinspektor teil; letzterer hielt in der Synagoge »eine alle Herzen der Anwesenden ergreifende Abschiedsrede«[120]. Im Revolutionsjahr 1848 (wie auch schon 1819) kam es weder in Gailingen noch in den anderen Judengemeinden – wie im Odenwald und Kraichgau – zu Plünderungen oder Judenverfolgungen.

Die Juden ihrerseits feierten das mit wochenlangen häuslichen Vorbereitungen verbundene Pesachfest, auch Fest der ungesäuerten Brote (Mazza) genannt, im Monat Nißan (März/April, vergleichbar mit Ostern)[121]. Beim Laubhüttenfest (Monat Tischri, September/Oktober) stellten sie Laubhütten, in denen die Familien wenigstens eine Mahlzeit einnehmen mußten, in den Straßen auf und zogen mit Weidenzweigen (Bachweiden) ins Gotteshaus; die Weiden wurden unterhalb des »Löwen« an einem Bachlauf geschnitten (Scheinlich-Büsche). Bevorzugtes Getränk: Suser. Das achttägige Chanukka-Fest (Tempelweihefest) im November/Dezember (Kißlew) war ein Lichterfest; die Juden entzündeten auf den Fenstersimsen nach Sternenaufgang Lichter, jeden Abend eines mehr, so daß die Zahl der Lichter in der Menorah am letzten Abend acht betrug[122].

Zum Besuch des Gottesdienstes trugen die Juden ihre liturgische Kleidung (Sargenes) und den Gebetsmantel (Tallith). Schweizerische Besucher schilderten um das Jahr 1865 einen Gailinger Sabbath. Am Freitagabend leuchten aus allen Judenwohnungen die Lichter der Sabbathslampen, feierliche Stille herrscht über dem Dorfe. Der Glanz der Lampen ist magisch-schön. Doch am anderen Tag entfaltet sich um so mehr ein anderes Leben. »Nachmittags wimmelt es von geputzten Juden auf den Straßen; wer nicht drüben ist zu Diessenhofen, spaziert auf den Straßen herum. Unter den Mädchen sehen wir fast nur Schönheiten, unter ihnen zwei Königinnen ... Schon mancher Ästhetiker aus der Ferne reiste einzig nach Gailingen, um diese zwei Schönheiten zu sehen, die aber, nebenbei gesagt, des ehrbarsten Rufes genießen ... Der Kleiderluxus dieser Hebräerinnen ist großartig; ihre Sucht zu glänzen, zeigt sich in jedem Schritt und Tritt ... Hier sehen wir nur zweierlei Juden, und zwar mit dem Volkswitz der Hebräer zu reden: Die ›Altsilbernen‹, das sind die Strenggläubigen, und die ›Neusilbernen‹, das sind die, welche es machen wie es ihnen behagt, die sich den Anschein geben wollen, als hätten sie christliche Weltbildung (wenn man sich so ausdrücken darf). Das sind jene Menschen, die sagen wollen, der ›Fortschritt‹ sei auch bei ihnen zu Hause ... Geld haben sie alle, es ist ihr Handwerkszeug. Viele sind mehr als wohlhabend, ja selbst reich. In neuerer Zeit haben die Juden für sich auch ein Casino errichtet, aus welchem wieder eine Bürgergesellschaft entsprungen ist, an welcher sich Christen und Juden beteiligen. Beide Gesellschaften halten viele politische und belletristische Zeitschriften. In der ganzen politischen Gemeinde ist nicht ein Armer und Juden und Christen leben als gute Nachbarn friedlich und gefällig nebeneinander.«[123]

Es ist nicht auszuschließen, daß der in der Gailinger Überlieferung von Oswald Schreiber in den 20er Jahren eingeführte Übername »Gelagee« für Gailingen von diesem damals und früher nach neuester Pariser Mode gekleideten Publikum herrührt. Dagegen bestreiten die alteingesessenen Gailinger

entschieden, daß der heute weniger gebräuchliche Übername »Kloabachele« (heute sagt man Eichelklauber) eine Wortverbindung sei von Knoblauch/Juden und Eicheln, sondern einzig und allein auf das frühere Sammeln von Eicheln für die Schweinemast zurückgehe[124].

So hatten sich in unserem Gailingen im Laufe eines Menschenalters die Verhältnisse völlig in ihr Gegenteil verkehrt. Geradezu bildhaft manifestiert sich dieser Umschwung, dieser Wandel in der Tatsache, daß die Juden die Symbole der feudalistischen Herrschaft, die reichsritterschaftlichen Schlösser und teilweise auch die dazugehörenden Liegenschaften in ihre Hand brachten: Das Randegger Schloß gehörte von 1825 bis 1880 Wolf und Joel Levi-Neumann, das Liebenfelsische Schloß Gailingen ist seit den 70er Jahren des 19. Jahrhunderts im Besitz der Familie Guggenheim[124a].

Das Schloß in Worblingen kam schon 1817 in jüdische Hand[125], und die in Konkurs geratene Herrschaft Möggingen wurde von zwei Güterschlächtern, Ferdinand Sieber von Stetten und Hermann Moos von Randegg/Buchau, aufgekauft[126].

»Ein wohl einmaliger Tatbestand in der Geschichte der deutschen Juden bis 1945 muß noch erwähnt werden: Die Gemeinde Gailingen hatte von 1870 bis 1884 in der Person des Leopold H. Guggenheim einen jüdischen Bürgermeister.«[127]

Der ersten Kreisversammlung des aus sechs Amtsbezirken bestehenden und damit wesentlich größeren Kreisversammlung des Kreises Konstanz (13. November 1865) gehörte für den Bezirk II, Radolfzell, der Gailinger Kaufmann Baruch an[128]. 1869 wurde Bezirksrabbiner Dr. Sondheimer, Gailingen, zum Bezirksrat beim Bezirksamt Konstanz ernannt[129]. Politisch standen die Gailinger und Randegger Judenschaften der Nationalliberalen Partei nahe, weshalb die »Singener Nachrichten« (seit 1897) ab 1906 für einige Jahre eine Bezirksausgabe »Gailinger Tagblatt, Generalanzeiger für Gailingen, Büsingen, Randegg und Gottmadingen« herausgaben; zum Wahlkampfteam des ersten Singener Landtags- und Reichstagsabgeordneten Hermann Schmid (1909/1911) gehörten Ludwig und Erwin Rothschild aus Gailingen sowie Max Rothschild aus Randegg[130].

DER GAILINGER PURIM

Ein Sonderfall und seine Erklärung

Nach dieser unter Berücksichtigung unserer Fragestellung dargebotenen historischen Rück- und Umschau können wir nun eine Erklärung des Gailinger Purim-Phänomens mit seinen Maskeraden und Umzügen bis zum Beginn des Ersten Weltkrieges versuchen. Wir zitieren zunächst Dr. Sigmund Heilbronn, den jüdischen Arzt in Gailingen, der bislang die einzige Beschreibung des Gailinger Purim in der Zeitschrift des Reichsbundes jüdischer Frontsoldaten »Der Schild« verfaßt hat[131].

»Eine solche Begehung des Purims wäre nicht möglich, wenn nicht in dem Gailinger Menschenschlag ein eingeborener Hang zur Ausgelassenheit und Geselligkeit, eine natürliche Begabung für Witz und Humor zutiefst verwurzelt wäre. Eigenschaften, die erst einmal entdeckt, bewußt von Geschlecht zu Geschlecht fortgezüchtet wurden ... Dazu kommt als äußeres begünstigendes Moment, daß seit Jahrhunderten in Gailingen die Juden wohnen, und daß ihre große Zahl ihnen von jeher Selbstbewußtsein sowie Sicherheit des Auftretens und der Bewegungsfreiheit verliehen. Bei aller Wahrung der religiösen Eigenart war es meistens ein mehr miteinander als nebeneinander leben. Das konnte nicht ohne Folgen bleiben. Es entstand ein gegenseitiges Hin- und Hinübergleiten von Sitten und Gebräuchen, ein Abfärben, das kuriose Früchte zeitigte. Sicher ist, daß sich das Fasnachtstreiben der katholischen Bevölkerung (und gerade in der Bodenseegegend ist das besonders stark ausgeprägt) entscheidend auf die Gestaltung des Purims eingewirkt hat.«

Hier wäre nun freilich zu fragen, ob und inwieweit die Fasnet der christlichen Bevölkerung Gailingens auf die Gestaltung des Purim eingewirkt hat beziehungsweise einwirken konnte. Im Hegau beginnt die »organisierte« dörfliche Fasnet, die sich vor allem in der Aufführung von Fasnachtsspielen artikuliert, zu Beginn der 60er Jahre des 19. Jahrhunderts. Vorher dürfte das fasnächtliche Geschehen im Mummenschanz, dem Auftritt der Blätzlebuben und der damals weitverbreiteten Strohfiguren (Hoorig Bär), in Heischebräuchen, närrischem Rügerecht, in Lärmen und Schlagen, Narrenhochzeit, Pflug und Egge mit Sämann, Verbrennen der Fasnacht und besonderen Fasnetspeisen und Tanz bestanden haben[132].

Diese Fasnetbräuche weist der Purim – sehen wir rein äußerlich von Maskerade, Lärmen und Klopfen, Purim-Speisen, Tanzen einmal ab – nicht auf. Erstmals erwähnt wird die Aufführung eines Gailinger Fasnachtsspiels »Der rote Hansjörg und si Mari« im Gasthaus »Schiff« anno 1862. Im Jahre 1867 führten die Gailinger am närrischen Montag die Altweibermühle auf[133]. Eine systematische Auswertung der Zeitungen würde sicherlich weitere Nachweise zutage fördern. Die christlichen Gailinger hatten wahrscheinlich schon Ende des 19. Jahr-

136

Faltblatt über die Eröffnung des Gailinger Purim-Balles.

Eröffnung
des Gailinger Purim-Balles
1928 — 5688

MOTTO:

Gross-
K(r)ampf-Flugtag
in Gailingen

hunderts, sicher aber vor dem Ersten Weltkrieg, eine eigene Narrengesellschaft (Karnevalsverein) »Poppele«, die viele Fasnachtsspiele, wie »Leipziger Messe«, den »Boxerkrieg« (1901), »Andreas Hofer«, »Wilhelm Tell« und 1912 das große Schauspiel »Die Erstürmung von Porth Arthur« unter Mitwirkung junger Mannschaften aus den umliegenden Ortschaften, aufführten[134]. Hier verspüren wir vielleicht die »Konkurrenz« des Purim, der in diesem Jahre, wie wir noch hören werden, die »Entdeckung des Nordpols« als Sujet gewählt hatte. Bei diesen Fasnachtsspielen wirkten immer auch die jüdischen Mitbürger mit, während umgekehrt die christlichen Mitbürger sich beim Purim der Teilnahme wegen der Fastenzeit enthalten mußten. Im übrigen wurde, wie seit Jahren, am Schmutzigen Donnerstag der Narrenbaum gesetzt, ein Hemdglonkerumzug durchgeführt, am Fasnetsonntag lud der »Liederkranz« zum Fasnet-Kränzchen ein, und abends kam (1912) das Schauspiel »Die Belagerung von Porth Arthur« auf einer Saalbühne zur Aufführung, während am Fasnet-Dienstag »Die Erstürmung von Porth Arthur« im Freien realistisch und kraftvoll vorgeführt wurde[135].

In den Verkündbüchern finden sich bis in die 70er Jahre keine Fasnet-Hinweise. Erst 1875 – und danach fast Jahr für Jahr – verbietet der Pfarrer den Schul- und Christenlehrpflichtigen während der Fastenzeit und insbesondere an Fasnacht den Besuch des Tanzbodens; 1911 führte der Pfarrer auf allgemeinen Wunsch über die Fasnacht das 40stündige Gebet ein und rügte, daß im vergangenen Jahr am Aschermittwoch bis morgens 2.00 Uhr getanzt wurde; sein Wunsch, am Montag und Dienstag sich der Fasnacht zu enthalten, sei mißachtet worden, vielmehr hätte eine Anzahl Narren am Fasnet-Montag einen »blöden Kreuzweg« zur Kirche und durchs Dorf mit einem Höllenlärm veranstaltet und die Fasnet mit Tanzmusik weitergefeiert[136]. Im

Hinblick auf die »fasnächtliche« Ausgestaltung des Purim dürfte es deshalb viel wahrscheinlicher sein, daß die häufig auf Geschäftsreisen befindlichen Juden fasnächtliche Umzugs-Anregungen möglicherweise in rheinischen oder anderen Fasnetstädten empfangen und nicht nur diese, sondern auch die bunte Karnevals-Maskerade von auswärts nach Gailingen gebracht haben.

Für die Durchsetzung des Gailinger Purims waren aber noch zwei weitere Faktoren ausschlaggebend: Eine ganz wesentliche Rolle spielte die wirtschaftliche Abhängigkeit eines großen Teiles der christlichen Bevölkerung von den Juden. Als die Judengemeinde 1846 ein neues Schulhaus baute, bekamen die christlichen Bauleute von Gailingen, obwohl sie den Bau als Wenigstnehmende ersteigert hatten, den Zuschlag nicht, weil der Gailinger Pfarrer die Juden in der Fastenzeit nicht maskengehen und tanzen ließ[137].

Verständlicherweise waren die katholischen Geistlichen über diesen Umtrieb in der Fastenzeit nicht erfreut, und so lesen wir in der katholischen »Freien Stimme« vom 28. Februar 1888, nachdem die Juden ihren Maskenzug und Maskenball wegen des Todes des Prinzen Ludwig von Baden abgesagt hatten: »Dies könnten sie eigentlich alle Jahre thuen aus Rücksicht auf die Gailinger Katholiken . . .« Ende des 19. Jahrhunderts wandte sich der Klerus jedoch nur noch gegen das Purim-Treiben an den Fastensonntagen, obgleich die Juden ihre Auf- und Umzüge erst nach dem christlichen Nachmittagsgottesdienst beginnen ließen. So schrieb Pfarrer Graf am 23. März 1895 dem Bezirksamt Konstanz, daß das religiöse Gefühl der Christen durch die israelitischen Fasnachtsaufzüge an den Fastensonntagen verletzt werde. Niemand wage es aber, offen dagegen aufzutreten, weil die Christen fürchteten, die sehr empfindsamen Israeliten könnten mit Arbeitsentziehung, Geschäftsschädigung, Kapitalaufkündigungen und anderem gegen sie vorgehen[138]. Zunächst untersagte darauf das Bezirksamt die Purim-Feier am Fastensonntag (26. Februar 1895), doch erteilte es aufgrund einer persönlichen Vorstellung des Bürgermeisters und in Anbetracht der bereits getroffenen großen Ausgaben für dieses eine Mal dann schließlich doch noch eine Ausnahmegenehmigung.

Der gleiche Fall sollte sich jedoch zehn Jahre später noch einmal wiederholen. Am 2. März 1906 beantragte der israelitische Dramatische Verein die Genehmigung, am Sonntag nachmittag, 11. März 1906, einen Faschingsumzug durchführen zu dürfen; Bürgermeister Auer unterstützte am 3. März den Antrag mit dem Vermerk, seine Amtsvorfahren hätten derartige Umzüge an Fastensonntagen jeweils gestattet. Auf Betreiben des Pfarrers aber beschloß der nicht vollzählige Gemeinderat am 7. März, den vorgesehenen Umzug am Palmsonntag zu verbieten. Am folgenden Tag, dem 8. März, veranlaßten die jüdischen Ratsmitglieder eine neuerliche Gemeinderatssitzung, nach der die Gemeinde telegraphisch die Verweigerung zurückzog. Gleichzeitig wandte sich der Synagogenrat mit einem ausführlichen Schreiben an das Großherzogliche Bezirksamt: »Das Verbot des öffentlichen Umzuges, das fast gleichbedeutend wäre mit dem Verbot der Purimfeier überhaupt, würde unsere israelitische Gemeinde, welche über 600 Seelen zählt, überaus stark erregen und sicherlich Unfrieden und Zwietracht in unsere so einige Gemeinde Gailingen bringen.« Man gehe davon aus, daß das harmlose Vergnügen, das bisher die Gefühle Andersgläubiger nicht verletzen konnte, stattfinden dürfe. Außerdem unterstützten noch 58 katholische Gailinger Bürger den jüdischen Antrag mit einer am 8. März 1906 unterschriebenen Erklärung, und der Synagogenrat L. Rothschild zitierte eine Verordnung vom 18. Juni 1892, wonach Umzüge an

Fastensonntagen nicht verboten seien. Der Purim sei ein Freudenfest, der in Gailingen üblicherweise durch einen Umzug gefeiert werde, und zwar alljährlich am Purim-Tag, der meist auf einen Werktag falle. Unter dem Eindruck all dieser Eingaben und Bemühungen genehmigte das Bezirksamt den Umzug am 9. März 1906.

Der Vorgang bestätigt, daß die Gailinger Juden ihre diesbezüglichen Wünsche durch mehr oder minder sanften Wink mit dem Geldbeutel und dem Hinweis auf die von ihnen gewährten Arbeitsmöglichkeiten erreichen konnten, er zeigt aber ebenso deutlich, daß sie auch die politische Macht besaßen, ihre Anliegen durchzusetzen. Diese beiden Komponenten haben letztendlich die Sonderform des Gailinger Purim ermöglicht. Die öffentliche Feier des Purim beginnt mit dem Abschluß der Emanzipation Anfang der 60er Jahre. Wir nehmen an, daß Bürgermeister Leopold Guggenheim in den 70er Jahren die erforderliche behördliche Genehmigung für das Purim-Fest erwirken konnte, und in der Tat spricht der Synagogenrat (8. März 1906) davon, daß der Purim seit 45 Jahren öffentlich gefeiert werde; Dr. Sigmund Heilbronn nennt in seinem 1927 veröffentlichten Purim-Aufsatz einen Zeitraum von über 60 Jahren[139]. Die öffentlichen Umzüge, derentwegen die SBB gelegentlich Sonderzüge einlegen mußten, wurden bis 1914 durchgeführt.

Den Antrag zur Abhaltung des Purim 1906 stellte der israelitische Dramatische Verein. Aus welchen Gründen der wohl 1889 gegründete jüdische Narrenverein Fidelitas, vertreten durch das Narrenkomitee, nicht als Antragsteller auftrat, wissen wir nicht; die Einschaltung des Synagogenrates deutet darauf hin, daß man damals den Charakter eines religiösen Freudenfestes hervorheben wollte und mußte. Von diesem älteren jüdischen Narrenverein, der sich vermutlich in den Jahren des Ersten Weltkrieges aufgelöst hat, ist sonst (bis jetzt) nichts bekannt. Jedenfalls kam es am 8. Februar 1925 zur Neugründung des Narrenvereins »Fidelitas« (1925 = 5685 nach jüdischer Zeitrechnung), wobei man sich ausdrücklich auf den früheren Narrenverein berief. Hauptsächlicher Zweck war die Finanzierung der alljährlichen Purim-Veranstaltungen, wobei die Vereinsmitglieder durch Bezahlung niedrigerer Eintrittstaxen begünstigt waren. Nach den Unterschriften auf der Rückseite der Satzung mit 9 Paragraphen traten 63 Mitglieder bei; für alle Gaulems (= Narren) unterzeichnete der damalige Lehrer Josef Zivi[140].

1919 begnügte sich die zionistische Ortsgruppe mit einem Wohltätigkeitskonzert an Purim zugunsten einer Stiftung für gefallene hiesige jüdische Krieger. 1921 fiel der Purim in die Karwoche; am Mittwoch fand – ohne Bedenken des katholischen Pfarramtes – ein nichtöffentlicher Ball im Café Biedermann mit geladenen (israelitischen) Gästen statt, der sogenannte Schwenderball, und am Gründonnerstag nachmittag ein Kinderkonzert und abends ein Konzert für Erwachsene. 1926 veranstaltete der jüdische Narrenverein Fidelitas ein Purim-Konzert für Erwachsene ohne Maskierung mit Tanz (Rücksicht auf den National-Trauertag am 28. Februar, dem Volkstrauertag) sowie ein Kinderkonzert im Café Biedermann. Bis 1932 verlief der Purim alljährlich in der Art, daß ein Konzert für Erwachsene mit Tanz und zwei Tage später ein Maskenball (Polizeistunde 4.00 Uhr morgens) im Café Biedermann stattfanden; den Überschuß des Purim 1932 (Karwoche) stellte der Narrenverein Fidelitas der Gailinger Winter-Nothilfe zur Verfügung. Diese Sammlungen für wohltätige Zwecke am Purim entsprechen einem allgemeinen jüdischen Brauch: 1886 wurde in Baden zum Beispiel eine Sammlung für die freie Verköstigung der israelitischen Seminaristen gemacht, ab 1914 Sammlungen zugunsten des Vereins zur Rettung sittlich verwahrloster Kinder in Baden[141]. – Pietro Giuli, hochbetagter Inhaber des Restaurants »Gerberstube« in Schaffhausen, war in seinen jungen Jahren Mitglied des renommierten schweizerischen Tanzorchesters Evelyne, das in den 20er Jahren regelmäßig für den Gailinger Silvesterball und den Purim-Ball (Schwenderball) engagiert wurde. Er erinnert sich an die eleganten Roben der Damen, die Herren in Frack oder Smoking, die Teilnehmer kamen aus Zürich, St. Gallen, Schaffhausen, Diessenhofen, Stuttgart, Konstanz, Singen und anderen Orten, der Orts- und Bezirksrabbiner gehörte zur Gesellschaft. Auffallend war, daß die Damen im Saal des ersten Stockes auf Stühlen entlang der Wände auf ihre Tänzer warteten, die sich im Restaurant aufhielten; nur das Essen wurde gemeinsam im Restaurant eingenommen[142].

PURIM IN WANGEN

Aber nun endgültig zurück zum Purim um die Jahrhundertwende, der sich in Gailingen wesentlich unterschied von Purim-Feiern in anderen (benachbarten) Judengemeinden. In seiner in englischer Sprache geschriebenen Autobiographie »Kindheit im Dorf« beschreibt Jacob Picard den Purim in Wangen/Untersee, wo er 1883 geboren und bis Ende der 90er Jahre ansässig war. Der Purim gipfelte in einem drei Tage währenden Karneval mit Tanzveranstaltungen, Verkleidungen und alten magischen Gebräuchen, die in heidnische Zeiten zurückreichen. »Es gibt keinen Zweifel, daß das festliche Gedenken an unsere Befreiung und die Bestrafung des Erzfeindes Haman nicht nur ausschließlich aus dem Lesen der Megillah und dem Backen einer speziellen Sorte von Kuchen durch jüdische Mütter erfolgte. Der Purim wurde beeinflußt durch die mittelalterlichen Gebräuche der Gesellschaft, in der wir lebten. Schon Wochen vor dem Fest gingen die Männer und Frauen maskiert herum und trugen phantasievolle, groteske Kostüme. Die Männer in Frauen-, die Frauen in Männerkleidung besuchten Familien von einem Ende des Dorfes zum anderen. Um es vorher zu erwähnen: die meisten von uns lebten an der Hauptstraße, die das Dorf durchschnitt. Essen und Trinken wurde bereitgestellt, und es gab einen frohen Austausch von Klatsch, Späßen und Foppereien, die sich gewöhnlich auf Ereignisse im Laufe des Jahres bezogen, die der einen oder anderen Familie oder Einzelperson zugestoßen waren. Eros spielte keine geringe Rolle, wie wir Jungen sehr früh erkannten, wenn wir verkleidet herum rannten. Am Purim selbst fand ein Ball im Dorfgasthaus mit Essen, Trinken, Tanzen und Musik durch die Dorfkapelle statt, der meistens unter tumultuöser Fröhlichkeit ablief.«[143]

PURIM-FEIER IN GAILINGEN (Siehe dazu auch die Abbildungen 3–7)

Dies alles spielte sich auch in Gailingen genauso ab: Vier Wochen vor Purim begannen die Vorbereitungen. »In allen Häusern wird geprobt, geschneidert, beraten und getuschelt. So laufen die Kinder die letzten Samstage maskiert auf den Straßen herum, schon ziehen die letzten Freitagabende die Erwachsenen vermummt durch die Straßen, die Schwächen ihrer Mitbürger verspottend.«[144]

»Am letzten Samstag des Januar wird jeweils durch den Polizeidiener mit der Ortsschelle, d. h. dem ortsüblichen amtlichen Verkündigungsorgan, die gesamte jüdische Einwohnerschaft zu einer öffentlichen Versammlung einberufen, in der das aus sechs Personen bestehende Narrenkomitee – mit einem Narrenvater an der Spitze – gewählt wird. Damit ist der Anfang gemacht, und nun gibt es keine Ruhe mehr im Dorf, bis der Purim vorbei ist. In endlosen Sitzungen tagt und nächtigt das Komitee, arbeitet das Programm aus, schafft die Musik herbei (aus den Nachbargemeinden, sogar aus Konstanz – Regimentsmusik), bestellt Kostüme, holt die Erlaubnis zur Abhaltung des Purim, verarbeitet die Lokalchronik des verflossenen Jahres zu einer Narrenzeitung und zu Versen – kurz ist der Generalstab für die gesamte Operationen an Purim« (Heilbronn). Die Einwohnerschaft – auch christliche Mitbürger – hatte Gelegenheit, sich gegen eine Gebühr im Narrenbuch (das letzte von 1889, dem Gründungsjahr des Narrenvereins Fidelitas) einzutragen. Das Siegel des Narrenvereins Fidelitas zeigte übrigens einen Narren im Schellenkleid mit Eselsohren, die Marotte in der Hand haltend. Dr. Sigmund Heilbronn überlieferte den Eintrag eines christlichen Mitbürgers, zugleich ein Beispiel für die mit hebräischen Worten durchsetzte Umgangssprache der Gailinger Bevölkerung:

»Wenn ich auch kein Baisrol,
bin ich doch gesund und wohl,
auch hab ich ein Lef zum Geben,
50 Mark spend' ich Euch eben,
weil ich liebe Wein und Weiber,
Euer Gaulem Oswald Schreiber.«

141

Abbildung 3 Bild von einer Purim-Feier in Gailingen: Purim-Wagen vor dem Gasthof »Falken« in Diessenhofen (1907); die Insassen sind Gailinger und Diessenhofer Juden, die Uniformierten Schweizer Bahnbeamte. Glossiert wird das Bahnprojekt Schaffhausen–Gailingen–Stein am Rhein.

Der Narrenverein Fidelitas, der bis in die 30er Jahre – zusammen mit dem musikalisch-dramatischen Verein – den Purim organisierte, feierte im März 1909 sein 20jähriges Bestehen mit einem großen kostümierten Umzug (20 Gruppen) aus der Biedermeierzeit. Kurz nach 3.00 Uhr setzte sich der Zug vom Badischen Zollamt am Rhein in Bewe-

gung und zog in aller Gemächlichkeit dorfaufwärts, bestaunt von einer wahren Völkerwanderung auswärtiger Zuschauer, Herolde zu Pferde, Musikkorps und Narrenbüttel leiteten den Zug ein, es folgte die Karosse mit den »Narrenjubilaren«.

Der mit jungen, eleganten Biedermeierinnen bis zum Brechen aufgefüllte Festwagen zog begreifli-

Abbildung 4   Purim-Feier, 1907, närrische Toilettenanlage. Auch dieses Bild ist in Diessenhofen aufgenommen.

cherweise die meisten Augen auf sich. Prinz Karneval schloß sich unmittelbar an, umgeben von einem Kranz blühender Jungfrauen. Die Gruppen, die nun in recht großen Distanzen aufeinanderfolgten, waren von ausgesprochen komischer und satirischer Natur. Als humoristische Glanznummer wurde allgemein die Feuerwehr bezeichnet. – Der Berichterstatter rühmte dieses Fest und seine Organisatoren, die auch in der »Bearbeitung« des Publikums viel praktischer verführen als unsere Fasnachtskomitees[145].

Die jüdischen Narren wußten aber auch mit den strenggläubigen eigenen Juden umzugehen und brachten es so weit, den feststehenden Brauch her-

Abbildung 5 Ein Purim-Wagen, ca. 1910, in der Ramsener Straße zu Gailingen; das Haus mit Walmdach war das Frisörgeschäft Lorenz. Aus dem mittleren Fenster des ehemaligen Hauses Liesberger beobachtet Mutter Bloch den »Bürgerrath« benannten Wagen.

auszubilden, »daß an dem letzten Sabbath vor Purim das Narrenkomitee in Frack, Zylinder und weißer Rosette zum Morgengottesdienst erschien und ihm hier offiziell vom Synagogenrat sämtliche Funktionen übertragen werden« (Heilbronn). Am Fasttag Tanis Esther begnügten sich die Gailinger Juden mit Schabbesfisch, an Purim wurden vor

allem Geflügel (auch als Schlachmones = Gabe ausgeteilt), Dörrfleisch, »Grüni-(Lungen-)Werscht«, Apfelküchle und Strauben sowie Linzer Torten gegessen und dazu Likör, Schnaps und Kauscherwein getrunken[146]. Nach dem Schwenderball im Café Biedermann (bis morgens 4.00 Uhr) ging man ins Gasthaus »Adler« zu Apfelküchle und Kaffee; im »Adler« wurde auch das Narrenblatt (Schnitzelbank) vorgetragen. Der erste Umzug fand nach Dr. Sigmund Heilbronn 1865, drei Jahre nach der Emanzipation statt. 1870 wurde »Napoleon« gespielt, 1892 »Prinz Karnevals Reise um die Welt« und 1912 »Die Entdeckung des Nordpols« (18 Gruppen, 2 Musikkapellen, 250 Mitwirkende), wozu die Hütten der Nordpol-Entdecker Cook und Peary aufgestellt und mit Lappländern, Eskimos, Jägern, Fischern und Fischerinnen belebt wurden[147]. Im Umzug wurden zwei große, stilecht nachgebaute Segelschiffe, auf Pritschenwagen von Pferden gezogen, mitgeführt; die Matrosen – jüdische Jungmänner – kletterten hoch in die Rahen und Masten und wurden nicht müde, die die Segelschiffe begleitende Dorfjugend mit großen Mengen Heringen zu versorgen[148].

Diese Schilderungen vermitteln ein zutreffendes und ansprechendes Bild des Gailinger Purim, das auch von Augenzeugen bestätigt wird. So erinnert sich Erich Bloch, wie er als Kind 1905 in Gailingen einen solchen Purim-Festtag erlebt hat, und fügt hinzu, daß bei diesen Umzügen immer wieder auch Wagen und Darstellungen aus dem Buch Esther und den heiteren Begebenheiten aus der Ortsgeschichte mitgeführt wurden[149]. Dies ist eine sehr wichtige Bemerkung, denn sie rundet unsere Darstellung des Gailinger Purim ab und knüpft zugleich an das Buch Esther und die Anfänge dieses Brauches vor über 2000 Jahren an. Ein seltener, wenn nicht gar einmaliger Fall einer lückenlosen Brauchüberlieferung und Kontinuität der Brauchübung – ein Thema, das uns sonst in der Fasnachtsforschung außerordentlich und meist kontrovers beschäftigt. Der unbefangene Beobachter erfährt an diesem Beispiel die unglaubliche Überlebenskraft eines religiös begründeten und motivierten Brauches, der sich zugleich als ein fasnächtliches Volksfest entwickeln und dauerhaft präsentieren konnte.

Abbildung 6 Purim-Feier in Gailingen: drei jüdische Bürger von Gailingen, von links: Saly Bloch, Fabrikant Leopold Fränkl (betrieb in Diessenhofen mit Willy Ottenheimer eine Trikotagenfabrik) und Immobilienhändler Edwin Rothschild (der reichste Gailinger); um 1913.
Rothschild ermöglichte durch finanzielle Zuwendungen die technische Durchführung des Purim (Bau der Umzugswagen, Geschenke), während der aus Franken stammende sehr humorvolle Fränkl der geistige Vater der Purim-Veranstaltungen war.

Wir beenden unsere Ausführungen über den Gailinger Purim mit einigen Gailinger Fasnetsprüchen, die der Forschung bisher unbekannt geblieben sind und die wir – bis auf eine Ausnahme – Berty Friesländer-Bloch verdanken[150]. In den Wochen vor dem Purim riefen die Kinder:

»Narro narro Gigeboge
de Rebbe kann uns nix meh froge
er waß nix – und ich waß nix,
de Purim isch bald doo!«

Oder:

»Narro narro Gigeboge,
was du sagsch, isch alls verloge.
Äpfelschnitz und Birreschnitz,
und du bisch nix! Narro!«

Die zweitjüngste Tochter des letzten Gailinger Rabbiners Dr. Jehuda Leo Bohrer erinnerte sich an folgenden kleinen Purim-Spruch, der heute noch in Israel gebräuchlich sein soll:

»Heut ist Purim,
morgen ist's aus.
Gib mir einen Pfennig her
und schmeiß mich raus!«[151]

Die beiden letzten Narrensprüche kommen uns bekannt vor, obgleich wir sie eigentlich beim Gailinger Purim nicht erwarten würden.

»Hoorig, hoorig isch die Katz!
Und wenn die Katz nid hoorig isch,
dann fangt sie auch die Mäuse nisch!«

»Borschtig, borschtig
isch das Schwein, das Schwein!
Und wenn das Schwein nid borschtig
isch,
dann gibt's au keini Leberwürscht!«

»Hallo, hallo, narro, narro!
Jetzt isch de liebe Purim do!«

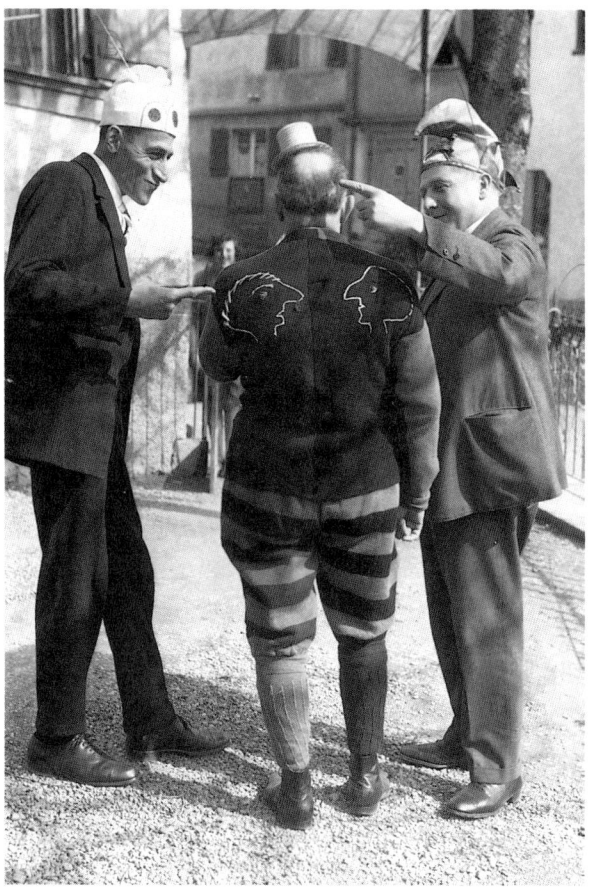

Abbildung 7 Die gleichen Personen wie auf Abbildung 6, aufgenommen in der Gartenwirtschaft des Gasthauses »Adler« in der Rheinstraße 4.

146

ABKÜRZUNGEN

ANMERKUNGEN

[1] Die Heilige Schrift des Alten und Neuen Testamentes, hg. von Vinzenz Hamp, Meinrad Stenzel, Josef Kürzinger, Luzern 1964, S. 612 ff.

[2] Moritz Zobel, Das Jahr der Juden in Brauch und Liturgie, Berlin 1936, S. 19 f.; vgl. Wetzer und Welte (Hg.), Kirchenlexikon, 2. Aufl., Bd. 4, Freiburg 1886, S. 1436–1447.

[3] Hl. Schrift, Kommentar, S. 612.

[4] Kurt Schubert, Die Kultur der Juden, Bd. 1, in: Handbuch der Kulturgeschichte, Konstanz 1979, S. 118.

[5] Kirchenlexikon, Kap. Esther, S. 920–930.

[6] Hl. Schrift, Buch Esther, Kap. 3,7; Akk. puru = Lose, Kap. 9,24.

[7] Hl. Schrift, Kap. 9,16.

[8] Ebenda, Kap. 9,19.

[9] Ebenda, Kap. 9,20 und 9,21. – Die Tatsache, daß die Juden in Susa ihre Befreiung am 15. Adar – Esther 9,18 – feierten, führte dazu, daß der Purim teilweise von den in den Städten wohnenden Juden an diesem 15. Adar noch begangen wird, wie etwa in Jerusalem, während in Tel Aviv am 14. Adar gefeiert wird. Encyclopaedia Judaica, Jerusalem 1971, Bd. 13, Sp. 1390.

[10] Klaus Gallas, Iran, Köln 1976, S. 288; Elisabeth Malle, Iran, Bonn 1966, S. 143.

[11] Friedrich Thieberger, Jüdisches Fest, Jüdischer Brauch, Berlin 1936 [!]. 1967 erfolgte beim Jüdischen Verlag in Berlin ein Nachdruck der 1937 von den NS-Behörden beschlagnahmten und vernichteten Erstauflage.

[12] Enc. Jud., Bd. 13, Sp. 1392.

[13] Hl. Schrift, S. 612; Kirchenlexikon, Sp. 925, 930; Thieberger, Anhang, S. 367 f. – Jakob Soetendorp, Symbolik der jüdischen Religion, Sitte und Brauchtum im jüdischen Leben, Gütersloh 1963, gibt auf S. 195 f. seinem Zweifel an der Glaubwürdigkeit der Erzählung ebenfalls Ausdruck, indem er Esther und Mordekaj liberalisierte, im Perserreich »assimilierte Juden« nennt; es sei nicht anzunehmen, daß Mordekaj als Jude sich niemals vor einem Menschen gebeugt haben sollte. Deshalb erklären die Rabbiner es so: »Mordekaj lehnte es ab, sich vor Haman zu beugen, weil dieser ein Amulett trug und dessen Anbetung forderte.«

[14] Kurt Schubert, Kultur der Juden, Bd. 2, Konstanz 1979, S. 73 f.; Thieberger, S. 365.

[15] H. Mayer, Die Estherdramen, ihre dramaturgische Entwicklung von der Renaissance bis zur Gegenwart, Diss., Wien 1955.

[16] Peter Hacks, Warum ich für nichts kann. Zu: »Das Jahrmarktfest zu Plundersweilern«, in: »Die Maßgaben der Kunst«, Claasen 1977, S. 386 f.; Siegfried Kienzle, Schauspielführer der Gegenwart, Stuttgart 1978, S. 259 f. – Die

Esther-Szene ist bereits im Original 1774 vorhanden, sie bricht mit zweideutig-obszönen Bemerkungen Mordekajs und Esthers ab und wurde von Goethe für die Aufführung 1778 geändert; freundliche Mitteilung von Leander Petzoldt, Weingarten, vom 30. 7. 1982.

[17] Das Buch Esther ist eine der fünf Schriftenrollen (»Megilloth«), zu denen außerdem das Hohe Lied, das Buch Ruth, die Klagelieder und die Lieder der Prediger gehören. Thieberger, Anhang, S. 367.

[18] Enc. Jud., Bd. 13, Sp. 1392. – Der Name »Haman« ist ein Schimpfwort.

[19] Thieberger, S. 368.

[20] Wir folgen den Schilderungen von Thieberger, S. 364 ff., sowie von Zobel, S. 146–156.

[21] Vgl. dazu: Enc. Jud., Bd. 13, Sp. 1392, in der auf die widersprüchliche rabbinische Diskussion über das Weintrinken hingewiesen wird.

[22] Salcia Landmann, Briefe vom 28. und 29. 3. 1974.

[23] In ihrem Buch »Jiddisch, das Abenteuer einer Sprache«, Freiburg 1979, erwähnt Salcia Landmann im Kapitel über die jiddische Literatur Purim bzw. das Buch Esther nicht ausdrücklich, wohl aber Nacherzählungen der biblischen Geschichten, S. 93. Im jiddischen Lexikon, S. 216, dagegen finden wir das Freudenfest Purim und auch das Purim-Spiel, volkstümliche dramatische Aufführungen (Spiele), welche die Geschichte von Esther und Haman darstellen und in den vornehmeren Privathäusern stattzufinden pflegten. So auch Meyers Enzyklopädisches Lexikon, Mannheim 1977, Bd. 19, S. 415: »Seit dem 16. Jh. sind derartige Aufführungen burlesker (meist einaktiger) Stücke in jiddischer Sprache unter den Juden in Deutschland und Polen verbreitet; »sie bilden den Auftakt in der Geschichte des jiddischen Dramas«.

[24] Salcia Landmann verweist auf ein neues Purim-Spiel, das Itzig Manger in seinem »Buch vom Paradies«, Wiesbaden 1978, einbaut. Übersetzung von Salcia Landmann. Thieberger bringt drei Novellen, Lektürestücke für Purim bekannter Schriftsteller, S. 268–380.

[25] Enc. Jud., Sp. 1392.

[26] Thieberger hält die Form des Dreimasters für eine Nachbildung der napoleonischen Hüte, S. 366.

[27] Salcia Landmann, Brief vom 28. 3. 1974.

[28] Thieberger, S. 366.

[29] Salcia Landmann, Brief vom 28. 3. 1974.

[30] Salcia Landmann, Brief vom 29. 3. 1974. So auch Thieberger, S. 366, der dies auch auf Familien bezieht, bei denen ein Ahnherr aus großer Gefahr gerettet wurde.

[31] Enc. Jud., Bd. 13, Sp. 1395–1400. Ferner: Oscar Sincerus, Purim-Feste, in: »Der Schild«, Ztschr. des Reichsbundes jüdischer Frontsoldaten, 7. Jg. 1928, S. 66. Sincerus nennt den Frankfurter Purim Vinzenz Fettmilch 1616, in Ägypten 1570 und in Padua 1683.

[32] Soetendorp, S. 195.

[33] Vgl. Thierry Maertens, Heidnisch-Jüdische Wurzeln der christlichen Feste, Mainz 1965, S. 163. – Dr. Jutta Bohnke-Kollwitz, Germania Judaica Köln, danke ich für Literaturhinweise. – Zur Adaption heidnischer »Fasnetbräuche« durch das Christentum siehe Herbert Berner, Vom Werden und Wesen unserer Fasnacht, in: ders. (Hg.), Fasnet im Hegau und Linzgau, Konstanz 1982, bes. S. 53–58.

[34] Werner Mezger, Hofnarren im Mittelalter, Konstanz 1981, Vorbemerkung, S. 7.

[35] Thieberger, S. 36 f.

[36] Enc. Jud., Sp. 1402.

[37] Vgl. Josef Weingartner, Die Kunstdenkmäler Südtirols, Innsbruck 1959, Bd. 1, S. 355; Walter Pippke/Ida Pallhuber, Südtirol, Köln 1981, S. 27; Edmund Theil, Der Multscher-Altar in Sterzing, Bozen 1978; Abb. 27 zeigt die Geißelung, aus der rechten hinteren Türe tritt der Rutenbinder mit der Eselsohrenkappe hervor.

[38] Im Laufe des Jahres 1982 ermittelte der Verfasser folgende Narren-Darstellungen:

Städtisches Museum Regensburg:

Martyrium des heiligen Stephanus, Ölbild, Umkreis von Albrecht Altdorfer; links am Bildrand hinter einer Säule stehend beobachtet ein Narr mit Schellenkappe die Marterszene.

Bamberg, Residenz:

Kreuzigung 1517, Meister des Münchner Kreuzigungsaltars (WAF 557); der linke Schächer trägt eine grüne Schellenkappe (symbolisiert Gottesferne als Narrheit?).

Germanisches Nationalmuseum in Nürnberg:

Kalvarienberg 1445/46, Meister des Tegernseer Hochaltars Gm 1055; Narr unten rechts zieht älteren Mann am Bart.

Kalvarienberg um 1470, bambergisch, Gm 125; links neben dem Kreuz steht ein Mann in roter Gewandung mit Stab und Schwamm, der eine grüne Kappe mit einem nach vorn herabhängenden Schellenzipfel trägt.

Christus vor Pilatus, um 1480/90, Meister des Hersbrucker Altars, Gm 1175, links von Christus roter Kappenträger mit herabhängendem Schellenzipfel.

Nach freundlicher Mitteilung von Dr. Helmut Hundsbichler, *Institut für mittelalterliche Realienkunde Österreichs in Krems*, vom 10. 11. 1982, fanden sich im dortigen Photoarchiv zwei Passionsszenen mit Darstellung von Narren;

Kreuztragung Christi, 1489, Michael Wohlgemut (?), in Stiftssammlung St. Florian (Oberösterreich, Arch. Nr. 434); gelbgekleideter Narr mit rücklings herabhängender Schellenkappe, die den Blick auf eine dreistufige Tonsur freigibt; der Narr führt mit der linken Hand offenbar eine Spottgebärde gegen Maria bzw. Johannes aus (Abb. 1).

Kreuzigung Christi, Conrad Laib, 1457, Graz, Landesmuseum Johanneum, Arch. Nr. 511: offenbar berittener Narr unter Zuschauern unmittelbar links neben dem Gekreuzigten, grimassenhaft lachend, in rotbraunem Rock, daran Zoddeln mit Schellen, auf dem Kopf ein rotes, mit weißem Pelz besetztes Birett, in der linken Hand einen Stock mit daran aufgehängtem Gewand (Abb. 2).

In den Beständen des Tiroler Landesmuseums Ferdinandeum befinden sich keine Darstellungen von Narren auf Passions- oder Märtyrerszenen; freundliche Mitteilung von Dr. Gert Ammann vom 30. 7. 1982.

Ebenso Bayrische Staatsgemäldesammlungen München; freundliche Mitteilung von Dr. Gisela Goldberg vom 25. 10. 1982.

Im Oberhaus-Museum (ehemalige fürstbischöfliche Festung) zu Passau sowie im Museum Unterlinden zu Colmar fanden sich ebenfalls keine Narren-Darstellungen.

[39] Sebastian Brant, Das Narrenschiff, Stuttgart 1964, bearbeitet von Hermann-A. Junghans und Hans-Joachim Mähl, S. 361 f.

[40] Werner Mezger, Bemerkungen zum mittelalterlichen Narrentum in »Narrenfreiheit«, Tübingen 1980, S. 49 f. – Vgl. dazu: Werner Fleischhauer, Zur Kette mit dem Narrenkopf in der Rose des Hohenloheschen Fürstenhauses, Hypothesen zu ihrer Herkunft, in: Ztschr. für Württembergische Landesgeschichte (ZWLG) XXXVII/1978, S. 46–59, entstanden zwischen 1393 und 1403: Deutung der Narren als Sinnbild von Leben und Tod, S. 47, aber auch als Zeichen unbegrenzter Freiheit in Reden und Gehabe, S. 50 f.

[41] Brant, S. 320 f., 324 f., 345 f. – Nach Fertigstellung meiner Arbeit wies mich in dankenswerter Weise Landeskonservatorin Dr. Leonie von Wilckens, Germanisches Museum Nürnberg (6. 4. 1983), darauf hin, daß eine Schelle an einer Kopfbedeckung keineswegs besage, daß es sich um einen Narren handeln muß. Schellen wurden im frühen 15. Jahrhundert zum Beispiel gerne an Gürteln getragen; eindeutig wird ein Narr erst durch die zweizipfelige Kappe und/oder das Narrenzepter identifiziert. Mein Hinweis auf die Beziehung von Narr und Passion bedarf also sicherlich noch kritischer volkskundlicher, religionsgeschichtlicher und kunsthistorischer Untersuchungen. Dr. von Wilckens nannte

in diesem Zusammenhang folgende Literatur: Artikel »Narr und Tor«, Lexikon der Christlichen Ikonographie, 3. Bd., Freiburg 1971; H. Meier, Die Figur des Narren in der christlichen Ikonographie des Mittelalters, in: »Das Münster« 8, 1955, S. 1–11; Peter-Klaus Schuster, Niemand folgt Christus nach, in: Anzeiger des Germanischen National Museums Nürnberg, 1981, S. 28–43, bes. Anm. 19.

[42] Vgl. dazu Mezger, S. 45 ff.

[43] Berthold Rosenthal, Heimatgeschichte der badischen Juden, 1. Reprint-Auflage, 1981, Bissinger KG Magstadt, S. 212.

[44] Enc. Jud., Sp. 1401.

[45] Ebenda, S. 1394.

[46] Werner Keller, Und wurden zerstreut unter alle Völker, München–Zürich 1966, Tafel nach S. 336. – Weitere Purim-Darstellungen bei Peter Maser (Hg.), Jüdischer Alltag, jüdische Feste, Dortmund 1982, hier: Purimfeier in der Familie, S. 109, 110 (Postkarten hauptsächlich aus Ost- und Mitteleuropa von der 2. Hälfte des 19. Jahrhunderts).

[47] Örtliche Purim-Berichte sind außerordentlich selten und begnügen sich im allgemeinen mit dem bloßen Hinweis darauf, daß er gefeiert wurde. Aaron Tänzer etwa erwähnt in seiner 1927 erschienenen »Geschichte der Juden in Ichenhausen und Göppingen« (Berlin, Stuttgart, Leipzig) das Purim-Fest überhaupt nicht; Dieter Kauß, Juden in Ichenhausen und Göppingen 1777–1945, Bd. 16 der Veröffentlichungen des Stadtarchivs Göppingen, 1981, ordnet den Purim mit dem Chanukka-Fest den »historischen Festen« zu, S. 23. Das Mit- und Nebeneinander der beiden Religionen wird, S. 41, beschrieben. Ebenso findet sich eine kurze Beschreibung des Purim-Festes bei Elfie Labsch-Benz, Die jüdische Gemeinde Nonnenweier, in: Ortenau, 60. Jahresbd., 1980, S. 292. – In der Fasnachts-Literatur wird der Gailinger Purim zum ersten Mal dargestellt von Herbert Berner, Vom Werden und Wesen unserer Fasnacht, in: ders. (Hg.), Fasnet im Hegau und Linzgau, Konstanz 1982, S. 58–60.

[48] Literatur zur Geschichte der Juden in Baden und in unserer Heimat: Rosenthal; Adolf Levin, Geschichte der badischen Juden seit der Regierung Karl Friedrich 1738–1909, Karlsruhe 1909; Franz Hundsnurscher/Gerhard Taddey, Die jüdischen Gemeinden in Baden, Stuttgart 1968; ferner: Kreisbeschreibung Konstanz, Bd. 3, herausgegeben von der Staatlichen Archivverwaltung Baden-Württemberg i. V. m. dem Landkreis Konstanz, Sigmaringen 1981 (darin: Die Judengemeinden Randegg, S. 169; Gailingen, S. 202–204; Wangen, S. 372); Erich Bloch, Geschichte der Juden von Konstanz im 19. und 20. Jahrhundert, Eine Dokumentation, Konstanz 1971; Zinsmayer-Wieland, Worblingen, Geschichte eines

ehemaligen Ritterdorfes des Kantons Hegau, Reprint 1981, bes. S. 126–129; Jehuda Leo Bohrer, The History of the Jewish rural Communities in the Bodensee-Area of Germany (1655–1809), Diss., New York 1971, betreffend die vier genannten Judengemeinden; Paul Sauer, Die Judengemeinden im nördlichen Bodenseeraum, Ztschr. für Gesch. d. Oberrheins (ZGO) 128/1980, S. 327–343; Georg Hämmerle, Juden in Saulgau, in: Saulgauer Hefte 3/1982, S. 83; Dieter Petri, Die Tiengener Juden, Konstanz 1982, Schriften des Arbeitskreises für Regionalgeschichte e. V., Nr. 4. Vgl. dazu ferner: Anm. 43, 47, 50, 53, 64, 71, 79, 92, 94.

49 Rosenthal, S. 7; Sauer, S. 328 f.

50 Leopold Löwenstein, Geschichte der Juden am Bodensee und Umgebung, Gailingen 1879, S. 63. Der aus Gailingen stammende Löwenstein befaßt sich nur mit der Geschichte der Juden in Überlingen, Konstanz, Schaffhausen und Diessenhofen, nicht aber mit den Juden in den »Hauptorten« Feldkirch, Bregenz, Lindau, Ravensburg, Isny, Meersburg, Steckborn, Wangen, Stein, Gailingen, Randegg, Radolfzell, Worblingen, Engen, Aach, Donaueschingen, Villingen, Stühlingen und Tiengen.

51 Wilhelm Wetzel, Die Tudoburg, in: Hegau 7 (1959), S. 54.

52 Wilhelm Wetzel, Die Stadtkirche »Maria Himmelfahrt« in Engen, in: Hegau 4 (1957), S. 157.

53 Schaffhauser Nachrichten vom 6. 11. 1982, Vortragsbericht »Juden in der Schweiz«; Ernst Ziegler, Juden in St. Gallen (Pogrom 1349), in: Bodensee-Hefte 10/1982, S. 33 f.

54 Wanda Kampmann, Deutsche und Juden, Studien zur Geschichte des deutschen Judentums, Heidelberg 1963, S. 15–22; Protokoll der Arbeitsgruppe 1 der Kommission für geschichtliche Landeskunde in Baden-Württemberg vom 25. 6. 1982 (Villingen) über »Das Judentum im südwestdeutschen Spätmittelalter«.

55 Handwörterbuch des Aberglaubens, Bd. IV, S. 817–833, bes. S. 817 f.: »Der Jude als Feind des Göttlichen ist Gott verhaßt, und seine Feinde beriefen sich im Mittelalter auf göttliche Befehle, ihn auszurotten. Der Jude haßt aber auch den Christengott und das Kreuz.«

56 Freimut Bernardin, Die jüdischen Ritualmorde von ihrem ersten Erscheinen in der Geschichte bis auf unsere Zeit, Münster/Westf. 1895, bes. S. 11, 131 ff.

57 HWA, Bd. VII, S. 727 f.

58 Den Hinweis auf diese im Stadtarchiv Freiburg verwahrte Judenordnung des Bischofs Heinrich III., Klingnau 1380 III 15, die nicht in die Regesta Episcoporum Constantiensium aufgenommen wurde, verdanke ich Lothar Ganter, Merzhausen.

59 Auch diesen Hinweis verdanke ich Lothar Ganter, der mir die im Landesregierungsarchiv Innsbruck verwahrte nicht gedruckte Urkunde vom 7. 5. 1504 (I/7835) abschriftlich übermittelte. Die Ergebnisse der Untersuchungen Ganters werden in einer im Entstehen begriffenen Dissertation bei Professor Dr. Herding, Freiburg i. Br., »Untersuchung der Judenverfolgungen im Oberrheingebiet am Ausgang des Mittelalters« veröffentlicht.

60 Kampmann, S. 15, 62.

61 Wilhelm Güde, Die rechtliche Stellung der Juden in den Schriften deutscher Juristen des 16. und 17. Jahrhunderts, Sigmaringen 1982.

62 Siehe dazu Jacob Toury, Soziale und politische Geschichte der Juden in Deutschland 1847–1871, zwischen Revolution, Reaktion und Emanzipation, Düsseldorf 1977, bes. S. 80, 81, 371–380.

63 Rosenthal, S. 78–80; Sauer, S. 331: Ende des 16. Jahrhunderts allerdings setzten die vorderösterreichischen Landstände die Vertreibung der Juden durch.

64 Konrad Sutter, Der Judenfriedhof bei Waldshut, in: Badische Heimat, Heft 3/1982, S. 439–443.

65 Rudolf Thommen, Urkunden zur schweizerischen Geschichte in österreichischen Archiven, Bd. V., 1480–1499, Basel 1935, S. 236. – Diesen Hinweis verdanke ich Karl S. Bader, Das mittelalterliche Dorf als Friedens- und Rechtsbereich, Weimar 1957, Anm. 457, S. 230 f. – Thommen freilich gebraucht den Begriff »Hegauer Judengemeinde« nicht, sondern spricht nur von der »iudischeit« zu Rheinau, Diessenhofen, Andelfingen, Aach und Engen sowie an anderer Stelle von Juden in Villingen, Bräunlingen, Stockach und Engen, S. 264.

66 Hundsnurscher/Taddey, S. 101.

67 Hundsnurscher/Taddey, S. 164; Sauer, S. 330, 334 f.

68 Verzeichnis der von der Grundherrschaft Gaylingen in dem letzten Jahre 1824/25 bezogenen Judensatz-Gelder, mitgeteilt bei Bloch, S. 207 f.; Adolf Futterer, »Die Geschichte des Dorfes und Kirchspiels Billafingen im Linzgau«, Hegau-Bibliothek Bd. 16, Singen 1970, S. 81.

69 Karl S. Bader/Friedrich von Hundbiss, Historisch-topographische Beschreibung der Insel Reichenau, in: Schriften des Bodensee-Geschichtsvereins 78/1960, S. 53.

70 Bohrer, Anlage 1, Juden-Privileg der schwäbischen Ritterschaft 1652, Generallandesarchiv Karlsruhe 229/31147.

71 Gemeindearchiv Gailingen, Urkunde Nr. 15; Bohrer, Anlage 2, Schirmbrief für die Hebräer in der Herrschaft Randegg, 1657; GLA 229/84177. Siehe ferner: Roth von Schreckenstein, Geschichte der ehemaligen freien Reichsritterschaft in

Schwaben, Franken und am Rheinstrome, Bd. 2, Tübingen 1886, S. 368 f. Schreckenstein machte auf den von den Juden betriebenen lukrativen Kauf und Verkauf um bares Geld sowie auf das Amt des Schloß- oder Hofjuden in mehreren Schlössern aufmerksam. – Sauer, S. 333. Siehe ferner: Aaron Tänzer, Die Geschichte der Juden in Hohenems und im übrigen Vorarlberg, Bregenz 1982; die ersten jüdischen Einwanderer kamen aus Hohenems.

72 Rosenthal, S. 162; Hundsnurscher/Taddey, S. 99; Kreisbeschreibung Konstanz nennt das Jahr 1674 als erstes Datum, S. 202. – Nach Hundsnurscher/Taddey ist es nicht ausgeschlossen, daß schon im 14./15. Jahrhundert hier Juden ansässig waren, S. 98; Sauer, S. 332 f.

73 Bohrer, Anlage 3, Memorial daß die Juden gleich anderen Kollektanten beitragen sollen. Stadtarchiv Stockach VI. 1/1; Sauer, S. 333; Bodman, Pfarrchronik VI, 1928–1934, S. 41, (Pfarrer Baumann) berichtet: 10. 5. 1674 traten die Einwohner mit der Bitte an Freiherr von Bodman heran, er möge sie befreien von den Blutsaugern. Sie wurden vertrieben; in der Kirche wurde ein Te Deum angestimmt.

74 Bohrer, Anlage 7, Schirmbrief der Judenschaft Randegg und Hohe Botmäßigkeit der Landgrafschaft Nellenburg, 1666, GLA 229/84181; Sauer, S. 333.

75 Bohrer, Anlage 8, Kreis-Kommissions-Patent an die Juden in Bodman, Wangen, Worblingen und Gailingen 1669, Eberle-Bericht 1823, GLA 244/185, Appendix 4. – Hundsnurscher/Taddey glauben, daß sich in Wangen die Juden bereits Ende des 16. Jahrhunderts, aus dem Thurgau kommend, ansiedelten, S. 285. So auch Sauer, S. 332, der an die Pest im Thurgau 1611 erinnert; damals vertrieb man die Juden, weil sie angeblich die Seuche eingeschleppt haben sollen.

76 Rosenthal, S. 171.

77 Bohrer, Anlage 12, Verkauf von Häusern an Juden, 1770, GLA 22 d/31143. Vgl. Sauer, S. 334 f.: Einige Stühlinger Juden durften sich zu relativ günstigen Bedingungen in Gailingen und Randegg niederlassen.

78 Hundsnurscher/Taddey, S. 98. – Nach Reinhard Rürup war Gailingen nach Mannheim und Karlsruhe die drittgrößte Judengemeinde Badens, in: Emanzipation der Juden in Baden 1782–1862, Hegau 23/24 (1967), S. 225.

79 Bohrer, Anlage 15, Statuten der Chewra Kadischo Gailingen 1723–1798, nach Leopold Löwenstein, Bezirksrabbiner in Gailingen, Mai 1886; Sigmund Heilbronn, 250 Jahre Chewra Kadischah, in: »Der Schild«, 6. Jg., 1927, S. 433.

80 Johann Nepomuk Raiser, Beschreibung der Landgrafschaft Nellenburg, 1794, unveröffentlichtes Manuskript, S. 171, Stadtarchiv Singen.

80a Johann Baptist Kolb, Historisch-statistisch-topographisches Lexicon des Großherzogtums Baden, Bd. I, Verl. Macklot 1813 Karlsruhe.

81 Hundsnurscher/Taddey, S. 99 f.; Statistische Mitteilungen über das Großherzogtum Baden sowie Veröffentlichungen des Badischen Statistischen Landesamtes.

82 Hierfür einige Beispiele bei Albert Steinegger, Gailingen, Randegg und ihr Verhältnis zu Schaffhausen, in: Hegau 15/16 (1963), S. 27–90; bes. S. 83–87, betreffend das Verhältnis zu den Juden. In dem Zusammenhang sei angefügt, daß die Judengemeinden Randegg, Tiengen, Wangen und Worblingen 1863 dem Landtag eine Petition einreichten mit der Forderung, so lange die Zustimmung zu dem zwischen dem Großherzogtum Baden und der Schweiz abgeschlossenen Staatsvertrag zu verweigern, bis auch den Juden in der Schweiz das Recht der freien Niederlassung eingeräumt werde; dies geschah dann 1866. Vgl. dazu: Löwenstein, S. 78, 97.

83 Werner J. Cahnmann, Der Dorf- und Kleinstadtjude als Typus, Ztschr. für Volkskunde 1974, S. 169–193, hier: S. 170 f. An anderer Stelle: »Die Juden und die Zünfte standen sich über die Jahrhunderte hinweg feindselig gegenüber, aber die Juden und die Bauern waren aufeinander angewiesen, im Kaufen und Verkaufen, Leihen und Borgen, als Gläubiger und Schuldner, wobei jeder Teilnehmer Vorteile und Nachteile nüchtern gegeneinander abwägte.«, S. 188; Sauer, S. 338 f., zitiert die im wesentlichen auch hier zutreffende Schrift des preußischen Kriegsrates Dohm, 1781: »Über die bürgerliche Verbesserung der Juden«.

84 Löwenstein, S. 92; Bohrer, Anlage 4, Titel eines Judeneid (1616), Bürgerarchiv Diessenhofen, Stadtbuch 1660, S. 39.

85 Bohrer, Anlage 9, Aufenthalt und Handel in schweizerischen Untertanengebieten, 1681, Staatsarchiv Zürich, A 323.12.

86 Schaffhauser Magazin 2/81, S. 29.

87 Bruno Baumann, Die Geschichte der Post von Singen (Hohentwiel) und seiner Umgebung, in: Hegau 35 (1978), S. 263 f.

88 1794 betont Raiser bei Randegg, daß sich unter den dortigen Juden einige reiche Familien befinden, S. 117.

89 Gottfried Sauter, Neuhaus auf dem Randen, in: Hegau 36/37 (1979/80), Anhang 2 und 3: Nellenburgische Zolltafel von 1562; Tengisch-auerspergische Zollordnung 1791 für den Schlauch; Alfred Eble, Liptingen, Geschichte eines nellenburgischen Dorfes, 1968, in: Hegau-Bibliothek, Bd. 15, Zolltafel zu Liptingen 1678, S. 103.

90 Bohrer, Anlage 11, Erzfürstliches Oberamts-Protokoll 1696, aus Eberle-Bericht 1823, GLA 244/185, Appendix 9.

91 Helmut Marquardt, Aus der Geschichte des Hauptzollamtes Singen, ein Beitrag zur Hegauer Zollgeschichte, Hegau 26/28 (1970/71), S. 253–255.

92 Berty Friesländer-Bloch, Das West-Jiddische am badischen Untersee, Oberländer Chronik Nr. 296 (1965); vgl. Sauer, S. 340.

93 Freundliche Mitteilung von Altbürgermeister Martin Schneble, Gailingen.

94 Friedrich-Schmieder, Die Gailinger Juden, hg. von Eckhardt Friedrich und Dagmar Schmieder-Friedrich, Konstanz 1981, S. 44 f., 50; mit Rücksicht auf die jüdischen Gemeinderäte wurden sogar die fast wöchentlich stattfindenden Gemeinderatssitzungen am Sonntag abgehalten.

95 Singener Nachrichten vom 20. 2. 1911.

96 Bader, S. 133. – In Aach mußten (nach den Schutzbriefen von 1551 und 1583) die Juden ihre Briefe gegen die Bürger der Stadt beim Stadtschreiber ausfertigen lassen; Rosenthal, S. 80.

97 Renate Overdick, Die rechtliche und wirtschaftliche Stellung der Juden in Südwestdeutschland im 15. u. 16. Jahrhundert, dargestellt an den Reichsstädten Konstanz und Esslingen und an der Markgrafschaft Baden, Konstanzer Geschichts- und Rechtsquellen, Bd. XV, hg. Stadtarchiv Konstanz, 1965, S. 24, Anm. 2.

98 Bohrer, Anlage 5, Schutzbrief für neun Judenfamilien in Donaueschingen 1662, Fürstlich Fürstenbergisches Archiv XII. 123; Rosenthal, S. 76.

99 Raiser, Landgrafschaft Nellenburg, S. 5. – Die Juden durften zum Beispiel Ende des 18. Jahrhunderts trotz der beim nellenburgischen Oberamt eingereichten Klage der Gailinger während ihres Gottesdienstes in der Synagoge ihre Häuser mit Schnüren, später mit Schranken »durch alle Straßen und Gassen« verbinden; GLA 229/31148; Sauer, S. 339 f.

100 Löwenstein, S. 93; Rosenthal, S. 163.

101 Rosenthal, S. 8, 138. Der Satzbrief der Juden von 1551 in Aach bestimmt, daß sie sich von Gründonnerstag bis Ostermontag in ihren Häusern verborgen halten sollen. Ztschr. f. Gesch. der Juden in Deutschland, Bd. 2, 1975, S. 386. In einigen Hegaugemeinden wurde am Karsamstagabend eine Strohpuppe, der Judas, verbrannt, oder man übergab die Reste an heiligen Ölen, Salz, Wattebäuschen usw. dem Feuer, was man ebenfalls »den Judas verbrennen« nannte. Herbert Berner, Sitte und Brauch, Kreisbeschreibung Konstanz, Bd. 2, 1979, S. 56. Im Dorf Weyer (Eifel) wurden an Ostern die Juden verhöhnt und ihre Haustüren mit Steinen beworfen. Die Kohle des Ostersonnabend verbrannten Holzes heißt Judenkohle. HWA 1931/32, Bd. IV, S. 832.

102 Rosenthal, S. 218.

103 Rosenthal, S. 162. So auch in Mannheim 1732, ebenda, S. 110.

104 Rosenthal, S. 120.

105 Rosenthal, S. 154.

106 Krimm-John, Herr Biedermeier in Baden, Stuttgart 1981, S. 163 ff., GLA 239/447.

107 Rosenthal, S. 333, 337 f.; Rürup, S. 231.

108 Kampmann, S. 183: »Die Einbürgerung in die Gesellschaft und Kultur der Umwelt . . . bedeutete für das Judentum im strengen Sinne den Bruch mit seiner bisherigen religiösen Lebensordnung und seiner geschlossenen geistigen Welt und brachte es in die Gefahr der inneren Zersetzung und Selbstauflösung . . . Die Idee der jüdischen Religion war ja von der realen jüdischen Gemeinschaft unabtrennbar . . .«

109 Hundsnurscher/Taddey, S. 101. – Auch viele andere Gemeinden protestierten gegen die Erteilung des Ortsbürgerrechts an die bisherigen Schutzbürger.

110 Friedrich Fröhlich, Die badischen Gemeindegesetze, 2. Aufl., Karlsruhe 1861, Kommentar zum Gesetz über die Rechte der Gemeindebürger und die Erwerbung des Bürgerrechts vom 31. 12. 1851, insbes. § 58, von dem Bürgerrecht der Israeliten, S. 329–338. Es wird festgestellt, daß Israeliten kein Recht auf Bürgeraufnahme haben, aber unter bestimmten Bedingungen selbst gegen den Willen der Gemeinde von der Staatsbehörde mit der Aufnahme als Ortsbürger »begnadigt« werden können (S. 333). Davon ist offensichtlich kaum Gebrauch gemacht worden.

111 Bloch, S. 17. – In Baden-Baden verweigerte die Bürgerschaft dem Baron Rothschild noch 1861 die Aufnahme in das Ortsbürgerrecht; Kampmann, S. 217.

112 Rürup, S. 233; Robert Heuser, Die Bedeutung des Ortsbürgerrechts für die Emanzipation der Juden in Baden 1807–1831, Diss., Heidelberg 1971; Hans-Peter Becht, Die Abgeordnetenschaft der badischen zweiten Kammer, in ZGO 128/1980, S. 348 f.

113 Vorträge bei Einweihung der Synagoge in Gailingen am 9. 9. 1836 von Bezirksrabbiner Loewenstein, 1836, S. 22.

114 Ortsakten des Erzbischöflichen Ordinariats Freiburg, Nr. 3373; Akten XXII/337 im Archiv der katholischen Pfarrei Gailingen. Beschwerde des Pfarramtes Gailingen wegen Verletzung der christlichen Fastenzeit durch dasige Israeliten, die Begehung ihrer Purimfastnacht, 1839.

115 Ein ähnlicher Vorfall ereignete sich 1834 in Basel: Der Landjäger-Corporal Pfirter meldete in seinem Polizeirapport, daß letzten Dienstag, den 25. März, im Hause des Juden und Modehändlers Wolf am oberen Spalenberg die

sogenannte Fasnacht der Juden gefeiert und lange bis in die Nacht getanzt wurde; sie erlaubten sich sogar zu vermummen und zu verlarven und gingen in diesen Kostümen des Nachts um 9.00 Uhr über die Straße. Dieser Spektakel und Lärm endete erst um 4.00 Uhr des Morgens, wobei sich besonders der junge Wolf ausgezeichnet hatte. Viele achtbare Bürger hielten sich über das Musizieren, Tanzen, Lärmen und Verkleiden auf, so gerade in der heiligen Woche statt hatte. Jüdisches Museum Basel; freundliche Mitteilung von Dr. Ludwig Keller.

[116] Jacob Picard, Die alte Lehre, Stuttgart 1963; hier: Vorwort von Josef Eberle, S. 10.

[117] Cahnmann, S. 191; vgl. ferner: Sauer, S. 342.

[118] Thieberger, S. 383; Zobel, S. 14 f.

[119] Verkündbücher 1836–1929, Pfarrarchiv Gailingen; hier: Bd. 1874–1878, 24. 12. 1876.

[120] Der Schweizerische Courier Nr. 34 vom 27. 4. 1847. – Kreisarchivar Dr. Franz Götz danke ich für Unterstützung bei der Sammlung von Literatur und Quellen; siehe Anm. 123.

[121] Berty Friesländer-Bloch, Jüdische Ostern auf der Höri, in: Bodenseehefte 4, April 1971, S. 35–39; dies.: Es war einmal – eine jonteftige Reminiszenz aus dem alten Gailingen, Hegau 21/22 (1966), S. 93–104.

[122] Zobel, S. 94–117; 131–139; 164–184. Ferner Berty Friesländer-Bloch, Gailinger Megille, Chronik in Versen (160 Vierzeiler), nicht veröffentlichtes Manuskript.

[123] Anzeiger am Rhein Nr. 53–56/1865, Diessenhofen, Schweizerische Ortsbilder, Diessenhofen und Gailingen. – Das Feuilleton endet mit der Bemerkung, daß man scherzhafterweise Gailingen = Ober-Gailingen und Diessenhofen = Unter-Gailingen nenne. – Cahnmann betont überdies ebenfalls, daß die Dorfjuden im 19. Jahrhundert Vorkämpfer der Modernität geworden seien und daß sich ihre Frauen nach der neuesten Mode kleiden, S. 191 f.

[124] Herbert Berner, Sitte und Brauch, Kreisbeschreibung Konstanz, Bd. 2, 1969, S. 89.

[124a] Kreisbeschreibung Konstanz, Bd. 3, 1979, S. 166, 199. – Wolf Joseph Levi stammte aus Hohenems, wurde 1797 Hoffaktor, ebenso sein Bruder Michael Levi, der sich später Neumann nannte. Lazarus Joseph Levi (1743–1806) aus Gailingen gilt als der erste Bankier in Vorarlberg. Karl-Heinz Burmeister, Die Entwicklung der Hohenemser Judengemeinde, in: Hohenems, Geschichte, Hohenems 1975, S. 171–188.

[125] Zinsmayer-Wieland, S. 91 f.

[126] Möggingen 1860–1960, Hegau-Bibliothek Bd. 6, Singen 1960, S. 149 f.

[127] Hundsnurscher/Taddey, S. 101.

[128] Franz Götz, Amtsbezirke und Kreise im badischen Bodenseegebiet, Radolfzell 1971, S. 111.

[129] Levin, S. 338.

[130] Herbert Berner, Hermann Schmid, 1872–1915, Singener Jahrbuch 1979, S. 32, 36, 37.

[131] Sigmund Heilbronn, Die Gailinger Juden-Fastnacht, Der Schild, 1927, VII., 11, S. 210–212; auf diesen Aufsatz stützt sich Otto Weiner in seinem Beitrag »Volkskundliche Streife durch den Hegau« in dem 1930 von der Badischen Heimat veröffentlichten Jahrbuch »Singen und der Hegau«, S. 108.

[132] Herbert Berner, Fasnet im Hegau, 1960, S. 31–53, bes. S. 52; Hans-Günther Bäurer, Fasnet im Hegau, am Bodensee und im Linzgau, in: Fasnet im Hegau und Linzgau, hg. von Herbert Berner, Konstanz 1982, S. 96–181.

[133] Hans-Günther Bäurer, Ritter, Räuber, Rauschebärte, Dörfliches Fasnachtsspiel im Hegau, in: Narrenzeitung der Narrenvereinigung Hegau-Bodensee, Nr. 8/1973 und 9/1974.

[134] Singener Nachrichten vom 9. 2. 1912; Freie Stimme vom 13. 2. 1901 und vom 21. 2. 1914. Damals – 1914 – fand nach dem Narrenbaumsetzen am »Börsenplatz« der abendliche Lampionumzug der Hemdglonker statt. Unter der Regie von Direktor Wiedenmann, Saulgau, wurde das Theaterstück »Der Student von Ulm« am Fasnet-Sonntag aufgeführt. – Der Narrenvater Zahn fiel damals auf, weil er einen aus Draht hergestellten Zylinderhut trug, in dem lebende Spatzen herumhüpften.

[135] Singener Nachrichten vom 22. 2. 1912.

[136] Verkündbuch der Pfarrei Gailingen 1890–1914, 26. 2. 1911.

[137] Der Schweizerische Courier, Nr. 34, vom 28. 4. 1846.

[138] Akten Bezirksamt Konstanz, Die Purimfeier der Israeliten in Gailingen, 1895–1932.

[139] Leider befinden sich weder beim Generallandesarchiv in Karlsruhe noch beim Staatsarchiv Freiburg i. Br. Vorgängerakten zu jenen des Bezirksamtes Konstanz.

[140] Für Überlassung der Satzung sowie für die Vermittlung des Gailinger Bildmaterials habe ich Detlev Girres, Gailingen, zu danken.

[141] Rosenthal, S. 386, 419. – Das Café Biedermann gehört heute den Neurologischen Kliniken Schmieder, Gailingen-Allensbach, und dient als Gebäude für Werktherapie.

[142] Gespräch mit Herrn Pietro Giuli am 22. 10. 1981, Aktennotiz: vgl. Anm. 143.

[143] Jacob Picard, Childhood in the Village, Fragment of an Autobiography, veröffentlicht in: Year Book IV., 1959, Leo Baeck Institute, London, S. 258. In seinem Buch »Die alte Lehre«, 1963, ist nur beiläufig vom Purim die Rede. »Die

Mädchen saßen beieinander und trauten sich kaum zu sprechen, geschweige denn zu lachen oder gar zu den Männern hinzuschauen«, S. 41. An anderer Stelle – S. 43 – erwähnt Picard die Purim-Küchle, große in vielem Fett dunkelbraun gebratene Fladen. – Biographie Jacob Picard bei Bloch, S. 206–210.

[144] Heilbronn; ferner: Friesländer-Bloch, in: »Gailinger Megille« und im Gedicht »4 Wochen vor Purim«, 123 Verse mit je 8 bis 10 Zeilen, 1950.

[145] Gailinger Tagblatt vom 9. 3. 1909. – Das Gasthaus »Adler«, heute Privathaus, befand sich in der Rheinstraße.

[146] Nach Friesländer-Bloch.

[147] Singener Nachrichten vom 2. und 5. 3. 1912.

[148] Bericht von Alt-Bürgermeister Martin Schneble vom 22. 6. 1981.

[149] Erich Bloch, Brief vom 8. 12. 1981.

[150] Auffallend ist, daß sich die »christlichen« Fasnachtslieder und -sprüche unserer Heimat mit den Juden so gut wie gar nicht befassen. Im Deutschen Volksliederarchiv Freiburg i. Br. finden sich in der Gruppe X, schwäbisch-alemannische Fasnacht, nur zwei Sprüche. In Offenburg rief man:

»Hoorig, hoorig, hoorig isch die Sau,
Und wenn die Sau net hoorig wär,
So hät' der Stein kei Roßhoor mehr.«

Der Jude Stein hatte dort eine Roßhaarfabrik (A 72185 und 72590). Von Stockach (A 14628) ist folgender Spruch überliefert, den zuerst Elard Hugo Meyer, Badisches Volksleben im 19. Jahrhundert, 1900, S. 206, aufgezeichnet hat und der wohl aus der Zeit vor der Emanzipation stammen dürfte:

»Mir hont der Jud am Sääli,
Am Sääli hommern gwiß.
Mir lont'n nimma laufe
bis Fasnacht umma ist.«

[151] Freundliche Mitteilung von Professor Dr. Friedrich Georg Schmieder vom 29. 9. 1981.

Die Vorarlberger Fasnacht – ein geschichtlicher Überblick

Von Karl-Heinz Burmeister

Die Vorarlberger Fasnacht im allgemeinen wie auch deren geschichtliche Grundlagen im besonderen sind bisher nur wenig erforscht. Das Schrifttum ist äußerst spärlich und läuft auf die Darstellung von Einzelfragen hinaus; gelegentliche Überblicke, die aber die Fasnacht nur als eine Erscheinung im Rahmen der Jahresfeste sehen, zählen nur einzelne Fakten auf, ohne ein vollständiges Bild anzustreben. Das gilt sowohl für die historische Darstellung von Benedikt Bilgeri[1] »Aus der Geschichte der Vorarlberger Jahresfeste« als auch für die volkskundliche von Karl Ilg.[2] Im Jahre 1969 hat der Arbeitskreis für Fasnachtsforschung im Landesmuseum in Bregenz eine Tagung zur Vorarlberger Fasnacht veranstaltet; doch wurden die dort gehaltenen Referate nie veröffentlicht.[3] Eine Gesamtdarstellung fehlt.

Die ältesten Belege für die Vorarlberger Fasnacht entstammen dem 14. Jahrhundert: die Königsfelder Chronik des Clemens Specker von Sulgen berichtet uns, daß am Morgen des 3. Februar 1334 »auditus est sonus Joculatorum corniculari sepulti in cimiterio Ranckwyl hy Feltkilch«[4]; es wurde gehört der Lärm der Spaßmacher des auf dem Friedhof in Rankweil bei Feldkirch begrabenen cornicularius. Wer damit gemeint ist, läßt sich sehr schwer sagen, aber es muß sich um einen

Fasnachtsspaß handeln. Denn der 3. Februar 1334 ist der gumpige Donnerstag, der in der Vorarlberger Fasnacht auch sonst eine wichtige Rolle spielt. Und das geräuschvolle Lärmen ist ebenso typisch für die Fasnacht wie die Spaßmacher, die joculatores, die hier offenbar ihr Unwesen auf dem Friedhof trieben, einem öffentlichen Platz, der sonst der Ruhe geweiht war. Joculatores sind selbstverständlich die Spielleute, die damit in dieser ältesten Quelle der Vorarlberger Fasnacht als ein tragendes Element herausgestellt werden.

Sie begegnen uns auch in einem weiteren Zeugnis des 14. Jahrhunderts zur Vorarlberger Fasnacht: Graf Rudolf V. von Montfort-Feldkirch lud seit etwa 1382 alle drei Jahre die Knaben der ganzen Landschaft auf die alte Fasnacht, das heißt den Sonntag »Invocavit« nach Aschermittwoch, nach Feldkirch ein, wo ein militärisches Spiel veranstaltet wurde. Die Knaben zogen mit hölzernen Wehren, Masken und Fähnlein, von Spielleuten angeführt, in kriegerischer Formation ein. Auf offener Gasse in der Neustadt wurden sie mit gekochtem Hirsebrei und Butschellen, einem Laib Weißbrot, bewirtet. Dieser Brauch, den der Rat der Stadt Feldkirch nach dem Aussterben der Grafen fortführte, hielt sich bis 1539. Damals waren 2200 Knaben beteiligt, für die in 13 großen Kesseln Hirse

155

gekocht wurde.[5] Die Stadtjugend führte diesen Brauch im sogenannten Gregorisingen bis 1805 weiter.[6]

Dieser Bericht, der über lange Zeit hin vereinzelt dasteht, enthält ebenfalls bereits viele Elemente der späteren Vorarlberger Fasnacht: ihr Zuschnitt auf die Kinder, oder besser gesagt die Knaben und jungen Burschen, die wesentliche Träger der Fasnacht sind, die Masken, den Umzug beziehungsweise das Spiel als Höhepunkt der Fasnacht, die nicht wegzudenkende Begleitung der Spielleute, das gemeinsame Mahl und die Bewirtung durch die Obrigkeit. Auch der Termin, es ist nicht der heutige Fasnachtssonntag »Estomihi«, sondern der Sonntag »Invocavit« nach Aschermittwoch, verdient Beachtung, bildet doch dieser Funken- oder Küchlesonntag im Vorarlberger Brauchtum den Abschluß und Höhepunkt der Fasnachtszeit.

Ein kaum weniger alter Brauch ist der Bregenzer Fasnachtsritt in die Mehrerau. Dieser ist erstmals für 1573 belegt, 1778 wurde er abgeschafft.[7] Die Bregenzer, jung und alt, ziehen in maskiertem Zug, selbstverständlich in Begleitung der Spielleute, vor das Kloster Mehrerau, das nach einer gespielten Belagerung erstürmt wird. Alle Beteiligten werden darauf mit Wein und Brot (saurem Apfelwein und Klosterkuchen)[8] bewirtet. Angeblich soll damit eine Besetzung des Klosters durch die Eidgenossen (1499)[9] gefeiert werden, von der die Mönche durch die Bregenzer Bürger befreit wurden. Der Brauch mag aber dessenungeachtet älter sein, als dieser historische Deutungsversuch es zuläßt.

Die Vorarlberger Fasnacht wird im heimisch-alemannischen Sprachgebrauch durchwegs mit dem Begriff »fasnat«, gelegentlich auch »fasnet« (Bregenzerwald) oder auch »fasnig« (im Großen Walsertal) bezeichnet.[10] In den Urkunden finden wir dafür seit dem 16. Jahrhundert durchwegs das schriftdeutsche »Fasnacht«. Um die Mitte des 18.

Jahrhunderts treten im amtlichen Verkehr unter österreichischem Einfluß die Begriffe »Fasching« und daneben auch schon 1755 »Carneval« auf. Im Vorarlberger Amtsdeutsch setzte sich »Fasching« durch; das Wort wird sogar etwa von den Begrenzer Narren 1808 selbst übernommen.[11] Der sprachbewußte Alemanne gibt heute der »Fasnacht« wieder den Vorzug, wenn auch, unter dem Einfluß der Medien, nach wie vor »Fasching« gleichberechtigt danebensteht.

Die historische Fasnacht läßt sich nicht schwerpunktmäßig auf einen bestimmten Termin festlegen. Die Fasnachtszeit beginnt nach dem Dreikönigstag (6. Januar), ihr eigentlicher Höhepunkt mit dem *gumpigen* (das heißt fettreichen) *Donnerstag*[12], der auch als unsinniger oder schmutziger Donnerstag bezeichnet wird. An diesem Tag ist ein fettiges Schweinefleischessen üblich (daher der Name). Verbreitet ist das Bratenstehlen, das erstmals 1684 belegt ist[13], das öffentliche Verlesen der Sündenregister, später der Narrenzeitung. Auch die Fasnachtsspiele werden vereinzelt an diesem Tag zum ersten Mal aufgeführt. Damit sollen nur einige Bräuche angedeutet werden.

Der *bromige Freitag*[14], auch rußige Freitag, wird durch das Anschwärzen mit fettigem Ruß, wodurch auch der *schmutzige oder schmalzige Samstag*[15] gekennzeichnet ist, beherrscht.

Mit dem *Fasnachtssonntag*[16], der Herrenfasnacht, lateinisch Estomihi, gefolgt vom *Fasnachtsmontag*[17] und *Fasnachtsdienstag*[18], setzen die drei närrischen Tage, in denen die Ereignisse kaum zu trennen sind, ein. An diesen drei Tagen finden die Bälle statt, die Umzüge, die Fasnachtsspiele, wobei diese Veranstaltungen zum Dienstag hin eine Steigerung erfahren. Mit diesem Tag endet die *neue Fasnacht*.

In Vorarlberg jedoch hing man bis ins 18. Jahrhundert mit großer Zähigkeit an der alten Fasnacht, die erst mit dem Sonntag »Invocavit« zu Ende ging. In den heimischen Quellen wird dieser Tag als die »*alte Fasnacht*«[19], der »*Funken-Sonntag*«[20], der »*Küchle-Sonntag*«[21] als auch der »*Scheibensonntag*«[22] bezeichnet. Schon diese Vielfalt der Bezeichnungen, in dessen Mittelpunkt die Funken und das Küchleessen stehen, weisen diesen Tag als eigentlichen Höhepunkt der Vorarlberger Fasnacht aus.

Durch die große Bedeutung, die der alten Fasnacht in Vorarlberg zukam, ließ sich auch der *Aschermittwoch*[23] nicht aus der Fasnachtszeit ausklammern. Ursprünglich fanden Höhepunkte der Fasnacht, wie etwa der Bregenzer Fasnachtsritt in die Mehrerau, am Aschermittwoch statt. Die Gemeindevorstehung in Hohenems beklagt sich noch 1833, daß am Aschermittwoch sowohl Ledige als Verehelichte »mit Saufen, Lärmen auf den Gassen und Herumfagieren« auffallen und daß am Aschermittwoch mehr Gulden ausgegeben werden als in den »Faschingstagen«.[24] Ein reiches Aschermittwoch-Brauchtum erinnert an die ehemalige Einbeziehung dieses Tages in die Fasnachtszeit: das Vergraben der Fasnacht (einer Strohpuppe), das Geldbeutelwaschen, der Herings- und Schneckenball, ein Kompromiß mit dem kirchlichen Fastengebot. Über den Bregenzer Heringsball liegt ein Bericht von 1841 vor: »Es war . . . eine große Menge Menschen versammelt, die Bier trank und Fastenspeisen verzehrte.«[24a]

In der unterschiedlichen Auffassung über die Grenzen der Fasnacht, der alten oder der neuen, lag die Ursache für zahlreiche Konflikte zwischen traditionsbewußten Narren und Kirche und Staat. Der Staat unterstützte seit der Gegenreformation die Kirche durch die Fastenmandate, die nach dem Aschermittwoch ein Narrentreiben nicht mehr zuließen. So wurde etwa der Bregenzer Fasnachtsritt in die Mehrerau vom Aschermittwoch um eine Woche vorverlegt auf den Mittwoch vor den gumpigen Donnerstag, später wohl auch am Fasnachtsmontag oder Fasnachtsdienstag abgehalten.[25]

Die ursprünglich festen Termine werden auf diese Weise verschiebbar, ja sie geraten in völlige Unordnung, weil jetzt auch praktische Gründe ohne weiteres zu einer Verschiebung führen können. Schon in der 1. Hälfte des 19. Jahrhunderts wurden die Umzüge wetterbedingt verlegt. In Egg wurde der Fasnachtsball auf den Mittwoch vor dem Fasnachtssonntag verschoben, um einem regelmäßig teilnehmenden Bundesminister den Besuch des Opernballes in Wien am Donnerstag zu ermöglichen.[26] Oder in Bludenz erfolgte die Verlegung des Umzuges vom Fasnachtsdienstag auf den Fasnachtssonntag, weil sonntags die notwendigen Kraftfahrzeuge leichter zu beschaffen waren.[27]

Die Auseinandersetzung zwischen den Traditionalisten und der Kirche läßt sich erstmals für das Jahr 1384 nachweisen. Damals feierte Graf Rudolf V. von Montfort die Fasnacht am Aschermittwoch, worauf sich der Bischof von Chur und die Feldkircher Stadtväter des Fleischessens enthielten. Dieses Fasten am Aschermittwoch war offenbar so unerhört, daß der Feldkircher Chronist Ulrich Tränkle es vermerkte.[28]

Drei Jahrhunderte später hat sich dieses Bild grundlegend gewandelt. Ein Protokoll des Bludenzer Stadtgerichts von 1664 behauptet, das Maskentreiben am Sonntag »Invocavit« sei gegen das alte Herkommen.[29] Der kirchliche Standpunkt, seit der Gegenreformation vom Staat unterstützt, hat sich so weit durchgesetzt, daß die neue Fasnacht als altes Herkommen bezeichnet wird.

Die Tradition der alten Fasnacht wirkte aber noch bis ins ausgehende 18. Jahrhundert nach. Noch 1772 wurden Dutzende Narren sowie Spielleute wegen Maskengehens oder Aufspielens in der alten Fasnacht bestraft.[30]

Ausdruck dieses fortdauernden Kampfes sind

auch die oft kleinlichen Bestimmungen, mit denen man am Fasnachtsdienstag ein rechtzeitiges Ende der Fasnacht erzwingen wollte. Die Spielleute werden in Bludenz 1727[31], in Bregenz 1764[32], in Lustenau 1787[33] bereits um 10 Uhr abends nach Hause geschickt. Auf den Dörfern enden die Tänze schon um 20 oder 21 Uhr.[34] Gelegentlich gibt es, gegen eine entsprechende Gebühr, eine Verlängerung, jedoch nicht über 24 Uhr hinaus.[35] Nur ganz vereinzelt sind die Bälle der oberen Gesellschaft bis 1 Uhr gestattet.[36] Bludenzer Mandate von 1795 und 1804 schärfen erneut ein, daß alle Soupés, Musiken und Tänze um Mitternacht einzustellen sind.[37] In Bregenz wird 1763 vorgeschrieben, daß auch die Wirtschaftsräume bis 24 Uhr geräumt sein müssen.[38] Erst im 19. Jahrhundert, als der Kampf zugunsten der neuen Fasnacht entschieden ist, wird das Ende der Fasnacht großzügiger gehandhabt. Als Beispiel für den Wandel sei die Bludenzer Funkenordnung von 1893 erwähnt: hier wird das Maskengehen am Sonntag in der heiligen Fastenzeit jetzt auch unter »zünftische« Strafen gestellt.[39]

Der zwischen der alten und neuen Fasnacht schwelende Konflikt zeigt sich auch in dem verbreiteten Fleischessen in der alten Fasnacht. Die Tradition ließ dies ohne weiteres zu. Die Gegenreformation ging aber dann hart gegen diesen Brauch vor, weil die Fleischesser in den Verdacht gerieten, Kryptoprotestanten zu sein. So wird beispielsweise der Wirt Kalixt Wintergrün in Tschagguns, eine der führenden Persönlichkeiten des Montafons, abgestraft, weil er bei einer Hochzeit öffentlich Fleisch gekocht und zu essen gegeben hat. Auch andere Beteiligte wurden wegen Fleischessens aus diesem Anlaß bestraft.[40]

Dieser Fall ist noch aus einem anderen Grunde interessant. Die Anhänger der traditionellen alten Fasnacht legten mit besonderer Vorliebe die Hochzeiten auf die alte Fasnacht. Denn nahezu alle

Musik- und Tanzverbote haben die Hochzeiten ausdrücklich ausgenommen: man konnte also auf diesem Wege die strengen Fastenmandate unterlaufen, wovon reichlich Gebrauch gemacht wurde.

Schon sehr früh läßt sich auch eine soziologisch bemerkenswerte Teilung der Fasnacht beobachten: auf der einen Seite steht die »höfische« Fasnacht, in der sich die führende Gesellschaft abschließt; auf der anderen Seite die Fasnacht des Volkes, die sich in Vorarlberg in Ermangelung eines Hofes letztlich als die einzige durchsetzt.

Wir wissen aus Zeugnissen des 16. Jahrhunderts, daß die Grafen von Montfort in ihren recht bescheidenen Hofhaltungen sowohl den ständigen Narren[41] gekannt haben wie auch die Fasnacht mit Masken.[42] Man darf für die frühen Montforter dasselbe annehmen. Daran erinnert nicht nur der Flurname »Narrenberg«, ein Weinberg in Wolfurt.[43] Die Gegenwärtigkeit des Narren bezeugt vielmehr auch der Bregenzer Minnesänger Hugo von Montfort, wenn er in einem seiner Gedichte formuliert »du solt . . . die narrenschuechli von dir geben«[44] oder das Leben als »ein narrenspil«[45] bezeichnet. Die Ausrichtung der Feldkircher Kinderfasnacht durch Graf Rudolf V. von Montfort um 1382 ist vielleicht nichts anderes als eine parallele Veranstaltung zur gräflichen Fasnacht. Die Grafen von Montfort-Feldkirch sterben jedoch schon 1390 aus, so daß in der Folgezeit der Innsbrucker Hof zum Vorbild wurde. Dort wurde am Hofe Herzog Sigmunds von Tirol der Fasching mit großer Ausgelassenheit gefeiert. Es gab Verkleidungen und Maskeraden, es wurde zum Tanz aufgespielt, ja, es gab sogar den Brauch, daß der Erzherzog selbst durch Innsbrucker Bürgerfrauen gefangen wurde.[46] 1463 kaufte Herzog Sigmund in Bregenz Zwilch für die Herstellung von Narrenröcken.[47] Und im Raitbuch von 1484 läßt sich gar ein Wöfli, Narr von Bregenz, am Innsbrucker Hof nachweisen.[48]

Nach solchem adeligen Vorbild fand in der Fasnacht 1473 in Feldkirch, wohl auf der Schattenburg, ein von den Hofleuten veranstalteter »Hof und Schlegel« statt[49], eine adelige Schlägelgesellschaft.[50] Im Mittelpunkt standen dabei adelige Frauenzimmer, genannt wird Clementa von Hewen, Gemahlin des Grafen Wilhelm VIII. von Montfort zu Werdenberg; sonst nahmen Ludwig von Brandis († 1507), Niklas von Firmian († 1510) und Burckhart von Knöringen teil. Im einzelnen wissen wir freilich recht wenig darüber.

Der Export von Narren aus Vorarlberg läßt sich auch sonst nachweisen. Am bekanntesten ist der Spielmann Hans Bach (1555–1615) aus Andelsbuch, seit 1591 Hofnarr der Herzogin von Württemberg in Nürtingen.

Er wurde dadurch berühmt, daß man ihn in seiner Narrenkutte in Weil der Stadt für einen hohen Geistlichen hielt, ihn hervorragend bewirtete und er sich darauf vom Bürgermeister mit den Worten verabschiedete: »Du bist noch ein größerer Narr als ich.« Hans Bach war eine große Persönlichkeit, es gibt sogar zwei Kupferstichporträts von ihm. Auf dem einen ist er in Hoftracht mit Geige und Narrenschelle dargestellt. Das andere zeigt sein Wappen: eine Narrenkappe. Bemerkenswert ist auch sein eindrucksvoller Grabstein auf dem Nürtinger Friedhof, auf dem sein Narrentum hoch gepriesen wird.[51]

Ab dem 17. Jahrhundert werden die höfischen Narren in Vorarlberg Mangelware. Graf Kaspar von Hohenems beschäftigt 1618 einen Narren aus Buchau am Federsee und 1619 einen Schalksnarren aus Innsbruck. Die Herkunft des für 1621 im Hohenemser Schloß nachweisbaren »Narr Michel« ist unbekannt.[52]

Als in der Mitte des 18. Jahrhunderts Vorarlberg von der Regierung in Innsbruck abgetrennt und Konstanz beziehungsweise Freiburg unterstellt

wurde, organisierte die Oberschicht ihre Fasnacht nach Konstanzer Vorbild (wofür letztlich wieder Wien maßgeblich war).[53] Für die Fasnacht 1754 legte man 13 Balltermine fest (1755: 11), die sich vor dem Faschingsdienstag drängten, woselbst ein maskierter Ball auf dem Rathaus stattfand. Für diese Redouten oder Maskenbälle wurde eine strenge Ordnung festgelegt: sie kosteten Eintritt, dazu eine Gebühr zugunsten des Wiener Waisenhauses. Handwerker und Bedienstete waren nicht zugelassen, wohl aber Militärpersonen und Studenten. Sobald sich die Adeligen demaskierten, mußten alle anderen auch folgen. Es wurde ein großes Essen mit zehn Speisen serviert usw. Die Veranstaltung war militärisch bewacht.[53a] In Konstanz wurde von den Wirten verlangt, daß mindestens zehn Musikanten engagiert wurden, darunter zwei Bläser.[54]

Von den Vorarlberger Amtsstädten hat Bregenz 1754 dieses Beispiel verwirklicht. Es fanden insgesamt acht Maskenbälle statt zwischen dem 20. Januar und dem 26. Februar, dem Fasnachtsdienstag; der größte zählte 34 Personen.[55] In Bludenz forderte das Vogteiamt zu entsprechenden Vereinbarungen auf[56], ob sie je zustande kamen, bleibt zweifelhaft. Denn selbst in der Oberamtsstadt Bregenz ist 1757 und 1759 kein derartiger Ball mehr veranstaltet worden. Das Oberamt entschuldigt sich bei der zuständigen Repräsentation in Konstanz damit, daß »in denen . . . beden herrschafften Bregentz und Hohenegk . . . nichts anderes als ein lautterer Bauernstand befindlich . . .«[57] Auch im 19. Jahrhundert spielen die Fasnachtsbälle der oberen Gesellschaft nur eine geringe Rolle. Der Kreishauptmann Ebner berichtet für 1838 von einem Garnisonsball, auf dem am Fasnachtmontag Rebhühner, steirische Kapaune und 25 Flaschen Champagner verzehrt wurden.[58] Daß der Bregenzer Landrichter am Fasnachtssonntag 1839 zu einem

Kinderball einlädt[59], bezeugt einmal mehr, daß auch in der Führungsschicht die Fasnacht vorzüglich als ein Kinderfest angesehen wurde. Der Kreishauptmann Ebner selbst beteiligt sich von 1837–1848 nur sehr zurückhaltend an der Fasnacht, die er vorwiegend negativ beurteilt.

Die ursprünglich leitende Rolle der Herrschaft bei der Fasnacht läßt sich auch aus den vielfach üblichen Speisungen ablesen. Diese sind, auf eine knappe Formel gebracht, ein Äquivalent für die jährlich abzuliefernden »Fasnachtshennen«. Denn es ist allgemein üblich, daß der Transport und die Lieferung von Naturalzinsen mit einer Aufwartung aus den dargereichten Früchten belohnt wird, ja sogar ein Rechtsanspruch darauf besteht.

Als Beispiel sei neben der Feldkircher Kinderspeisung die Bewirtung durch das Kloster aus Anlaß des Bregenzer Fasnachtsrittes in die Mehrerau genannt. Schon 1614 versuchen sich die Mönche diesem Brauchtum zu entziehen.[60] Im letzten Drittel des 18. Jahrhunderts gerät der Brauch vollends ins Kreuzfeuer, weil nach Auffassung des aufgeklärten Absolutismus ein Kloster wichtigere Aufgaben hat.[61] Ein anderes Beispiel ist die dem Stift Einsiedeln zugehörige Propstei St. Gerold im Großen Walsertal. Dort wurden regelmäßig vier Personengruppen auf die Fasnacht eingeladen:

1. Die Geistlichen der Umgebung auf einen unbestimmten Tag der Fasnachtszeit, wo man sie »herrisch traktierte«.
2. Die Dienstleute des Klosters, denen man an einem der letzten Fasnachtstage Urlaub gab und ½ Maß Wein ausschenkte.
3. Der Gerichts-Ammann, der am Fasnachtssamstag zu Mittag und Fasnachtsdienstag zu Mittag und Abend zur Tafel gezogen wird.
4. Die Kapuziner aus Bludenz, die man auf Fasnachtssonntag einlädt und über die Fasnacht dabehält.

Diese für 1778 belegten Bräuche, die als Herkommen ohne Verpflichtung galten, gingen bald darauf ein, wie der Propst selbst begründete, aus praktischen Erwägungen, »weil ich ohnehin Fehljahre in dem Wein hatte«.[62] Immerhin fällt auf, daß auch in diesem Benediktinerkloster der Brauch im gleichen Jahr 1778 zu Ende geht wie der Bregenzer Fasnachtsritt in die Mehrerau.

Zweifellos lassen sich für solche Speisungen noch viele andere Belege finden. Der Dornbirner Klepfer[63] kannte sie ebenso wie die 1950 erneuerte Bludenzer Fasnacht, auf der 3400 Würstle und Brötle an die Kinder verteilt wurden, wie auch am Funkensonntag die gleiche Anzahl Küchle.[64] In der gleichen Richtung mag man auch die Küchlebettler[65] oder das in kleinen Gruppen durchgeführte Betteln der Kinder um ein oder zwei Kreuzer in Lustenau sehen.[66] Dieses Betteln der Kinder läßt sich in Hohenems schon für das Jahr 1626 belegen.[67] Das verbreitete Küchlestehlen wie auch das schon erwähnte Bratenstehlen muß hier ebenfalls eingeordnet werden.

Dieses Betteln von Kindern und Jugendlichen war von erheblicher Bedeutung, weil ursprünglich die Knabenschaften, später die Kinder, die wichtigsten Träger der Fasnacht waren, die nicht über ein eigenes Einkommen verfügten. Nicht immer stand ihnen die öffentliche Hand, eine Zunft oder die Elternschaft zur Seite. Die Tanzordnung von Blons 1709 sieht das Dingen der Spielleute durch die junge Burschenschaft vor.[68] 1711 mieten die ledigen Burschen von Höchst einen Spielmann.[69] 1766 bestellen die ledigen Knaben von Bings und Stallehr Spielleute; ihr Kassier errechnet, daß jeder Knabe 6 Pfennige beizutragen hat.[70]

Im 16., 17., 18. und auch noch im 19. Jahrhundert lassen sich die ledigen Burschen, das junge Volk, die jungen Leute, die Knaben als die eigentlichen Träger der Fasnacht nachweisen. Von ihnen geht die Durchführung der Fasnacht immer mehr in Kinderhand über, während man – allerdings ohne rechten Erfolg – besonders im 18. Jahrhundert die Erwachsenen auszuschließen versucht. So bedauert ein Bludenzer Gerichtsprotokoll 1732, daß leider auch verheiratete Leute sich am unzulässigen Fasnachtstreiben beteiligen.[71] Auch sonst wird die Anwesenheit der Verheirateten besonders gerügt. Andererseits beklagt man aber auch wieder gerade das jugendliche Narrentreiben, das den jungen Menschen verderbe und zu üppigem und unanständigem Wesen erziehe.[72] So wird die Fasnacht seit dem 19. Jahrhundert vornehmlich eine Angelegenheit der unverdächtigen Kinder.

Nicht näher eingehen möchte ich auf die seit dem späten 18. Jahrhundert sich organisierenden Träger der Fasnacht: die Zünfte, die schon deswegen eigene Wege suchen mußten, weil die Handwerker von der Gesellschaft ausgeschlossen waren. Die Aufhebung der Zünfte hat der volkstümlichen Fasnacht großen Schaden zugefügt. Seit der Mitte des 19. Jahrhunderts nehmen sich verstärkt Vereine der Fasnacht an, deren Namen meist an die alten Zünfte anknüpfen. Die Geschichte dieser Fasnachtszünfte ist ein völlig unbeschriebenes Blatt. Zur Zeit (Fasnacht 1983) sind im Verband der Vorarlberger Funkenzünfte und Gilden insgesamt 32 Gemeinden vertreten.

Eine aus der Fasnacht nicht wegzudenkende Personengruppe sind die Spielleute, die nicht nur zum Tanz aufspielen, sondern auch beim Maskenlaufen, bei den Umzügen und Fasnachtsspielen für die nötige Begleitmusik sorgen. Sie sind seit 1334 in der Vorarlberger Fasnacht nachgewiesen. Der ihnen im Mittelalter anhaftende Ruf unehrlicher Leute[73] blieb ihnen auch in der Neuzeit noch lange Zeit erhalten. Die Spielleute werden fühlbar härter bestraft als sonstige Beteiligte, wenn sie gegen obrigkeitliche Fasnachtsverbote verstoßen, insbe-

sondere wird ihnen neben erhöhter Geldstrafe die Leibesstrafe angedroht.[74] 1765 wird erwogen, daß Spielleute auch einem anderen Beruf nachgehen sollen.[75] Als besonders verdächtig galten fahrende Spielleute: diese waren insbesondere der Obrigkeit ein Dorn im Auge, weil man sie sehr schwierig kontrollieren konnte und sie sich sowohl der Bestrafung wie auch der Besteuerung leicht entziehen konnten.

Aus diesem Grunde wurde die Verwendung von heimischen Musikanten empfohlen. Im Vorarlberger Landesarchiv wurden in den vergangenen Jahren die heimischen Spielleute des 14. bis 18. Jahrhunderts regestenmäßig erfaßt, wobei bisher an die 200 Personen bekannt wurden.[76] Es gibt auch Mandate, die ausschließlich heimische Musiker vorgeschrieben haben. So erließ der Propst von St. Gerold 1709 für Blons eine Tanzordnung, in der untersagt wurde, »alles herumlaufendes fremdes Gesindel, als da seynd Sack-Pfeifer, Leyreren etc. oder was dergleichen vagierendes Geschmeiss sein mag, sondern sollen ehrliche und im Land wohnende Spielleut dingen«.[77]

Im 19. Jahrhundert wandelt sich durch die zunehmende Einschaltung der Militärmusik und der Bürgermusik das Ansehen der Musikanten. Es sei noch erwähnt, daß die Spielleute auch noch in anderer Hinsicht unentbehrlich für die Fasnacht waren: so ist im 19. Jahrhundert der Geiger Anton Nayer aus Schruns nicht nur als Spielmann gefragt, sondern auch als Maskenschnitzer.[78]

Es ist kaum möglich, das gesamte Brauchtum der Vorarlberger Fasnacht in diesem Überblick darzustellen. Vielmehr ist hier schon von der beschränkten Überlieferung der historischen Quellen her eine Grenze gesetzt.

Die Fasnachtsverbote sowie die auf ihrer Grundlage ausgesprochenen Strafen, die neben wenigen chronikalischen und Tagebuchnotizen für die Histo-

riker die Hauptquelle darstellen, beziehen sich im wesentlichen auf drei Punkte:
1. die Masken und Verkleidungen;
2. das Maskenlaufen in allen seinen Formen;
3. das Tanzen.

Auf die gleichfalls erwähnten Funkenverbote ist nicht näher einzugehen, da sie außerhalb der Fasnacht liegen und dieses Brauchtum eine gewisse Eigenständigkeit besitzt, die sich nicht zuletzt auch in der Existenz eines umfangreichen Schrifttums zu diesem Thema zeigt.[79] Nicht weiter dargestellt werden auch die ohnehin schon beiläufig erwähnten Musikverbote.

Was zunächst die Masken betrifft, so gilt diesen in ganz besonderer Weise der Widerwille der Obrigkeit. Seit 1560 werden die Masken an der alten Fasnacht[80], seit 1582 überhaupt verboten.[81] Wo immer im 18. Jahrhundert die Fasnacht eingeschränkt wird, gilt das in erster Linie den Masken. So bleibt häufig das Tanzen erlaubt, wenn es ohne Masken geschieht. Wo Masken in der Gesellschaft zugelassen sind, ist zumindest der Heimweg vom Ball allenfalls bei guter Beleuchtung erlaubt.[82] Mit der Formel, daß man für die bewilligte Lustbarkeit anständiges Betragen erwarte[83], alles übrige Maskengehen in die Wirtshäuser oder sonst, in- und außerhalb bestimmter Tage, verboten sei, wird implizit auch auf die Art der Masken Einfluß genommen. Eine Bregenzer Verfügung von 1785 sagt es deutlicher: zulässig sind nur *»anständige und erlaubte«* Masken.[84]

Was damit gemeint ist, bleibt schwer zu bestimmen. Denn infolge der Verbote ist die Maskentradition frühzeitig untergegangen. Zwar haben die Aufsätze von Leopold Schmidt[85] und Klaus Beitl[86] nachgewiesen, daß die menschengesichtige Holzlarve barocker Prägung ein weit gestreutes Verbreitungsgebiet zumindest im ursprünglich rätoromanischen Teil Vorarlbergs hat, daneben auch Metallmasken und Ledermasken verwendet wurden. Die überlieferten Beispiele reichen aber nicht über das liberalere 19. Jahrhundert hinaus, und die einzige erhaltene Metallmaske, die dem 17./18. Jahrhundert angehört, ist möglicherweise als Schandmaske einzustufen.[87] Unsicher ist auch die Tradition einer an das Radolfzeller Hänsele erinnernde Hahnenkopfmaske[88] sowie einer um 1900 in Schruns verwendeten Bärenmaske.[89] Nicht sicher einzuordnen ist desgleichen eine im Festsaal des Hohenemser Schlosses als Schmuck verwendete »Theaterfratze«.[90]

Um so bedeutender sind die von Benedikt Bilgeri, allerdings ohne Angabe der Quelle, angeführten Hinweise auf die Verwendung einer verbotenen Roßkopfmaske 1639 und 1684 in Bregenz beziehungsweise in Röthis.[91] Diesen dürften auch die 1664 in Bludenz beanstandeten »Wilden Masken«[92] entsprochen haben. Der heimische Ausdruck dafür sind die »Butzen-Antliger«, wie es 1609 heißt.[93]

Uns mögen solche Verbote nicht ganz verständlich sein. Man muß aber bedenken, daß von diesen dämonischen Masken in einer Zeit, als die Hexenverfolgungen an der Tagesordnung waren, eine Wirkung ausging, die den Aberglauben förderte, so daß die Obrigkeit nicht ganz ohne Grund dagegen vorgehen mußte.

Neben den Masken richten sich die Verbote auch gegen die Bärte, die 1688 in Bludenz in einem Zuge mit den Masken untersagt werden.[94] Diese müssen daher neben den Masken eine größere Rolle gespielt haben. Noch etwas bleibt in die bisherige Maskendiskussion einzubeziehen; nämlich das Rußen. Zwar rußen sich die Kinder gegenseitig an, am Beginn dieser Entwicklung steht jedoch, daß die Erwachsenen sich selbst ihr Gesicht schwärzen.[95] 1803 ist von einem ausdrücklichen Verbot des Rußens für die Jugend die Rede, da das zu einer gefährlichen Nachahmung durch die Erwachsenen führe.[96] Die Vogteiverwaltung schreitet dagegen ein. Das Rußen ist demzufolge funktionell einer »wilden« Maske gleichzusetzen. Und es erhebt sich die Frage, inwieweit nicht auch dieses offenbar sehr verbreitete Rußen, das sogar dem bromigen Freitag seinen Namen gab, auf das frühe Ende der Maskentradition in Vorarlberg von Einfluß war.

Maske und Verkleidung ergänzen sich oft gegenseitig, so daß auch diese von der Obrigkeit bekämpft wurde. Die älteren Mandate verbieten neben der Maskerade ausdrücklich auch die Mummerei.[97] In einer Quelle von 1639 ist einmal von einem »verkehrten Pelz« die Rede, der den Roßkopf ergänzt.[98]

Sonst liegen nur Zeugnisse des frühen 19. Jahrhunderts vor. Übereinstimmend werden unanständige Kleidung und verlumpte, ekelerregende, sittlich anstößige Maskenkleider bekämpft[99], gelegentlich auch die Weiberkleider, in denen die Hausväter herumlaufen.[100] Dagegen bleiben die Verkleidungen als solche unbeanstandet: der Jäger, Hirte oder Schäfer, der Kaiser, König, Ritter oder Herold, der Alexander, Salomon, King Lear oder Cäsar. Auch fremdländische Gestalten wie der italienische Bajazzo oder gar Exoten wie Türken und Neger finden keinen Anstoß und erfreuen sich steigender Beliebtheit. Wie bei den Masken, so gibt es auch bei den Verkleidungen erlaubte und unerlaubte.

Diese Gleichung ist letztlich auch auf das Maskengehen zu übertragen. Ursprünglich galt das unorganisierte *Maskentreiben*, das erst später durch organisierte Maskenumzüge abgelöst wird.

Erste Verbote des freien Maskengehens sind in Bludenz 1686 bezeugt[101] und danach mehrfach wiederholt. Die Verbote richten sich auch hier im allgemeinen gegen das übertriebene und insbesondere nächtliche Maskenlaufen oder -fahren. Bludenzer Verbote präzisieren: das Herumziehen mit Spielleuten, noch genauer das nächtliche Herumziehen mit Spielleuten[102], insbesondere auch das Eindringen in fremde, früher selten verschlossene Häuser, wo ein entsprechender Lärm geschlagen wird.[103] Verboten sind die Lärmumzüge mit Peitschen und Klapfen, wobei die Nachtruhe gestört wird.[104] Die Bludenzer Mandate verbieten 1643 das Schreien auf der Gasse, 1677 das unnatürliche und unmenschliche Schreien auf der Gasse[105], 1690 das ungeziemende Johlen und Schreien auf der Gasse.[106] Man erkennt hier leicht eine Parallele zu den anstößigen Masken und Verkleidungen. Ein frühes Beispiel ist aus der Mitte des 16. Jahrhunderts belegt. Ein ganzes Schiff mit Trommlern und Pfeifern aus Fußach kreuzte in der Nacht vor Lindau, um die die Fasnacht verleugnenden reformierten Bürger in ihrer Nachtruhe zu stören. Der Rat nahm das sehr übel auf und führte eine entsprechende Beschwerde.[107] In allen diesen Fällen geht es um die geräuschvollen Exzesse des Maskengehens.

Es gibt andere Fälle des Maskengehens, die tief in das Persönlichkeitsrecht des einzelnen eingreifen und ihre Wurzeln im fasnächtlichen Rügerecht haben. In der Fasnacht 1546 hat der Baltzer Seep vor dem Haus des Kaspar Gasner gepoltert, diesen »vß dem hus geladen vnd zuckt«, ihn also mit dem Messer bedroht. Strafmildernd wird hervorgehoben: »is niemandt by Im geweesen.«[108]

Ernster ist ein 1686 für Raggal belegter Fall, wo mehrere Burschen, von Spielleuten begleitet, vor dem Haus einer unbeliebten Familie schießen und lärmen, ihr »das Gespenst zustellen« und sie dadurch verschimpfen. Vor Gericht bestreiten sie freilich ihre böse Absicht und schützen ein nach alter Gewohnheit zulässiges Fasnachtsspiel vor.[109] Auch bei den organisierten Umzügen, in Feldkirch im 14. Jahrhundert, in Bregenz im 16. Jahrhundert erstmals belegt, kommt es gelegentlich zu Ausschreitungen. So klagen die Mehrerauer Mönche 1614 über »fürgeloffne ungebürliche Verhandlung«, die Obrigkeit schärft 1755 erneut die Beobachtung einer »allanständige Aufführung« ein.[110] Seit 1769 wird der Umritt in verschiedenen Jahren ausgesetzt und 1778 endgültig verboten.[111] Auch andernorts begegnen uns solche Umritte, zum Beispiel das 1803 in Bludenz und im Montafon verbotene Schemen- und Jörilaufen[112], an dem vor allem die Jugend beteiligt war; der 1813 belegte und 1819 zuletzt durchgeführte Klepfer in Dornbirn[113]; der 1810 in Lustenau verbotene Umritt, den ein Schweizer organisieren wollte.[114]

Das 19. Jahrhundert bringt nach diesen Verboten und kriegsbedingten Unterbrechungen neue Formen. Als Beispiel sei die Bregenzer Schlittersche[115] erwähnt, eine Rodelpartie im Gebiet des Gebhardsbergs und Pfänders auf 30 tannengeschmückten, pferdegezogenen Schlitten, wobei Bürgermusik und Gesangverein mitwirkten. Diesem Zug folgten zahlreiche kleine Schlitten mit Maskierten. Die Partie endete abends bei öffentlichem Tanz und Wein. Die erste Erwähnung findet sich bei Ebner, dem in einer Fasnacht der 40er Jahre des 19. Jahrhunderts bei seinem täglichen Spaziergang die vielen Schlitten auffielen. Auch aus Bizau sind bekränzte Schlitten in der Fasnacht bezeugt. Ein modernes Gegenstück ist die nach dem Zweiten Weltkrieg in Schruns eingebürgerte maskierte Schiabfahrt, die auch in Egg-Großdorf bekannt ist.[116]

Im 19. Jahrhundert setzen sich dann mehr und mehr auch künstlich geschaffene Umzüge nach fremdem Vorbild durch. Sie finden zunächst nicht jährlich statt. Es gibt sie in Bregenz 1848 oder 1865, in Lustenau oder in Bludenz (1949/50). Der Spott der Umzüge gilt vor allem dem Zeitgeschehen. 1848 in Bregenz der Eisenbahn und der Lola Montez[117]; beides bleibt auch 1865 noch ein Thema.[118] Ein beliebtes Thema, beispielsweise in Lustenau und

Bludenz, war die Altweibermühle. Gedruckte Zugordnungen sind Zeichen für eine immer perfekter werdende Organisation der Fasnacht.

Wie schon in der Einleitung vermerkt, spielt in der Vorarlberger Fasnacht auch das künstlerische und schauspielerische Element eine nicht zu unterschätzende Rolle. Es überrascht das keineswegs, wenn man weiß, daß etwa im Feldkirch des 14. Jahrhunderts bereits sehr aufwendige Osterspiele[119] veranstaltet wurden und aus verschiedenen Jahrhunderten Passionsspiele bezeugt sind, die unter Anteilnahme der Bevölkerung durchgeführt wurden.[120] Belegt sind diese Fasnachtsspiele namentlich aus dem 19. Jahrhundert, wobei die folgenden Hinweise lediglich als Beispiele aufzufassen sind, nicht aber als eine auch nur annähernd vollständige Liste gelten können. Der älteste Beleg ist aus dem Jahre 1625: drei Montafoner Trommler und eine Anzahl von Kindern führten in der Fasnacht auf Schloß Hohenems eine Komödie auf.[121] Die Fasnachtsspiele scheinen dann vor allem in Bregenz regelmäßiger durchgeführt worden zu sein. Der Kreishauptmann Ebner läßt in seinem Tagebuch erkennen, daß Jahr für Jahr in der Fasnacht Theaterbesuche beliebt gewesen sind. So berichtet er etwa über den Fasnachtsmontag 1840, daß am Nachmittag der Lumpazi Vagabundus als Fasnachtsposse gespielt wurde, in dem die Weiber Männerrollen und umgekehrt die Männer Weiberrollen übernahmen. Das Theater soll so voll gewesen sein wie noch nie, und es sei gar nicht übel gespielt worden.[122]

Es kam daneben aber auch vor, daß das Maskenlaufen in die Form eines Theaterspiels überging. So stellten die Bregenzer Masken am Fasnachtssonntag 1837 eine Belagerung Krähwinkels vor oder sie produzierten am Fasnachtsmontag 1843 abermals eine Krähwinkliade, wobei Ebner sich über beide Aufführungen abfällig äußert.[123] Etwas genauer wissen wir über die Aufführung einer Maskerade am Fasnachtsmontag 1838 Bescheid: die Einnahme von Algier durch die Franzosen. Zu diesem Spiel besteht ein vier Seiten umfassender ausführlicher Plan, der fünf Tage vorher ausgegeben und an die Bevölkerung verteilt wurde.[124] Das Seehäuschen war zur Festung des türkischen Befehlshabers dekoriert worden, weitere türkische Regimenter saßen in der Schwimmschule und in einer privaten Badeanstalt. Auch der Seedamm und der Hafen befanden sich in türkischer Hand. Die Franzosen griffen vom See her mit verschiedenen Schiffen an. Die einzelnen Manöver werden ganz genau beschrieben, so daß jeder Teilnehmer wußte, was er zu tun hatte. So wird beispielsweise ein türkisches Schiff in Brand geschossen, das mit brennbarem Stoff beladen ist.

Wir besitzen zu diesem Plan den Bericht Ebners, der das Spektakel beobachtete und von vielen tausend Besuchern spricht: »Schon um 8 Uhr wurde herum getrommelt, den ganzen Vormittag zogen die Maskenhaufen der Franzosen und Türken, und Neger hin und her, und die türkischen Musiken ließen sich hören. Die Stadt Bregenz ist ganz voll Fremder. Es ist ein Lermen und eine Bewegung, als wenn das wichtigste Ereignis nahe wäre.«[125] Ebner, der sonst die Maskeraden eher aus kritischer Distanz verfolgt, ist des Lobes voll, insbesondere beeindrucken ihn die Kostüme der Türken und der Neger, die vom Festland her die Franzosen anzugreifen versuchen. Gewiß mag dieses Theaterspiel nicht als hohe Kunst eingestuft werden. Es erfordert aber doch sehr viel Gemeinschaftssinn, wenn eine ganze Stadt sich den Fremden in einem Schauspiel stellt. Und es spricht für die Disziplin der Bregenzer, wenn es bei der großen Beteiligung und den endlosen »Beschießungen«, wie Ebner erleichtert bemerkt, zu keinem einzigen Unfall kam.

Die Fasnachtsschauspiele fanden auch in Dörfern der Umgebung von Bregenz Aufnahme. So berichtet der Kreishauptmann Ebner in seinem Tagebuch zum 19. Februar 1844, daß am Fasnachtsdienstag in Hard ein großes Fasnachtsspektakel stattfand, eine Aufführung des »Schinderhannes«, an der gegen 200 Personen mitgewirkt haben.[126] In Lustenau fanden häufig solche Freilichtspiele statt, einfache Volksstücke wie »Genoveva« oder »Heinrich von Eichenfels«.[127] In den Walserdörfern waren noch um 1900 solche Spiele bekannt, als Beispiel sei der »Doktor Eisenbart« erwähnt.[128] Theaterspiele, in denen der Hanswurst auftrat, wurden auch am Funkensonntag veranstaltet, so in Vandans.[129]

Diese Hinweise zeigen uns einmal, in welchem Ausmaß die Dorfbevölkerung hier angesprochen werden konnte und wie man ein solches Theaterspiel zur Sache der Gemeinschaft gemacht hat. Daß man dazu auch keine Kosten gescheut hat, mag man der Äußerung Ebners entnehmen, daß trotz schlimmer Zeiten die Leute immer genug Geld für die Unterhaltung haben.

In Wolfurt wurden schon vor der Mitte des 19. Jahrhunderts Fasnachtsspiele unter Beteiligung der Bevölkerung durchgeführt, die zur Gänze von der bäuerlichen Bevölkerung selbst getragen wurden. So dirigierte der Mechaniker Dür anfangs der 50er Jahre des 19. Jahrhunderts das Spiel »Genoveva«.[130]

Ferdinand Schneider bedauert in seiner Chronik, daß dieser Brauch einige Jahre nicht beachtet wurde, und so improvisierte er selbst »eine gehörige Gaukelei«[131], wie er sich ausdrückte, die er am Fasnachtsdienstag dann auch erfolgreich durchführen konnte. »Zur Fastnacht ein lustiges Stückchen« überschreibt er in seiner Chronik die Wilddiebgeschichte: drei Wilddiebe wurden von 30 Jägern gejagt und nach langem Kampf überwunden. In Ketten werden sie mit klingendem Spiel auf den

Kirchplatz gebracht, wo sie ein Bekenntnis ablegen und schließlich eingesperrt werden. Während die Jäger im Gasthaus »Zum Rößle« ihren Sieg feiern, befreien sich die Gefangenen. Es entsteht eine allgemeine Panik, weil man befürchtet, die Wilddiebe werden aus Rache das ganze Dorf niederbrennen. Sie töten etwa 50 bis 60 Personen, bis ihnen die Munition ausgeht. Dann werden sie überwältigt, gefesselt und geknebelt und abends mit klingendem Spiel weggeführt, diesmal aber ins Gasthaus »Zum Sternen«. »Es war da sehr lustig an diesem Abend, es wurde viel deklamiert und gesungen bis die Fastnacht zu Ende war, mit Freuden verabschiedet man sich in der Hoffnung, die nächste Fastnacht ein gehöriges Stück aufzuführen.«

Diese Hoffnung erfüllte sich allerdings nicht. Erst 1873 und 1875 griff man diesen Brauch wieder auf, indem man Schillers »Wilhelm Tell« und Schillers »Die Jungfrau von Orleans« zur Aufführung brachte.[132] Die Stücke wurden jeweils am gumpigen Donnerstag und ein zweites Mal am Fasnachtsdienstag aufgeführt. Es wurde eine Art Drehbuch hergestellt, die Rollen wurden herausgeschrieben, und zwei Monate vorher begannen die Proben. Das ganze Dorf spielte mit, die Dorfbewohner übernahmen sämtliche Rollen. So spielte etwa der alte Gunzmüller in »Die Jungfrau von Orleans« den Bischof von Reims, der es ausgezeichnet machte. Die Frauenrollen wurden von Männern gespielt (»Sternen«-Wirt = Jungfrau). Der Text war mehr oder weniger wörtlich aus Schiller übernommen. Zwei Besonderheiten sind noch hervorzuheben: im »Tell« wurden sämtliche Hauptrollen zu Pferde gespielt. Und ebenso selbstverständlich wurde die Militärmusik in die Aufführung eingebaut. Beide Aufführungen fanden großen Anklang. Über spätere Aufführungen ist nichts mehr bekannt. Immerhin ist beachtlich, wie es in der genannten Zeit doch eine rege Hinwendung zu einer schau-

spielerischen Umsetzung der Fasnacht gekommen ist und daß man die gesamte Bevölkerung für diese klassischen Bühnenspiele gewinnen konnte.

Inwieweit auch das bekannte, in das Jahr 1864 zurückreichende Bizauer Laientheater hier einzubeziehen ist, läßt sich nicht bestimmt sagen.[133] Immerhin sind auch die Bizauer Aufführungen auf den Valentinstag, das Bizauer Patrozinium, den 14. Februar, festgelegt. Und auch hier begegnen wir den gleichen Stücken: dem Lumpazi Vagabundus, Schillers »Wilhelm Tell«, daneben auch Schillers »Die Räuber«. Im übrigen wurde in Bizau fast jährlich ein neues Stück einstudiert. Die Schauspieler rekrutierten sich anfangs aus der jungen Burschenschaft des Dorfes, die gleiche Gruppe also, die traditionell den Hauptanteil an der Fasnacht trug. Es sei noch bemerkt, daß man 1893 in Bizau nach dem Vorbild von Oberammergau auch ein Passionsspiel einführen wollte, allerdings ohne Erfolg. Der Text dieses Passionsspiels ist jedoch überliefert.

Eine bedeutende Rolle spielt in der Fasnacht auch der Tanz, der trotz gelegentlicher Verbote unangefochten bleibt. Denn auch die Tanzverbote richten sich im allgemeinen nur gegen unerlaubte Formen und mögliche Exzesse. Erlaubt sind die offenen Tänze im Tanzhaus neben der Kirche, die der Pfarrer vom Widum aus im Auge behalten konnte; in Vorarlberg ist ehemals das Tanzhaus ein fester Bestandteil jedes Dorfes, dessen Anfänge ins 14. Jahrhundert zurückgehen. Solche Tanzhäuser lassen sich in etwa 40 Gemeinden nachweisen und bezeugen geradezu eine Tanzwut der Vorarlberger.[134] Offene Tänze können auch in den Wirtshäusern stattfinden, doch besteht im 18. Jahrhundert eine Genehmigungspflicht ebenso wie für die gehobenen Bälle und die Tänze in geschlossenen Gesellschaften oder jene, die Privatpersonen für ihre guten Freunde veranstalten. Unerlaubt hingegen sind Winkeltänze, sogenannte Heimgarten und Stubeten[135], wo es an der notwendigen Aufsicht fehlt.[136]

Aber auch die offenen Tänze bereiten der Obrigkeit mancherlei Sorgen, da es hier häufig zu Auseinandersetzungen kommt. So gehen in der Fasnacht 1546 vor dem Tanzhaus in St. Gallenkirch die Burschen mit gezückten Wehren aufeinander los.[137] Ein Bludenzer Mandat, das für die Fasnacht 1686 jedes Maskenlaufen verbietet, läßt die Tänze zu, jedoch ohne »Scandala und Ungelegenheiten«.[138] Und 1787 wird im Reichshof Lustenau Tanz an den drei letzten Tagen der Fasnacht in allen Schenken und Gasthäusern gestattet, doch ist darauf zu achten, daß es zu keinen »Zank- oder Raufhändeln« kommt.[139] Diese Beispiele ließen sich beliebig mehren.

Die in den Umzügen üblich gewordene Satire des Zeitgeschehens ist aus dem traditionsreichen Rügerecht abzuleiten, das schon von den römischen Saturnalien bekannt ist. Dieses Vorrecht gebührt auch dem mittelalterlichen Narren. Aus der antiken Überlieferung übernahm der Humanismus diese Freiheit. So mußte sich der bekannte Vorarlberger Humanist Georg Joachim Rhetikus 1545, damals Professor für Astronomie an der Universität Leipzig, von einem seiner Schüler einen frechen Brief gefallen lassen, der »in ipsis Bacchanalibus« geschrieben war.[140] Dieses Rügerecht ist in der Vorarlberger Fasnacht frühzeitig institutionalisiert in der sogenannten »Stichlat« am gumpigen Donnerstag: hier wird, zum Beispiel in Sulzberg, vor den versammelten Dorfbewohnern die Narrenzeitung öffentlich verlesen.[141] Diese Narrenzeitung spielte in der Vorarlberger Fasnacht eine große Rolle. Es gibt sie in sehr vielen Gemeinden. In Bregenz ist 1882 »Die Narrenstimme« bezeugt.[142] 1893 erschien der »Schnapp-Agath oder der Winker«[143], 1899 »D'Laterne«[144], 1900 erschienen in Bregenz mindestens drei Fasnachtszeitungen: »Die Narrenzeitung«, »Alt-Bregenz« und das närrische »Amts-Blatt«[145], das schon 1808 einen Vorläufer hatte.[146] 1908 kam »Der Bregenzer Nebelspalter« heraus.[147] Heute (1984) steht der »Bregenzer Schnorrapfohl« bereits in einem 34. Jahrgang.

In Dornbirn ist die Sägarrätscho« von 1912 die älteste bekannte Narrenzeitung.[148]

Im Grenzbereich zwischen dem Schicklichen und Unschicklichen liegen auch die Wurzeln der obrigkeitlichen Eingriffe. Dabei werden meist kirchlich moralische Auffassungen bestimmend, aber auch wirtschaftliche und gesundheitspolitische Argumente dienen der Begründung der Verbote.

Mit angedrohten Geldstrafen, die zwischen einem ½ und 10 Pfund Pfennigen liegen, aber auch mit Leibesstrafen (zum Beispiel zehn Rutenschläge) sowie mit Freiheitsstrafen (zum Beispiel ein Tag in der Keuche bei Wasser und Brot) suchte die Obrigkeit ihren Mandaten Nachdruck zu verleihen.

Die Rechtswirklichkeit sieht freilich etwas anders aus: im Hinblick auf die Einsicht werden im allgemeinen Gnadenstrafen verhängt, besonders gegen die hauptbeteiligten Jugendlichen. 1614 beließ es das Bregenzer Gericht dabei, daß einige junge Burschen mit der Bitte um Verzeihung und Gnade davonkamen.[149] Ein Bludenzer Gericht verurteilte 1652 einige junge Burschen aus dem gleichen Grund dazu, den Kapuzinern Holz zu hacken.[150] Außerdem durften sie hinkünftig ohne besondere Erlaubnis des Bürgermeisters auf keinen Tanz mehr gehen.

Gerade diese Fälle der Rechtswirklichkeit beweisen, daß wir ein großes Fragezeichen betreffend der Durchsetzbarkeit der Mandate setzen müssen. Die Mandate nehmen in der Regel ihren Ausgang vom Kaiser, von dort gelangen sie an die Regierung in Innsbruck (später in Konstanz oder Freiburg), von dort an das Oberamt in Bregenz, dann an die Vogteiämter und schließlich an die Gemeinden. Auf diesem Weg über zahlreiche Instanzen verloren sie einiges von ihrer Schärfe, wobei die unteren Instanzen nicht selten dazu neigten, diese Befehle in ihren Schreibtischladen verschwinden zu lassen, um sich keinen Ärger einzuhandeln und weil ihnen auch die Machtmittel für deren Durchsetzung fehlten. Nur so ist es auch zu erklären, daß die schon im 14. Jahrhundert skeptisch betrachtete alte Fasnacht bis ins ausgehende 18. Jahrhundert überleben konnte, ehe man ihre Abschaffung im 19. Jahrhundert restlos akzeptiert hat. Die Überwachung war eben nicht, wie »in dereinst kommenden Diktaturen«[151], lückenlos. Im Gegenteil: Am Wiener Hof wußte man sehr wohl um die Schwächen der Durchsetzbarkeit der Mandate, die man sogar bewußt als ein Korrektiv gegen die Strenge der Gesetze in Kauf nahm.[152]

Man kann daher für den frühen Untergang der Vorarlberger Fasnacht nicht ohne Vorbehalte die Furcht des Absolutismus vor getarnter Rebellion verantwortlich machen.[153] Denn im Linzgau oder im Hegau, wo die Tradition erhalten blieb, regierte nicht nur die gleiche österreichische Verwaltung, sondern auch die geistliche Leitung unter dem Bischof von Konstanz war weitgehend die gleiche. Wie unpolitisch die Vorarlberger Fasnacht selbst im Revolutionsjahr 1848 war, hat Kreishauptmann Ebner in seinem Tagebuch zu Papier gebracht, der außer harmlosen Späßen nichts Revolutionäres erkennen konnte.[154] Hier werden die Ausführungen von Herbert Berner zum Thema Fasnacht und Politik bestätigt.[155] Der Narr rügt die menschlichen Schwächen, aber ist kein auf Umsturz ausgerichteter Revolutionär.

Die Vorarlberger Fasnacht hat nach dem letzten Krieg einen mächtigen Aufschwung genommen, um die historischen Verluste wieder auszugleichen. Die Rückbesinnung auf bodenständiges Brauchtum steht dabei im Mittelpunkt. So verdanken wir dem Bregenzer Stadtarchivar Emmerich Gmeiner, daß seit 1970 der Fasnachtsritt in die Mehrerau wieder zu einem zentralen Ereignis der Fasnacht geworden ist. Die Vorarlberger Fasnacht befindet sich auf dem Wege, ihren angestammten Platz in der alemannischen Fasnacht zurückzuerobern.

ANMERKUNGEN

1 Benedikt Bilgeri, Aus der Geschichte der Vorarlberger Jahresfeste, in: Jahresbericht des Bundesrealgymnasiums für Mädchen Bregenz 1949/50, Bregenz 1950, S. 12–23 (hier besonders S. 14–16).

2 Karl Ilg, Vorarlberger Fasnacht, in: Landes- und Volkskunde, Geschichte, Wirtschaft und Kunst Vorarlbergs, hg. v. Karl Ilg, Bd. 3, Innsbruck 1961, S. 194–202.

3 Einen Überblick über die Tagung gibt Herbert Berner, Tübinger Arbeitskreis für Fasnachtsforschung, Entstehung, in: Fasnet im Hegau und Linzgau, hg. v. Herbert Berner, Konstanz 1982, S. 84–90 (hier S. 90, Anm. 12).

4 Zitiert bei Ludwig Welti, Auf den Spuren des vorarlbergischen Frühhumanismus, in: Montfort 18, 1966, S. 450.

5 Sebastian Münster, Kosmographie (deutsche Ausgabe), Basel 1550, S. 640. Verfasser dieses Berichtes ist der Feldkircher Stadtarzt Achilles Pirmin Gasser. Vgl. dazu Karl-Heinz Burmeister, Achilles Pirmin Gasser 1505–1577, Bd. 3, Wiesbaden 1975, S. 85–87, wo Gasser in einem Brief an Münster vom 21. Dezember 1545 bittet, den Bericht über dieses Possenspiel nicht zu streichen. Siehe auch Johann Georg Prugger, Veldkirch, Feldkirch 1685, wo unter den Jahren 1382 und 1539 über dieses Fasnachtsspiel berichtet wird. Vgl. auch Franz Joseph Weizenegger, Vorarlberg, Bd. 2, Innsbruck 1839, S. 200.

6 Karl Ilg, Die Dornbirner Fasnacht im Volksleben, in: Gartenstadt Dornbirn, Dornbirn 1951, S. 103–111 (hier S. 105).

Emmerich Gmeiner, Fasnachtsritt in die Mehrerau, in: Vorarlberg 1966, Heft 1, S. 32–37.

[7] Emmerich Gmeiner, Der Fasnachtsritt in die Mehrerau, in: Vorarlberg 1966, Heft 1, S. 32–37; Emmerich Gmeiner, Fasnachtsritt in die Mehrerau, in: Bodenseehefte 1973, Heft 2, S. 25 f. Vgl. auch: Der Faschingsritt der Bregenzer, in: Bote für Tirol und Vorarlberg 1821, Nr. 40, S. 160 (Anhang); Weizenegger (vgl. Anm. 5), Bd. 2, S. 278 f.; Meinrad Tiefenthaler, Nochmals: Der Bregenzer Faschingsritt nach Mehrerau, in: Vorarlberger Volksblatt vom 8. Februar 1934.

[8] Über dieses Detail berichtet Erich Müller, »Alt-Bregenzer Brauchtum«, in seiner Hausarbeit für die Reifeprüfung aus dem Jahre 1928 (Exemplar im Vorarlberger Volksliedarchiv, Sign.: M 18/VI), S. 4. – Für einen entsprechenden Hinweis habe ich Herrn Professor Dr. Erich Schneider in Bregenz zu danken.

[9] Johann Georg Hummel, Der Fasnachtsdienstag in Bregenz, in: Vorarlberger Volksblatt vom 24. und 25. Februar 1897, S. 1–3 bzw. S. 1–4.

[10] Leo Jutz, Vorarlbergisches Wörterbuch, Bd. 1, Wien 1960, Sp. 776 f.

[11] Vorarlberger Landesarchiv, Akten Oberamt Bregenz, Sch. 250 sub dato.

[12] Jutz (Anm. 10), Bd. 1, Sp. 581. Zum Brauchtum vgl. auch Hermann Eiler, Am »gumpigen Donnerstag«, in: Heimat 1928, S. 72–77.

[13] Vgl. Bilgeri (Anm. 1), S. 16. Es handelt sich um eine typische Begleiterscheinung des Bratenstehlens.

[14] Jutz (Anm. 10), Bd. 1, Sp. 288 und Sp. 995.

[15] Jutz (Anm. 10), Bd. 2, Wien 1965, Sp. 824.

[16] Jutz (Anm. 10), Bd. 1, Sp. 776 f.

[17] Ebenda, Sp. 776.

[18] Ebenda, Sp. 776.

[19] Ebenda, Sp. 776.

[20] Ebenda, Sp. 1024. Vgl. auch unter Anm. 79.

[21] Jutz (Anm. 10), Bd. 2, Sp. 178 f. Vgl. auch unter Anm. 79.

[22] Ebenda, Sp. 887.

[23] Zum Brauchtum vgl. Alfons Leuprecht, Aschermittwochsbräuche, in: Feierabend 10, 1928, S. 45–46.

[24] Vorarlberger Landesarchiv, Akten M 231/23.

[24a] Tagebuch des Kreishauptmanns Ebner, Vorarlberger Landesarchiv, Hds. und Cod., Bibliotheksgut 192/2 sub dato 1841 Februar 24.

[25] Die kontroverse Stellungnahme von Tiefenthaler (Anm. 7) gegen Hummel (Anm. 9) ist daher müßig.

[26] Artur Schwarz, Heimatbuch Egg, Bregenz 1974, S. 291.

[27] Klaus Beitl, Geschnitzte Fastnachtsmasken in Bludenz und Schruns, in: Jahrbuch des Vorarlberger Landesmuseumsvereins 1958/59, Bregenz 1960, S. 101–113 (hier S. 107).

[28] Gerhard Winkler, Die Chronik des Ulrich Tränkle von Feldkirch, in: Geschichtsschreibung in Vorarlberg, Bregenz 1972, S. 11–48 (hier S. 29).

[29] Beitl (Anm. 27), S. 109.

[30] Benedikt Bilgeri, Geschichte Vorarlbergs, Bd. 4, Wien/Köln/Graz 1982, S. 118 f.

[31] Alfons Leuprecht, Faschingslust und Obrigkeit, in: Anzeiger für den Bezirk Bludenz und Montfort vom 18. Januar, 4., 11. und 18. Februar 1928, sub dato.

[32] Gmeiner (Anm. 7), S. 36.

[33] Vorarlberger Landesarchiv, Akten Rh. und Pg. Lustenau, Sch. 2, 3/2, sub dato 1787 Februar 27.

[34] Vorarlberger Landesarchiv, Akten Oberamt Bregenz, Nr. 250, sub dato 1759 März 20: ». . . gemeine Bauerntänze zu der Verhuetung vieler sünd vnd laster hierorts nichtmalen länger als bis abents vmb 8 oder 9 Vhr gestattet vnd die transgressores empfindlich gestrafft werden.« Vgl. auch sub dato 1754 Januar 30.

[35] Ebenda, sub dato 1753 Dezember 29 u. ö.

[36] Ebenda, sub dato 1757 Januar 29.

[37] Leuprecht (Anm. 31), sub dato 1795, vergleichbar auch 1804.

[38] Gmeiner (Anm. 7), S. 36.

[39] Abgedruckt bei Beitl (Anm. 27), S. 108: »Am Suntig aber, i der heiliga Fastazit, ischt ds Jörimacha verbota und wird . . . gehörig abgschtroft.«

[40] Vorarlberger Landesarchiv, Hds. u. Cod., Vogta. Bludenz 21, Bl. 2ᵛ.

[41] Württembergische Landesbibliothek Stuttgart, Cod. Hist. 2° 618, Bl. 259ᵛ.

[42] Vgl. Karl-Heinz Burmeister, Die Montforter und die Kultur, in: Die Grafen von Montfort (= Kunst am See, 8.), Friedrichshafen 1982, S. 34–42 (hier S. 42).

[43] Ludwig Welti, Siedlungs- und Sozialgeschichte von Vorarlberg, hg. v. Nikolaus Grass, Innsbruck 1973, S. 59.

[44] J. E. Wackernell, Hugo von Montfort, Innsbruck 1881, S. 103 (Gedicht 28, Vers 379 f.).

[45] Ebenda, S. 117 (Gedicht 29, Vers 23).

[46] Margareta Köfler und Silvia Caramelle, Die beiden Frauen des Erzherzogs Sigmund von Österreich-Tirol (= Schlernschriften, 269), Innsbruck 1982, S. 205 f. Vgl. auch S. 87 und S. 195.

[47] Benedikt Bilgeri, Geschichte Vorarlbergs, Bd. 2, Wien/Köln/Graz 1977, S. 553, Anm. 12.

[48] Heinrich Hammer, Literarische Beziehungen und musikali-

sches Leben des Hofes Herzog Siegmunds von Tirol, in: Zeitschrift des Ferdinandeums für Tirol und Vorarlberg, 3. Folge, 43. Heft, Innsbruck 1899, S. 108, Anm. 5.

49 Ludwig Welti, Landesgeschichte, in: Landes- und Volkskunde, Geschichte, Wirtschaft und Kunst Vorarlbergs, hg. v. Karl Ilg, Bd. 2, Innsbruck 1968, S. 205. Vgl. auch Jahrbuch des Vorarlberger Landesmuseums 1970, S. 181–184.

50 Zum Begriff vgl. Hermann Fischer, Schwäbisches Wörterbuch, Bd. 5, Tübingen 1920, S. 875.

51 Über ihn vgl. Karl-Heinz Burmeister, Andelsbuch, Aus Geschichte und Gegenwart einer Bregenzerwälder Gemeinde, S. 133–134, sowie die dort auf S. 314 aufgeführte Literatur.

52 Ludwig Welti, Graf Kaspar von Hohenems 1573–1640, Innsbruck 1963, S. 444. Zum Hohenemser Narrenwesen vgl. auch Werner Mezger, Der Ambraser Narrenteller von 1528, in: Zeitschrift für Volkskunde 75, 1979, S. 161–180 (hier besonders S. 162): Es ist wahrscheinlich, daß Graf Hannibal am 17. Jänner 1577 den Narrenteller dem Erzherzog Ferdinand II. zum Geschenk machte.

53 Vorarlberger Landesarchiv, Akten Oberamt Bregenz, Nr. 250, sub dato 1753 Dezember 29 usw.

53a Ebenda.

54 Ebenda, sub dato 1755 Januar 4.

55 Ebenda, sub dato 1754 März 3. Alle acht Bälle der Fasnacht 1754 in Bregenz zählten zusammen 196 Besucher.

56 Leuprecht (Anm. 31), sub dato 1755 Januar 4.

57 Vorarlberger Landesarchiv, Akten OA. Bregenz, Nr. 250, sub dato 1759 März 20.

58 Vorarlberger Landesarchiv, Hds. und Cod., Bibliotheksgut 192/1, sub dato 1838 Februar 26.

59 Ebenda, sub dato 1839 Februar 10.

60 Gmeiner (Anm. 7), S. 34 f.

61 Vgl. dazu insbesondere Tiefenthaler (Anm. 7).

62 Rudolf Henggeler, Alte Bräuche und Gewohnheiten in St. Gerold, in: Vorarlberger Volkskalender 1963, S. 56–61 (hier S. 56 f.).

63 Zum Dornbirner Klepfer vgl. vor allem Ilg (Anm. 2), S. 198–200.

64 Beitl (Anm. 27), S. 109.

65 Beispiele bei Bilgeri (Anm. 1), S. 18.

66 Hannes Grabher, Brauchtum, Sagen und Chronik, Lustenau 1956, S. 155.

67 Welti (Anm. 52), S. 444.

68 Topographisch-historische Beschreibung des Generalvikariates Vorarlberg, Bd. 7, bearbeitet von Johannes Schöch, Dornbirn 1965, S. 688 f.

69 Bilgeri (Anm. 1), S. 16.

70 Ebenda, S. 16.

71 Beitl (Anm. 27), S. 109.

72 Vorarlberger Landesarchiv, Akten M 231/23 (1833).

73 Werner Dankert, Die unehrlichen Leute, Die verfemten Berufe, Bern/München 1963.

74 Leuprecht (Anm. 31), sub dato 1643 Januar 29.

75 Vorarlberger Landesarchiv, Akten OA. Bregenz, Nr. 250, sub dato 1765 Dezember 15.

76 Vgl. dazu auch einen ersten Überblick von Karl-Heinz Burmeister, Vorarlberger Spielleute des 14. bis 18. Jahrhunderts, in: Montfort 29, 1977, S. 112–117; ferner Erich Schneider, Soziale Stellung und Funktion der Spielleute in Vorarlberg, in: Montfort 29, 1977, S. 118–127.

77 Vgl. oben Anm. 68.

78 Beitl (Anm. 27), S. 112.

79 Außer der schon genannten Arbeit von Ilg (Anm. 2), S. 16–19: L. Hornbach, Der Funken- oder Küchle-Sonntag in Vorarlberg, in: Forschungen und Mitteilungen zur Geschichte Tirols und Vorarlbergs 9, 1912, S. 204–208; Franz Josef Fischer, Der Funken- und Küchle-Sonntag in Vorarlberg und Liechtenstein, in: Heimat 2, 1921, S. 2–9, 26–32, 74–79 und 114; Michl Meusburger, Etwas zum Funkensonntag in Bizau, in: Heimat 2, 1921, S. 96–97; Adolf Helbok, Einiges zum Funkensonntag, in: Heimat 12, 1931, S. 69–74; Anton Schneider, Der Funken- und Küächlesonntag, in: Feierabend 1922, S. 13–14; Karl Ilg, Ein Versuch zur Erklärung des Brauches vom Funkensonntag, in: Montfort 2, 1947, S. 101–110.

80 Beitl (Anm. 27), S. 109.

81 Leuprecht (Anm. 31), sub dato 1582.

82 Vorarlberger Landesarchiv, Akten OA. Bregenz, Nr. 250, sub dato 1753 Dezember 29.

83 Ebenda.

84 Gmeiner (Anm. 7), S. 37.

85 Leopold Schmidt, Zur Geschichte des Maskenwesens in Vorarlberg, in: Jahrbuch des Vorarlberger Landesmuseumsvereins 1958/59, Bregenz 1960, S. 93–100.

86 Vgl. Anm. 27.

87 Schmidt (Anm. 85), S. 99.

88 Beitl (Anm. 27), S. 113.

89 Ebenda, S. 111.

90 Welti (Anm. 52), Tafel 46 nach S. 448.

91 Bilgeri (Anm. 1), S. 16.

92 Beitl (Anm. 27), S. 109.

93 Bilgeri (Anm. 1), S. 16.

94 Leuprecht (Anm. 31), sub dato 1688.

95 Grabherr (Anm. 66), S. 158.

96 Bilgeri (Anm. 30), S. 600, Anm. 274.

97 Vorarlberger Landesarchiv, Akten OA. Bregenz, Nr. 250, sub dato 1681 Januar 24.

98 Bilgeri (Anm. 1), S. 16.

99 Vorarlberger Landesarchiv, Akten GA. Bürs, Sch. 4, Nr. 126, sub dato 1854 Januar 28.

100 Bilgeri (Anm. 1), S. 14.

101 Leuprecht (Anm. 31), sub dato 1686 Februar 1.

102 Ebenda, sub dato 1748 Januar 20.

103 Vorarlberger Landesarchiv, Akten GA. Bürs, Sch. 4, Nr. 126, sub dato 1854 Januar 28.

104 Ilg (Anm. 2), S. 200; Beitl (Anm. 27), S. 109.

105 Leuprecht (Anm. 31), sub dato 1643 Januar 29 und 1677 Dezember 24.

106 Vorarlberger Landesarchiv, Akten Vogta. Bludenz, Sch. 43, Nr. 480 sub dato 1690 Januar 28.

107 Stadtarchiv Lindau, Ratsprotokoll.

108 Vorarlberger Landesarchiv, Hds. u. Cod., Vogta. Bludenz, 22, vorletztes Blatt.

109 Bilgeri (Anm. 1), S. 16.

110 Gmeiner (Anm. 7), S. 33–35.

111 Ebenda, S. 36 f. Vgl. dazu M. Tiefenthaler (Anm. 7).

112 Leuprecht (Anm. 31), sub dato 1803 Januar 15.

113 Ilg (Anm. 2), S. 198.

114 Bilgeri (Anm. 1), S. 14.

115 Müller (Anm. 8), S. 5 f.

116 Schwarz (Anm. 26), S. 231.

117 Vorarlberger Landesarchiv, Hds. und Cod., Bibliotheksgut 192/4 (Tagebuch des Kreishauptmanns Ebner) sub dato 1848 März 7.

118 Stadtarchiv Bregenz, Akt 154 (Umzugsordnung für den 24. Februar 1865).

119 Eugen Thurnher, Das Feldkircher Osterspiel von 1380, in: Montfort 13, 1961, S. 193–197.

120 Adalbert Sikora, Volksschauspiele in Vorarlberg, in: Archiv für Geschichte und Landeskunde Vorarlbergs 4, 1907, S. 1–3.

121 Welti (Anm. 52), S. 444.

122 Vorarlberger Landesarchiv, Hds. und Cod., Bibliotheksgut 192/1 (Tagebuch des Kreishauptmannes Ebner), sub dato März 2.

123 Ebenda, sub dato 1837 Februar 5 und 1843 Februar 27.

124 Vorarlberger Landesarchiv, Akten M 231/21; Kopie im Stadtarchiv Bregenz, Akt 154.

125 Vorarlberger Landesarchiv, Hds. und Cod., Bibliotheksgut 192/1. (Tagebuch des Kreishauptmanns Ebner), sub dato 1838 Februar 26.

126 Ebenda, sub dato 1844 Februar 19.

127 Grabher (Anm. 66), S. 153.

128 Karl Ilg, Die Walser in Vorarlberg, Bd. 2, Dornbirn 1956, S. 243.

129 Hans Barbisch, Vadans, Innsbruck 1922, S. 257.

130 Ferdinand Schneider, Chronik von Wolfurt, Kopie im Vorarlberger Landesarchiv (Lichtbildserie) S. 31. Vgl. auch Wiese Köhlmeier, Wolfurt in Chroniken und Berichten, Wolfurt 1982, S. 57–62, wo noch weitere Spiele erwähnt sind.

131 Ebenda, S. 29–30.

132 Ebenda, S. 31 f. und S. 33.

133 Vgl. dazu Josef Bitsche, Beiträge zur Geschichte des Bizauer Theaters, in: Jahrbuch des Vorarlberger Landesmuseumsvereins 1967, S. 83–119.

134 Zu den Tanzhäusern vgl. Karl-Heinz Burmeister, Die alten Gerichtsstätten in Vorarlberg: Dingstätten, Tanzlauben, Gerichtsstuben, in: Österreichische Zeitschrift für Volkskunde 79, S. 259–287.

135 Emil Allgäuer, Zur Geschichte der Stubat in Vorarlberg, in: Heimat 1, 1921, S. 61–65.

136 Vorarlberger Landesarchiv, Akten Vogta. Bludenz, Sch. 60, Nr. 758, sub dato 1605 Januar 31.

137 Vorarlberger Landesarchiv, Hds. u. Cod., Vogta. Bludenz 19.

138 Leuprecht (Anm. 31), sub dato 1686 Februar 1.

139 Vorarlberger Landesarchiv, Akten Rh. und Pg. Lustenau, Sch. 2, Nr. 3/2.

140 Karl-Heinz Burmeister, Georg Joachim Rhetikus, 1514–1574, Bd. 3, Wiesbaden 1968, S. 59 ff.

141 Ilg (Anm. 2), S. 197.

142 Vorarlberger Landesarchiv, Akten Misc. 155.

143 Stadtarchiv Bregenz, Akt 154.

144 Ebenda.

145 Ebenda.

146 Vorarlberger Landesarchiv, Akten OA. Bregenz, Nr. 250, sub anno 1808.

147 Stadtarchiv Bregenz, Akt 154.

148 Ilg (Anm. 2), S. 197.

149 Gmeiner (Anm. 7), S. 34.

150 Leuprecht (Anm. 31), sub dato 1652 Januar 13. Dieser Fall betrifft allerdings nicht die Fasnacht, sondern das Tanzen in der Neujahrsnacht.

151 So fälschlich Benedikt Bilgeri, Bregenz, Geschichte der Stadt, Wien 1982, S. 366.

152 Fridolin Dörrer, Tirol, der österreichische und der bayerische Zentralismus, in: Bericht über den 1. Historikertag der Arbeitsgemeinschaft Alpenländer (= Bollettino, 8.), Bregenz 1983, S. 84–115 (hier S. 92).

[153] Das vermutet, freilich ohne jede Begründung, Benedikt Bilgeri, Geschichte Vorarlbergs, Bd. 4 (1982), S. 118. Seine Belege sind ausschließlich gegen die »alte Fasnacht« gerichtet, nicht aber gegen die Fasnacht selbst.

[154] Vorarlberger Landesarchiv, Hds. und Cod., Bibliotheksgut 192/4, sub dato 1848 März 7.

[155] Herbert Berner, Vom Werden und Wesen unserer Fasnacht, in: Fasnet im Hegau und Linzgau, hg. v. Herbert Berner, Konstanz 1982, S. 51–77 (61).

Fasnachtstradition und -brauchtum in Vorarlberg im Spiegel der neueren volkskundlichen Forschung

Von Klaus Beitl

Im Anschluß an den Vortrag von Karl-Heinz Burmeister, in welchem ein in seiner Vollständigkeit bisher nicht greifbarer »geschichtlicher Überblick über die Vorarlberger Fasnacht« vermittelt werden konnte, soll hier der Versuch unternommen werden, einen Zugang zu dem Phänomen der Fasnacht in Vorarlberg, zu ihren Traditionen und ihrem Brauchtum vom Standort der Volkskunde, insbesondere der österreichischen Volkskunde, zu finden.

Einen solchen Zugang gerade hier in Konstanz zu suchen, ist durchaus legitim, nicht nur weil die Vorarlberger Fasnacht bei all ihrer Eigenständigkeit ein Doppelantlitz besitzt, also Züge des schwäbisch-alemannischen und des bairisch-österreichischen Brauches erkennen läßt und deshalb mit Fug und Recht von zwei verschiedenen Seiten her betrachtet werden kann, sondern weil der alte Bischofssitz und vorderösterreichische Verwaltungsort Konstanz in der Geschichte Ausgangspunkt erneuernder Einflüsse gewesen ist auch für die Fasnacht in Vorarlberg. Karl-Heinz Burmeister hat beispielsweise aufzeigen können, wie Mitte des 18. Jahrhunderts in Vorarlberg nach Abtrennung von der Regierung in Innsbruck und Unterstellung unter das Regiment von Konstanz beziehungsweise von Freiburg in den Städten des Landes damit begonnen wurde, die Fasnacht in der Oberschicht

nach Konstanzer Vorbild – wofür letztlich freilich wieder Wien maßgeblich war – zu organisieren. Wir hören in der Fasnacht des Jahres 1754 von Ballterminen, Redouten oder Maskenbällen, die sich vor dem Fasnachtsdienstag drängten, für die Eintritt und eine Wohltätigkeitsgebühr zugunsten des Wiener Waisenhauses eingehoben wurden und für die eine strenge Ordnung galt: Handwerker und Bedienstete waren nicht zugelassen, wohl aber Militärpersonen und Studenten; sobald sich die Adeligen demaskiert hatten, mußten alle anderen auch folgen; es wurde vornehm gespeist usw. Von den Vorarlberger Amtsstädten hat Bregenz in demselben Jahr 1754 dieses Konstanzer Beispiel verwirklicht. Indes die Vorbildwirkung scheint nicht besonders nachhaltig gewesen zu sein, und der in der Volkskunde hinlänglich bekannte soziale Obenunten-Mechanismus, die Übernahme oberschichtlicher Verhaltensmuster durch breite Volksschichten, ist offensichtlich hier nicht zum Tragen gekommen. In Bludenz nämlich, im Vorarlberger Oberland, hatte das Vogteiamt gleichfalls zu entsprechenden Vereinbarungen aufgefordert, ohne daß es eine Nachricht gäbe, ob solche Standesbälle seinerzeit hier jemals zustande gekommen sind; und selbst in der Oberamtstadt Bregenz ist wenige Jahre später, 1757 und 1759, kein derartiger Ball

173

mehr veranstaltet worden, was das Oberamt bei der zuständigen Repräsentation in Konstanz damit entschuldigt, daß »in denen . . . beden herrschaften Bregentz und Hohenegk nichts anderes als ein lautterer Bauernstand befindlich . . .« ist.

Die hier angesprochene kulturgeschichtliche Konstellation Wien–Konstanz–Bregenz soll nun nicht über Gebühr strapaziert werden, um den Umstand, daß ein Volkskundler, der in Wien sein Hauptarbeitsfeld hat, in der Bodenseestadt Konstanz über die Vorarlberger Fasnacht spricht, zu rechtfertigen. Aber da es nun schon einmal so ist, soll versucht werden, in Konstanz – als einem Mittelpunkt südwestdeutscher Fasnachtsforschung – einige volkskundliche Aspekte des Beharrens und des Wandels, des Fortdauerns und Bewahrens alter Überlieferung und des Aufkommens und der Annahme neuer Brauchformen auf dem Felde der Vorarlberger Fasnacht aufzuzeigen, wobei das Bemühen dahin geht, diese Darlegungen jeweils vor dem Hintergrund einer fortschreitenden österreichischen Volkskundeforschung im allgemeinen und der Fasnachts- und Faschingsforschung im besonderen zu stellen.

Das Doppelantlitz der Vorarlberger Fasnacht, von welchem die Rede ist, zeigt sich zuallererst im Sprachlichen. Bereits vor mehr als 50 Jahren, als für den Atlas der deutschen Volkskunde auch in Österreich erstmals systematische Umfragen über eine große Anzahl von Erscheinungsformen der Volkskultur und darunter eben auch über die Benennung der Fasnacht durchgeführt wurden, konnte festgestellt werden, daß in unserem Land das bairisch-österreichische Wort »Fasching« in gewissem oberschichtlichen, der Mundart etwas entfremdeten Sprachgebrauch immer häufiger an Stelle des einheimischen Wortes »Fasnacht« oder »Fasnet« zu hören war. Auf die Atlasfragen (51a: bevorzugte Hochzeitstermine im Jahr und 128a: regelmäßige

allgemeine Tanzvergnügen) sowie bei den Fragen nach den allgemein gefeierten Festen im Jahr hat in den frühen dreißiger Jahren nämlich die Mehrzahl der Vorarlberger Mitarbeiter unter anderem den »Fasching« genannt. Sicherlich wäre zu untersuchen, ob der doppelte Wortgebrauch daher kommt, daß man mit »Fasnacht« nur die eigentlichen Tage des althergebrachten »Maschkeralaufens« meint, mit »Fasching« aber die ganze Zeit zwischen Neujahr beziehungsweise Dreikönig und Aschermittwoch, die in der Großstadt gleichmäßig mit Kostüm- und Maskenbällen (letztere zuweilen auch nur in den engeren Fasnachtstagen) ausgefüllt ist. Jedenfalls kommt das Wort »Fasching« – welches übrigens bei der Durchsicht des Adressenverzeichnisses 1983 des Verbandes Vorarlberger Fasnat-Zünfte und -Gilden in den Namen von 10 der insgesamt 31 registrierten Vereinigungen begegnet – nicht aus Tirol, der unmittelbaren baiuwarischen Nachbarschaft Vorarlbergs, wo allgemein auch das Wort »Fasnacht« in Geltung steht, sondern über Mode, Zeitung, Bild, Rundfunk und Fernsehen aus dem inneren Österreich, vorab aus Wien.

Wie wir sehen, haben volkskundliche Wort- und Sachgeographie schon verhältnismäßig frühzeitig ihr Augenmerk den Fragen von Fasching und Fasnacht zugewendet. Die entsprechende Karte im Atlas der deutschen Volkskunde ist mit der ersten Lieferung desselben im Jahr 1937 erschienen.[1]

Die Tatsache, daß heute das Faschings- und Fasnachtsbrauchtum ein vielbeachtetes Kernstück der österreichischen Volkskultur darstellt, ist nicht zuletzt dem Umstand zu danken, daß die Volkskunde eine bereits unüberschaubare Fülle von Arbeiten und Abhandlungen diesem Themenkreis gewidmet hat, wobei es sich zeigt, daß die Erforschung des Faschings- und Fasnachtsbrauchtums in Österreich auf eine lange wissenschaftliche Tradition zurückblickt, die bis in die Anfänge dieser

174

Disziplin um die Jahrhundertwende zurückreicht und eng mit dem umfassenderen Themenkreis der Maskenforschung verknüpft ist.[2]

Unmittelbar vor der Jahrhundertwende setzte eine rege Sammeltätigkeit für Masken ein, die Ausgangspunkt für alle weitere Beschäftigung mit dem Faschings- und Fasnachtsbrauchtum wurde. Allerdings fanden vorwiegend nur jene Faschings- und Fasnachtsbräuche Beachtung, die mit speziellen Masken aufwarten konnten, was im weiteren zur Folge hatte, daß die alpenländische Holzmaske zum eigentlichen Inbegriff des österreichischen Faschings geworden ist. Diese aus der Sammlungs- und Forschungsgeschichte erklärbare Überbewertung der Holzmasken, die beispielsweise von dem Wiener Ethnologen Wilhelm Hein im Auftrag der Anthropologischen Gesellschaft in Wien in Gestalt von Pinzgauer Perchtenmasken, von Prettauer und Krimmler Schauspielmasken und von einem großen Teil der Inntaler Fasnachtsumzüge eingebracht worden sind und bis heute den Grundstock der beachtlichen Maskensammlung unseres Österreichischen Museums für Volkskunde in Wien bilden, und die damit einhergehende Spezialisierung des Forschungsinteresses hat freilich für die Erforschung des österreichischen Faschingsbrauchtums lange Zeit hindurch auch eine Einengung des Blickwinkels bedeutet.

Das mag im besonderen auch für die wissenschaftliche Beschäftigung mit dem Fasnachtswesen im Lande vor dem Arlberg zugetroffen haben.

I. HISTORISCHE ASPEKTE – MONOGRAPHISCH-KULTURGESCHICHTLICHE ANSÄTZE

Wenn im Jahr 1969 anläßlich der Arbeitstagung des Tübinger Arbeitskreises für Fasnachtsforschung in Bregenz die Vorarlberger Fasnacht mit Betonung des herkömmlichen Maskenwesens in einer Ausstellung schaubar dargeboten werden konnte und sich das österreichische Land vor dem Arlberg in den Reigen der südwestdeutschen und schweizerischen »Masken um den Bodensee« einfügte, so hatte die volkskundliche Forschung in den letzten ein bis zwei Jahrzehnten dafür eben erst die Grundlagen geschaffen.[3] Denn im Gegensatz zu den Nachbarn im Norden, im Westen und im Osten, die bekanntlich seit langem über gründliche Einzeldarstellungen und neuerdings über methodische Gruppenuntersuchungen des überlieferten sowie des in der Gegenwart sich wandelnden Maskenbrauchtums verfügen, war das Feld der Vorarlberger Fasnacht und ihres Maskenwesens lange Zeit hindurch unbestellt geblieben. Noch im Jahr 1955 mußte Leopold Schmidt bei seinem Versuch einer zusammenfassenden Behandlung der volkskundlichen Maskenforschung und der Geschichte des volkstümlichen Maskenwesens in Österreich feststellen, daß in Vorarlberg über die historischen Notizen hinaus, die Benedikt Bilgeri 1950 beibringen konnte, das »heutige Maskenwesen kaum erwähnt wird«. Daraus wurde geschlossen, daß das Fasnachtsbrauchtum und die Fasnachtsmaskierungen »sich hier offenbar keiner derartigen Lebendigkeit erfreuen« wie eben im benachbarten schwäbisch-alemannischen Raum auf der einen Seite und in Tirol sowie dem übrigen Österreich auf der anderen Seite.

Veröffentlichungen vor allem im Jahrbuch des Vorarlberger Landesmuseumsvereins 1958/59 (erschienen 1960) vermochten indes die bis dahin geringe Kenntnis vom Vorarlberger Maskenbrauch um einiges zu erweitern und das, was man als »Vorarlberger Fasnachts-Lücke« zu bezeichnen übereingekommen war, in Wirklichkeit als Forschungslücke zu entlarven.[4] Zu den Archivalien, die immerhin einzelne Aspekte des renaissancezeitlichen und barocken Maskenbrauches haben erkennen lassen, ist damals die Kenntnis von gegenständlichen Zeugnissen, das heißt geschnitzten Holzmasken, hinzugekommen, womit das im wesentlichen nachbarocke dörfliche, marktliche und auch kleinstädtische Fasnachtsbrauchtum besonders des Vorarlberger Oberlandes in einem neuen Licht erschien und sich nun auch mit ähnlichen Überlieferungen in den Brauchlandschaften jenseits von Rhein und Arlberg in Beziehung setzen ließ.

Im Rheingebiet südlich des Bodensees läßt sich bereits für die Antike durch einen archäologischen Fund eines menschengesichtigen Tonmaskenfragments aus dem 3./4. Jahrhundert vor Chr. in Gutenberg-Balzers (Liechtenstein) auf ein Laien zugehöriges Maskenbrauchtum schließen, ohne daß sich freilich von hier aus unmittelbare Verbindungen zu dem in Vorarlberg erst wieder mit dem 16. Jahrhundert archivalisch bezeugten volksmäßigen Maskenbrauch ergeben. Wie Leopold Schmidt in seinem geschichtlichen Abriß des Vorarlberger Maskenwesens bereits dargelegt hat, fehlt für das Mittelalter jedes dingliche oder schriftliche Zeugnis derartiger volkstümlicher Überlieferungen. Erst nach 1500 sprechen die Quellen von kriegerischen Fasnachtsaufzügen der Jugend in der Herrschaft Feldkirch »mit hültzinen Wehren, Butzenfähnlein und Spilleuthen« (1539), von einem Schaubrauch der Burschengemeinschaft und dem weithin bekannten fasnächtlichen Burgen- und Klosterstürmen also, die einer mittelalterlichen Tradition zugeordnet werden können; desgleichen die hier erkennbaren Brauchelemente wie der im Wort »Butzenfähnlein«

steckende Maskenname »Butz« und die aufgrund einer späteren Quelle verbürgten weißen Maskengewänder der in die Mehrerau ziehenden Bregenzer Bürger. Von »Buzen-Antliger« (Antlitze) ist nochmals 1609 in einem Hexenprozeß die Rede, womit die auch heute noch in der Mundart übliche Bezeichnung für die maskierte Fasnachtsgestalt und in der Folge auch der Maskenbrauch als solcher historisch immerhin gesichert erscheint.[5]

Über diese allgemeine Feststellung hinaus sagen die Archivalien in der Regel jedoch wenig über die tatsächliche Beschaffenheit der Masken aus. Und wenn ein Bregenzer Prozeßakt aus dem Jahr 1609, wonach der Caspar Frick in Bregenz »wegen er am Sontag zue Fasnacht mit dem Roßkopf, letzen Beltz und Narrentey herumzog, gestrafft« mit 3 Pfund oder »Turn«, in dieser Hinsicht etwas beredter ist, so bleibt dieser doch eine Ausnahme. Erwähnt sind hier Tierkopf- und Fellverkleidungen, Formen also, die für das ältere Maskenwesen kennzeichnend sind, wenngleich in dieser Zeit die menschengesichtigen Masken vorgeherrscht haben werden. Jedenfalls ist der Typus der menschengesichtigen Larve für das 17./18. Jahrhundert in Vorarlberg vielleicht bereits durch ein gegenständliches Zeugnis belegt. Das Vorarlberger Landesmuseum verwahrt eine Metallmaske, deren örtliche Herkunft zwar nicht näher bestimmt werden konnte, von der man aber so viel sagen kann, daß sie als sogenannte Gemeindemaske sich einmal im Besitz einer bestimmten Ortsgemeinde befunden und dort einer bevorzugten Fasnachtsgestalt als Maskierung gedient hat, wenn es nicht eine Schandmaske gewesen ist. Es handelt sich hierbei um eine Sonderform, für die es eine Reihe von Parallelen gibt. Die allgemein übliche Art der Maskierung ist aber in Vorarlberg doch wohl auch die geschnitzte Larve aus Holz gewesen, wie wir sie aus Tirol und der benachbarten Schweiz kennen. Die geschnitzten Holzmasken, die in den letzten Jahren in Vorarlberger Sammlungen festgestellt und publiziert werden konnten, gehören jedoch durchwegs dem 19. und 20. Jahrhundert an und können deshalb nicht als unmittelbare Beweisstücke für eine ältere Überlieferung in Anspruch genommen werden. Es hat sich nämlich gezeigt, daß mit dem frühen 19. Jahrhundert neben den Einzelmasken, wie sie indirekt aus Warth am Tannberg und dinglich aus Braz bekannt sind, ganze Maskengruppen als Brauchrequisiten mehr oder minder fest organisierter Fasnachtsvereinigungen auftauchen. Dies ist der Fall bei den noch erhaltenen elf »Alt-Bludenzer« Holzmasken, die im einzelnen ganz verschiedenen Altersschichten angehören, und das gilt auch für die letzten beiden »Hülzine Glächtr« aus dem einstmals umfangreicheren Schrunser Maskenzug der Fasnachtsgesellschaft »Zufriedenheit«:[6] Vieles deutet darauf hin, daß nach den Jahrzehnten der Aufklärung, der Franzosenkriege und der bayerischen Besetzung, die für das Volksleben um die Wende des 18./19. Jahrhunderts eine merkliche Zäsur bedeuteten, die volksmäßigen Lebensformen in Vorarlberg eine neue Blüte erlebten, und zwar auf einer neuen, im wesentlichen bürgerlich bestimmten gesellschaftlichen Grundlage. Eine ähnliche Entwicklung konnte auf anderen Gebieten schon für das Volkslied und für einzelne Gattungen der bildenden Volkskunst nachgewiesen werden, die in dieser Periode den Wandel zum Biedermeierstil vollzogen.[7] Dieser Vorgang dürfte auch an den Veränderungen des Fasnachtsbrauchtums abzulesen sein, die dieses seit dem Ende des Ancien Régime durchgemacht hat. Die strengen und immer wieder erlassenen Verbote dieser Zeit sprechen dafür, daß das alte Fasnachtstreiben mit Umzügen, Tanz, Schmaus und Maskereien, wenn schon nicht ganz abgeschafft, so doch aus der Öffentlichkeit in die Sphäre privater oder geschlossener gesellschaftlicher Zusammenkünfte verdrängt worden ist. Die behördliche Antwort auf eine Petition der Bregenzer Bürgerschaft um die Erlaubnis zur Wiederaufnahme des Fasnachtsrittes aus dem Jahr 1785 spricht diesbezüglich eine deutliche Sprache: ». . . Nebst dem aber wird alldahin erinnert, daß für währende Faßnacht hindurch, soweit überhaupt keine Masken in öffentlichen Wirts- und Privathäusern, minder auf öffentlichen Gassen bei Vermeidung der patentalmäßigen geschärften Strafen umherziehen sollen; . . . nur kömmt hievon auszunehmen, daß innstehende Faßnacht hindurch männiglich unverwehrt sey an den Baaltänzen, auf allhiesiger Krone, als für die Masken eigens und einzig bestimmter Ort, jedoch in einer anständigen und erlaubten Maske kommen zu mögen.«[8] Die Fasnacht, die nach dieser Periode der Beschränkung und des Wandels wieder an den Tag tritt, trägt ein anderes Gesicht: Sie gelangt in den Städten und Marktorten in die Hände von Vereinen und Fröhlichkeitsgesellschaften, wodurch der Volksbrauch, der in den Dörfern und unter den Kindern durchaus noch in der älteren Form des freien Maskentreibens weiterlebt, die frühen Kennzeichen der städtischen Veranstaltungsform erhält.

II. KULTURRÄUMLICHE ASPEKTE:
RAUMBEZOGENE – KULTURGEOGRAPHISCHE ANSÄTZE

Die volkskundliche Maskenforschung und mit ihr die Faschings- und Fasnachtsforschung, wie sie hier zunächst in ihren ersten kulturhistorischen Ansätzen für Vorarlberg geltend gemacht werden konnten, haben in den beiden letzten Jahrzehnten wesentliche Impulse durch die raumbezogene Betrachtungsweise der Volkskundeatlanten erfahren, indem nunmehr das wissenschaftliche Interesse vom Besonderen zum Allgemeinen und damit zur querschnittartigen Bestandsaufnahme führte.[9] Was der Atlas der deutschen Volkskunde 1937 mit seiner schon erwähnten 1. Lieferung für die Wortgeographie von »Fasching«, »Fasnacht« geleistet hatte, fand einundeinhalb Jahrzehnte später im Atlas der schweizerischen Volkskunde (ASV) eine volkskundliche Durchdringung, wenn in der 2. Lieferung, 1952, in sieben kommentierten Karten nach der »Fasnacht« und in der 3. Lieferung noch besonders nach Heische-, Lärm- und Maskenbräuchen gefragt wurde (neun kommentierte Karten).[10] Abermals zwei Jahrzehnte später, 1974, hat endlich der Österreichische Volkskundeatlas (ÖVA) die Karte »Faschingsbrauchtum« samt umfangreichem Kommentar von Franz Grieshofer veröffentlicht.[11]

Die Methode der raumbezogenen Erfassung und Darstellung von Erscheinungen der Volkskultur sucht – im Gegensatz zur monographischen Forschung – nicht so sehr Aufschluß über den Ursprung als vielmehr über die Verbreitung eines Phänomens. Die Dokumentation eines zeitlich fixierten Zustandes innerhalb einer bestimmten Region bildet dafür die Voraussetzung (synchroner Querschnitt). Durch die Ausdehnung der Frage nach dem Faschings- und Fasnachtsbrauchtum auf den gesamten österreichischen Raum hat in der Folge die volkskundliche Kartographie auch für diesen speziellen Themenkreis eine besondere Bedeutung erlangt. Durch eine schriftliche Fragebogenerhebung in den Jahren 1959/60 wurden durch den ÖVA insgesamt 2400 Belege erfaßt, was eine Netzdichte von 50% der österreichischen Ortsgemeinden ergibt.

Bei der Ausarbeitung der Verbreitungskarte über das österreichische Faschingsbrauchtum war es vor allem erforderlich, bei der Fülle und Vielfalt des Sachverhaltes das jeweils Wesentliche, das Bestimmende der einzelnen Bräuche zu akzentuieren, um auf diese Weise kennzeichnende Tendenzen für die einzelnen Regionen herauszuarbeiten. Die Atlaskarte über das Faschingsbrauchtum in Österreich bringt somit nicht nur Dokumentation (Bestandsaufnahme), sondern auch den Versuch einer Strukturierung und Systematik des österreichischen Jahresbrauchtums im Fasching.

Die Kriterien, die in diesem Bemühen an das aus der Umfrage gewonnene Material herangetragen wurden, betreffen (1) die Handlung, (2) die Organisation der Akteure und (3) die spezifisch ausgeprägte Maskierung.

Das Kriterium der Handlung ergibt zwei große Gruppen, nämlich (a) die Heischezüge von Haus zu Haus, das einfache Herumschwärmen und (b) Schau-Faschingszüge mit Wagen und theatralischen Darstellungen durch den Ort.

Bei den Akteuren treten die Altersklassen deutlich hervor: Knaben, Burschen (Mädchen nehmen meist nur passiv teil), Erwachsene (Verheiratete: Männer und Frauen). Veranstalter sind jedoch weniger die Altersklassen als Vereine, Komitees oder die Schule. Das Ordnungsprinzip für die

Brachträger bildet daher die Organisation; danach kann man unterscheiden: (a) die Burschenschaft, in ihrer Nachfolge auch die Knaben, (b) Vereine, Komitees und die Schule, (c) die Nachbarschaft.

Die Maskierung endlich kann als allgemeines Kriterium der Faschings- und Fasnachtsbräuche nur dort Berücksichtigung finden, wo sie standardisiert und somit zu einem spezifischen Kennzeichen des Brauches wurde: zum Beispiel die Ausseer Flinserln, die Telfer Schleicher oder die Ennstaler Faschingsrenner usw. Die häufig individuell geprägten und stark variierenden Maskierungen hingegen müssen zwangsläufig unberücksichtigt bleiben, will man ein regional abgestuftes Erscheinungsbild der Faschings- und Fasnachtsbräuche in Österreich erlangen.

Aus diesen Elementen und ihrer Kombination hat sich eine Struktur des vielfältigen und komplexen Faschings- und Fasnachtsbrauchtums erarbeiten lassen, mit deren Hilfe brauchtümliche Trends innerhalb der einzelnen Überlieferungslandschaften sichtbar werden.

Wir unterscheiden dabei nach Wesen und Erscheinungsform:

1. den Burschenfasching verbunden mit dem Heischerecht, Maskenfreiheit und der Aufgabe der Ausrichtung von Tanzlustbarkeiten, wie er schwerpunktmäßig im Osten Österreichs, in Niederösterreich, im Burgenland und in der Steiermark lebendig ist. Aber auch aus Vorarlberg (Bezirk Bludenz) lieferte das Atlasmaterial einschlägige Belege:

Blons: Die Burschen sagen »Fasnat« an, das ist ein Ball;

Sonntag: Einige Buben veranstalten den Faschingstanz, diese nennt man »D'Faschingbuaba«, und die Veranstaltung beginnt mit dem »Fasnig asaga«. Diese sind Organisatoren, sie halten am längsten aus.

Silbertal: Die Fasnatnarren (Fasnatbütz) gehen abends in die Häuser, in denen junge Mädchen wohnen. Sie nehmen Musik mit, und es wird getanzt. Dabei gibt man sich nicht zu erkennen.

2. Kinderfasching in der (a) organisierten und in der (b) unorganisierten Form.

Grundsätzlich wird in der Übernahme und Aufrechterhaltung des Brauches durch kleine Kinder ein Absinken alten Burschenbrauches und eine Entfernung vom ursprünglichen Sinn fasnachtlichen Tuns und Treibens gesehen. Denn ursprünglich waren die Kinder vom Fasching ausgeschlossen, zumindest im ländlich-dörflichen Bereich, wogegen es im Umkreis von Klöstern und wohl auch in den Städten bereits im Mittelalter Maskereien der Kinder gegeben hat.

Die Kinder verwenden dabei improvisierte Masken, vorwiegend alte Kleider, sie sind geschminkt oder mit Ruß beschmiert, vielfach tragen sie einfache selbstgefertigte Papierlarven vor dem Gesicht. Bei den Nachrichten aus Vorarlberg fehlt der direkte Hinweis auf das Heischen der Kinder. Sie gehen »maschkern«:

Alberschwende (Bezirk Bregenz): Nur Kinder (»Maschkerer«) – alte Kleider, einzeln, tummeln sich auf Plätzen;

Götzis (Bezirk Feldkirch): Es besteht kein besonderer Brauch. Es ist jedoch allzeit geübt worden, daß sich die Schulkinder im Fasching durch Maskierung und Lärmen vergnügten.

Blons: Kinder gehen maskern (»maschkarn«), schwärmen einzeln und in Gruppen umher, besuchen die Häuser.

Brand (Bezirk Bludenz): Kinder springen als »Jöri« im Dorf umher. Ursprünglich verstand man unter »Jöri« nur Kinder, die mit altem »Häß« (= Kleider) verkleidet waren.
Spruch: »Jöri, Jöri, Kuttlablätz
      wenn d'ma ne verwünscht,
      dann bist an Dreck.«

Neben diesem freien, zwanglosen Maskentreiben der Kinder steht die organisierte Form, der Schulfasching mit dem ordnenden und gestaltenden Eingriff von Seiten der Erwachsenen und der Schule.

In Vorarlberg sind es neben der Schule insbesondere die Fasnachtsvereine, die in diesem Zusammenhang als Organisatoren der Kinderfasnacht in Erscheinung treten. Bei diesen Umzügen, an denen Buben wie Mädchen teilnehmen, herrschen meist die »schönen« Kostüme vor. Am Ende der Veranstaltung gibt es für die Kinder eine kleine Jause oder, wie es in Vorarlberg Tradition ist, für die »Jörihäß« einen »Schübling« (= Wurst) mit Brot.

3. Vereinsfasching: Die Merkmale für die Zuordnung zum Vereinsfasching bestehen im Gegensatz zu den Heischeumzügen der Burschen und Kinder darin, daß sie einen verstärkt schaubetonten Charakter aufweisen, sich nicht »von Haus zu Haus«, sondern durch den Ort bewegen und von einem Komitee (Bürgerkomitee, Juxgesellschaft) veranstaltet werden, womit allenthalben ab der Mitte des 19. Jahrhunderts gerechnet werden kann. Der Schwerpunkt des Vereinsfaschings, also der Faschingsumzüge, liegt in Oberösterreich: von 299 Atlasbelegen fallen 121 auf Oberösterreich, das sind 40%, während Vorarlberg 15 zählt.

4. Faschingsbrief und Faschingszeitung: Wie die vereinsmäßig organisierten Faschingsumzüge stets auch als Tribunal bemüht werden, um den Mitmenschen nach dem Motto – wer den Schaden hat, braucht für den Spott nicht zu sorgen – zu verhöhnen, lebt das herkömmliche volkstümliche Rügerecht auch in der literarisch-verbalen Form von Faschingsbrief und Faschingszeitung. Der intimere, für einen engeren Kreis bestimmte Faschingsbrief wird meist von einer Einzelpersönlichkeit herausgegeben, die ihn selbst beim Vereinsball, bei der Abendunterhaltung vorträgt oder vorliest. Die für Vorarlberg schon früh bezeugten und sehr verbreiteten, gedruckten oder vervielfältigten Fasnachtszeitungen werden im Gegensatz zum Faschingsbrief in der Regel verkauft oder gegen freiwillige Spenden verteilt, um das Vereinsbudget aufzubessern. Kennzeichnend für die Fasnachtszeitung ist auch, daß sie meist einen besonderen Namen trägt: in Vorarlberg etwa »Hächla«, »Brennessel«, »Lusträhl«, »Käsknöpfler«, »s' Hackbrett« (Feldkirch), »Altenstädter Schnurrawachler« (Altenstadt).

5. Unter den Begriff des Nachbarschaftsfaschings, welcher den Wirkungskreis von einzelnen Sonderformen fasnächtlicher Veranstaltungen bezeichnen soll, fällt in Vorarlberg insbesondere die »Weiberfasnacht«. Ein Wesenszug der Fasnacht besteht ja darin, daß die herrschende Ordnung ins Gegenteil verkehrt wird. Etwa wenn sich die Frauen an einem Tag im Fasching zusammenschließen und die Macht an sich reißen, wie es bei den »Weiberoasen« (= Spinnstuben) im salzburgischen Flachgau, dem »Gunglhous« im tirolischen Außerfern und bei den »Kaffeekränzchen« in Vorarlberg der Fall ist, die in der Regel im Gasthaus stattfinden, da sie sehr oft der Initiative eines Wirtes entstammen.

Batschuns (Bezirk Feldkirch): Kaffeekränzchen – die Frauen kommen am Nachmittag zum Kaffeetrinken zusammen, am Abend kommen die Männer zum Tanz.

Sonntag (Bezirk Bludenz): Die Wirte veranstalten Kaffeekränzchen.

Dieser »Weiberfasching« erstreckt sich nach Aussage des ÖVA interessanterweise in einer nördlichen Zone von Österreich mit Schwerpunkten in Vorarlberg (35%), im Außerfern, im Flachgau und im oberösterreichischen Mühlviertel.

6. Außerhalb des erstellten Ordnungssystems, welches die Strukturen der Faschings- und Fasnachtsbräuche in Österreich in ihren wesentlichen Zügen erkennen läßt, sind noch Sonderformen von

Veranstaltungen zu verzeichnen, wozu in erster Linie wohl die verschiedenen Abschlußbräuche, das Faschingsbegraben und Faschingsverbrennen, zu nennen sind. Hierzu gehört sicherlich auch der Brauch aus Vorarlberg und aus dem westlichen Tirol, wo an dem auf das Fasnachtsende folgenden Sonntag, Funkensonntag oder alte Fasnacht, die Funkenhexe verbrannt wird.[12]

In Zusammenhang mit dem Aufkommen des Wintersports und des Fremdenverkehrs wird auch gern ein Masken-Schilauf veranstaltet, wie es seit dem letzten Krieg in Vorarlberg, insbesondere in Schruns, im Montafon und in Egg (Bregenzerwald) üblich geworden ist, wobei sich Verknüpfungen zu bestehendem älteren Fasnachtsbrauch ergeben haben. Jährlich neu maskiert besorgt die Blasmusikkapelle die Eröffnung des Umzuges im Anschluß an die Schiabfahrt. In Gruppen oder einzeln kommen Bilder und Gestalten aus der realen, exotischen (fremdländischen) oder irrealen (Märchen-) Welt, historische Begebenheiten oder utopische Visionen (etwa Marsmenschen) zur Darstellung. Ganz besonders nimmt man die aktuellen, politischen und örtlichen Zeitläufe ironisch aufs Korn. Die Faschingsumzüge werden so zu einem kulturellen Dokument, zu einem Spiegel, in dem sich die Ereignisse, die das Volk bewegen, widerspiegeln (Ölkrise, Mondlandung etc.)

III. GEGENWARTSVOLKSKUNDLICHE ASPEKTE: SOZIALEMPIRISCHE ANSÄTZE

Die Karte des ÖVA über das Faschingsbrauchtum in Österreich spiegelt auf Grund der Erhebungen aus den Jahren 1959/60 noch den Zustand fasnachtlicher Überlieferung vor dem Aufkommen jüngster Formen wie des Karnevals rheinländischer Prägung auch in unserem Land wider.[13]

Zwar hatte eine Fragebogenantwort aus Hard/Vorarlberg erbracht, daß seit 1960 ein Faschingsprinz am Kinderfaschingszug teilnehme, doch war das ein noch vereinzelter Beleg für die aus Deutschland kommende Neuerung, die zunächst überhaupt nur im städtischen Bereich festzustellen war und an der Wende von den fünfziger zu den sechziger Jahren kaum schon als eine Erscheinungsform volkstümlicher Fasnachtsveranstaltungen angesehen wurde.

Anstöße zur Übernahme der hochstilisierten Form des rheinischen Karnevals sind insbesondere von den jährlichen Übertragungen des Mainzer Karnevals in den Medien ausgegangen; zu einer breiteren Rezeption indes ist es erst seit 1963 gekommen, da die alljährliche Wiedergabe des dazumal in Villach/Kärnten eingewurzelten Karnevals im Österreichischen Fernsehen diese neue Form ins Bewußtsein einer breiteren Öffentlichkeit gehoben hat.

Wenn man heute in Österreich das Geschehen der Faschingszeit auch nur beiläufig verfolgt und die Tageszeitungen als eine erste Auskunftsmöglichkeit über den Zustand öffentlichen Volksbrauches zu Rate zieht, wie es am Institut für Gegenwartsvolkskunde der Österreichischen Akademie der Wissenschaften in Wien seit zehn Jahren auf breiter Grundlage geschieht,[14] drängt sich der Eindruck auf, daß das Profil gegenwärtigen Fasnachtsbrauchtums in Österreich in zunehmendem Maße von diesen vom westdeutschen Karneval beeinflußten Gestaltungen geprägt wird. Solche Belegreihen lassen sich auch für das Land vor dem Arlberg mit Hilfe der regionalen und lokalen Tages- und

Wochenpresse erstellen, zu welchen insbesondere auch allfällige Verbandsveröffentlichungen wie die »Österreichische Narren-Presse«, das Informationsorgan des Bundes Österreichischer Faschingsgilden oder auf Landesebene der »Verbands-Kurier«, die offiziellen Mitteilungen des Verbandes Vorarlberger Fasnat-Zünfte und -Gilden in Feldkirch als Quelle heranzuziehen sind.

Franz Grieshofer vom Österreichischen Museum für Volkskunde hat sich in Fortführung seiner speziellen Untersuchungen zum österreichischen Faschingsbrauchtum auf der Grundlage solcher Zeitungsquellen – sprich: Z-Dokumentation – wie auch in persönlichen Kontakten mit maßgeblichen österreichischen Karnevalisten mit der Frage des »Karnevals in Österreich« eingehender beschäftigt und seine vorläufigen Ergebnisse in Form eines Vortrages im Verein für Volkskunde in Wien im Jahre 1975 dargelegt.[15] Er hat mir dankenswerterweise das seinerzeitige Vortragsmanuskript zur Einsichtnahme überlassen. Für die Entstehung und Weiterentwicklung des Karnevals in Vorarlberg als moderne Ausprägung überlieferten jahreszeitlichen Volksbrauches darf ich daraus folgendes entnehmen: Gleichwohl die Kärntner Stadt Villach heute als Hochburg des Karnevals in Österreich anzusehen ist, muß der Ursprungs- und Mittelpunkt karnevalistischer Bestrebungen in Österreich in Salzburg gesucht werden, wo der Bund der Karnevalsgesellschaften heute seinen Sitz hat und wo bereits 1948 im Rahmen des städtischen Verkehrsvereines die Erste Salzburger Faschingsgilde gegründet wurde. Der Gründer war Walter Zwickler und neben ihm Stadtverkehrsdirektor Heinz Rennau, die sich früh durch ihre persönlichen Verbindungen und durch dauernde Kontakte zu den Karnevalsfreunden in Deutschland, namentlich im benachbarten Bayern, zur Übernahme der karnevalistischen Idee anregen ließen.

182

Ähnlich der Ersten Salzburger Faschingsgilde entwickelte sich kurz darauf in Linz die »Narralentia«; in Schärding kam 1952 eine aus einer Stammtischrunde des Sparvereins Brunnwies hervorgegangene »Förderungsvereinigung« zustande, die 1953 erstmals ein Prinzenpaar wählte. Diese frühen Gilden im salzburgisch-oberösterreichischen Raum wirkten so anregend, daß in den sechziger Jahren weitere Gründungen folgten, so daß bald der Ruf nach der Konstituierung eines »Bundes Österreichischer Faschingsgilden« laut wurde, zu dessen Gründung es dann am 17. November 1962 kam. Seine feierliche öffentliche Proklamation erfolgte darauf am 6. Jänner 1963 beim Narrenkongreß in Salzburg. Die Gründung des Bundes war der Ausgangspunkt für die weitere Expansion des Karnevals in Österreich. Beim elfjährigen Jubiläum im Jahre 1973 waren es bereits 45 Mitgliedsgilden, seither läßt sich ihre Zahl anscheinend gar nicht mehr überblicken.

Die Zeitrechnung des Villacher Faschings beginnt mit dem Jahr 1955, da ein erstes Prinzenpaar auf dem Villacher Hauptbahnhof von Vertretern der an Ort und Stelle seit 1908 bestehenden »Bauerngmoa«, einer bürgerlichen kärntnerischen Vereinigung zur Brauchtums- und Trachtenpflege, empfangen wurde. Seit 1961 führt Villach Faschingssitzungen nach dem Vorbild von Mainz durch, welche ab 1963 vom ORF in Ausschnitten zur Sendung übernommen werden, was wesentlich dazu beitrug, daß Villach heute als die Metropole des Karnevals in Österreich angesehen wird. Villach wurde dadurch zum eigentlichen Relais für die breitenwirksame Vermittlung des rheinischen Karnevals in Österreich. Neben die salzburgisch-oberösterreichische »Provinz« stellte sich in weiterem Umkreis die kärntnerisch-steiermärkische »Provinz« im Süden, wonach im Westen Österreichs – unter weitgehender Auslassung Tirols (außer

Lienz, Innsbruck und Jenbach!) mit seiner stark ausgeprägten autochthonen Fasnachtsüberlieferung – als dritte Hochburg des Karnevals das Land Vorarlberg zu nennen ist und als vierte Region in Österreich endlich die Stadt Mödling mit ihrem weiteren niederösterreichischen Umfeld.[16]

In Vorarlberg scheint, wie aus den genannten Erhebungen für den ÖVA hervorzugehen scheint, die Kinderfasnacht am Beginn der Entwicklung zu stehen, wie denn auch die Pflege der maskierten Kinderumzüge auch weiterhin ein besonderes Anliegen der Zünfte und Gilden geblieben ist.

Das mir vom derzeitigen Präsidenten des Verbandes Vorarlberger Fasnat-Zünfte und -Gilden, Egon Schöch, entgegenkommenderweise zusammen mit einer Anzahl von Nummern von »s' Narro-Blättle – Offizielles Mitteilungsblatt des Verbandes Vorarlberger Fasnat-Zünfte und -Gilden« zur Verfügung gestellte Adressenverzeichnis samt Veranstaltungskalender 1983 weist derzeit 31 zusammengeschlossene Vereinigungen auf, die sich 1982 in Feldkirch und am 23. Jänner 1983 in Hohenems beim 2. und 3. Vorarlberger Narrentag im Sinne einer öffentlichkeitswirksamen Selbstdarstellung zum gemeinsamen närrischen Tun zusammengefunden haben.[17]

Die Geschichte der einzelnen Vereinigungen und des Verbandes ist im einzelnen noch nicht geschrieben worden. Mit dem »Bregenzer Prinzenrat« innerhalb des Ore-Ore-Ausschusses des Verkehrsvereins, dem eine zweite Gilde, die »Bodenseegugger« der Heeressportvereinigung Vorarlberg, an die Seite gestellt wurde, mit der »Dornbirner Fasnatzunft«, den »Embser Schloßnarren« von Hohenems, der »Närrischen Zwiebelzunft« in Frastanz, der »Faschingsgilde der Spällabürger« in Feldkirch und der »Funkenzunft Bludenz« gibt es im Lande bereits traditionsreiche Gilden, zu welchen die jüngeren wie etwa die »Altenstädter Fasnatzunft«, die

»Fasnatzunft Mäder« und das »Närrische Kleeblatt Rankweil« und andere mehr hinzugekommen sind.

Bei den Vorarlberger Fasnachtsvereinigungen, die vielfach aus informellen Gruppierungen der alten dörflichen Fasnacht hervorgegangen sind, ist allgemein davon auszugehen, daß die alemannische Note der Fasnacht stärker betont bleibt, wie denn die meisten Gilden auch einen eigenständigen Weg gehen.

Indes die auffällig einheitlichen Charakterzüge des neuen städtisch geprägten, organisierten Karnevals innerhalb der überlieferten österreichischen und Vorarlberger Fasnachtskultur sind kennzeichnend für den Vorgang der kulturellen Innovation unserer Tage. Zum Verlauf dieses für seine Gleichförmigkeit typischen Innovationsvorganges können wir feststellen, daß die Kenntnis des Karnevals in Österreich in den fünfziger Jahren zunächst auf der Grundlage persönlicher Beziehungen nach Deutschland bewirkt worden ist und es vorerst zu punktuellen Übernahmen kam. Die nächste Phase des Innovationsprozesses, diejenige der Kommunikation, wurde mit der Gründung des »Bundes Österreichischer Faschingsgilden« 1962/63 und der dadurch geschaffenen Möglichkeit intensiverer Kontaktnahme erreicht. Nach abermals zehn Jahren war schließlich die dritte Periode des Neuerungsprozesses erreicht, der zur Akzeptierung dieser neuen Erscheinungsform des Faschings durch die Bevölkerung geführt hat, womit der Zustand der Diffusion erreicht worden ist. Es bleibt die Frage offen, ob die Kulmination, das heißt der Zustand der Sättigung dieses Innovationsvorganges, schon erreicht worden ist oder noch bevorsteht.

Wie auch immer: Wir stehen heute vor dem Faktum, daß die karnevalistische Tätigkeit in Österreich nach mehr als 30 Jahren zu einem neuen Bestandteil der Faschingstradition geworden ist, wobei sich die Frage ergibt, unter welchen Voraussetzungen es zur Einwurzelung einer solchen Überlieferung gekommen ist, zumal es sich bei der rezenten Übertragung des Karnevals nach Österreich um eine Renaissance von ähnlichen, freilich nicht im gleichen Maß erfolgreichen Bestrebungen des 19. Jahrhunderts handelt. Mitte des vorigen Jahrhunderts hatte es eine ähnliche karnevalistische Welle gegeben, wie gerade für Vorarlberg ein Plakat aus Bregenz bezeugt, wonach 1865 »Prinz und Prinzessin« im Fasnachtszug mitzogen; und ebenso wurde 1874 in Salzburg dem Prinzen Carneval und seiner Prinzessin Klapparia ein triumphaler Empfang bereitet, wie er auch noch Carneval II. beschieden war, für welchen es dann freilich keinen Nachfolger mehr gab.

Eine Einpflanzung des Karnevals als Brauch von einer bestimmten zeitlichen Dauer und auf der Grundlage einer breiten öffentlichen Zustimmung ist im 19. Jahrhundert nicht zustande gekommen, womit sich die Frage nach dem Grund für die erfolgreiche Rezeption des Karnevals im heutigen Faschingsbrauchtum ergibt.

Entscheidende Voraussetzung für die heutige Verankerung des Karnevals rheinländischer Prägung, für seine kulturelle Aneignung und Bewahrung im Bereich älterer und eigenständiger Brauchüberlieferung war gemäß den Darlegungen von Franz Grieshofer sicherlich die allgemeine Institutionalisierung der karnevalistischen Tätigkeiten und Bemühungen.

Zuerst wurde die Entwicklung des Karnevals von einzelnen wenigen Aktivisten getragen, unter welchen in Vorarlberg etwa Gerhard Nocker (Feldkirch) und Ernst Scheibenpflug zu nennen sind, deren Initiative und Einsatz es zu danken ist, daß der Karneval bei uns Einzug gehalten hat. Sie selbst sehen sich als Idealisten, die ihre Tätigkeit mit der Pflege des Faschings, mit der Unterhaltung und

Zerstreuung der Mitmenschen und nicht zuletzt auch mit der Förderung des Fremdenverkehrs motivieren. Sie stellen sich einer allgemeinen und, wie sie glauben, nützlichen Sache zur Verfügung, wobei sie in Anbetracht der Beschaffung einer standesgemäßen Einkleidung in Samt und Seide, des noblen Getränks auf diversen Hofbällen und Faschingssitzungen und nicht zuletzt angesichts der hohen Kosten, die die häufigen Reisen verursachen, beträchtliche persönliche Aufwendungen nicht scheuen. Der Lohn erwächst ihnen in der gesellschaftlichen Anerkennung und in dem aus der Exklusivität ihrer Tätigkeit beziehungsweise Mitgliedschaft erwachsenden Prestige. Allein die Fortdauer solcher Initiativen einzelner oder einiger weniger wäre nicht gewährleistet, wenn nicht (1) eine feste Organisationsform und zusätzlich (2) eine Festlegung, ja Normierung der Handlungsweise im Sinne einer Ritualisierung und überdies (3) konventionelle Symbole der Identifikation hinzukämen. Den Organisationen begegnen wir (1) in den als solchen gegründeten spezifischen Karnevalsgesellschaften, (2) in den aus bestehenden Komitees oder Vereinen entwickelten Karnevalsvereinigungen oder (3) in vereinsmäßigen Weiterentwicklungen des Kinderfaschings zum Karneval, wofür besonders Vorarlberg Beispiele bietet.

Der Karneval neuer Prägung steht, wie wir hervorgehoben haben, in einem Gegensatz zu den traditionellen orts- und landschaftsgebundenen Formen der Fasnacht, wofür es eine Reihe kennzeichnender Merkmale gibt, was das äußere Erscheinungsbild, ihre Organisationsform und die Veranstaltungstätigkeit betrifft.

Trotz des Bestrebens einer jeden Karnevals-, Fasnachts- oder Faschingsgilde, -gesellschaft oder -zunft, wie immer sie sich nennen mögen, eine eigene spezifische Note zu finden, zeichnen sie sich durch eine auffällig gleiche Struktur aus. Alle Gilden tragen das für den rheinischen Karneval typische Narrenkleid, den pelzverbrämten Ornat und die typische Narrenkappe. Im Gegensatz zur Fasnachtsmaskierung ist der Karnevalist kostümiert.

Zur Bekundung besonderen Narrentums legen sich die Gilden ulkige, humoristisch-satirische Namen zu: »Spältabürger«, »Riebelzunft«, »Bodenseegugger« etc.

Dazu kommen eigene närrische Wappen oder Symbole, die als Erkennungs- und Identifikationszeichen auf den Orden, Standarten, Plakaten und Fahnen stets wiederkehren. Der Narrenruf in seiner jeweiligen Festlegung, übernommen aus alter örtlicher Überlieferung oder eigens geschaffen in Entsprechung zum vorbildhaften »Helau« der Mainzer, ist Erkennungswort und Schlachtruf zugleich: »Ore Ore« (Bregenz), »Jöri, Jöri Kuttablätz« (Bludenz), »Jöri Jöri hoo« (Vandans), »Spälta Spälta hoch« (Feldkirch) usw. (vgl. Adressenverzeichnis 1983).

In der Öffentlichkeit und Bildreportage tritt am auffälligsten in Erscheinung die Gestalt des Prinzen in Begleitung seiner »Lieblichkeit« – bisweilen auch ein Herzogpaar – als Personifikation der zeitlichen Herrscherschaft während des Karnevals. Ihnen steht zur Seite eine Schar von Hofleuten, voran die streitbare Prinzengarde oder die Benduren, manchmal sogar ein eigener Fanfarenzug. Hinzu kommen Minister, Herolde, Zeremonienmeister, Kellermeister, Kämmerer, Hofnarren, Hofdamen und Pagen, die die Herrscherpaare bei ihren repräsentativen Geschäften unterstützen.

Repräsentation ist die eigentliche Aufgabe während der zeitlich begrenzten Herrschaft des Prinzen Karneval. Für das Bestehen und Wirken der Gilde indes bedarf es des Präsidiums (Präsident, Vizepräsident, Chef des Protokolls, Schatzmeister, Zeremonienmeister, Pressereferent), welchem der Elferrat, ein Senat und womöglich noch ein Ehrensenat und ein Damensenat beigeordnet sind.

Die Institutionalisierung und innere Festigung einer jeden Gilde äußert sich weiters in den regelmäßig wiederkehrenden Veranstaltungen und der Festlegung derselben auf einen fixen Termin. Allgemein verbindlich ist der Zeitpunkt des 11. 11. um 11 Uhr 11, zu welchem Anlaß das neue Prinzenpaar vorgestellt und in gleicher Sitzung über das nächste Programm beraten wird.

Die Funktionsdauer der Karnevalisten erstreckt sich praktisch über das ganze Jahr, während die traditionelle Fasnachtszeit sich nur vom 6. Jänner (Dreikönig) bis zum Dienstag vor Aschermittwoch erstreckt, wobei die letzten fünf Tage vor der Fastenzeit ihre jeweils besonderen Bezeichnungen haben; lediglich in den alemannischen Ländern endet dieser Jahresabschnitt bekanntlich erst mit der sogenannten Alten oder Großen Fasnacht nach Aschermittwoch, zu welchem Termin allenthalben das Funkenfeuer abgebrannt wird.

Zum feststehenden Zeremoniell der Gilden gehört die feierliche Schlüsselübergabe als öffentliche Bildgebärde zum Zeichen des Herrschaftswechsels und der befristeten Befreiung vom Joch des Alltags. Nicht immer erfolgt die Herausgabe des Stadtregiments freiwillig, worauf es zum Sturm des Rathauses oder in anderer Auslegung zur Einnahme des Finanzamtes oder eines Geldinstitutes kommt (Kalender 1983: Bludenz, Mäder, Rankweil, Schwarzach).

Die alljährlichen Hauptveranstaltungen meist jeder Gilde sind jedoch die Hofbälle, Gilden- oder Zunftbälle, die allgemein den Höhepunkt der Ballsaison darstellen, die ganz auf Repräsentation ausgerichtet sind und bei denen das gesellschaftliche Moment im Vordergrund steht (1983: Altenstadt, Bludenz, Bregenz, Dornbirn, Feldkirch, Frastanz usw.).

Dort, wo Karnevalsgilden aus älteren Fasnachtskomitees hervorgegangen sind, haben sie die Aufgabe zur Durchführung von Fasnachtsumzügen übernommen, die somit einen wesentlichen Bestandteil ihres Veranstaltungsprogrammes bilden: 1983 – Bludenz: Großer Oberländer Jöri-Umzug, Schwarzach: Großer Umzug, Thüringen: Fasnatumzug, Vandans: Großer Fasnatumzug, wozu in Vorarlberg, wie bereits hervorgehoben, insbesondere die Obsorge für die organisatorische Durchführung der Kinderfasnacht und des Funkenabbrennens hinzukommt.

Kinderfest, Kinderfasnacht, Kinderumzug:

1983: Feldkirch, Frastanz, Höchst, Hohenems, Hörbranz, Klaus, Lustenau, Mäder, Rankweil, Bürs, Klösterle.

Funkenabbrennen, Fackelzug:

1983: Alberschwende, Bludenz, Gantschier, Hohenems, Klaus, Vandans, Bürs, Klösterle.

Diese Darstellung kann lediglich eine Skizzierung einer im Volksleben längst tief verwurzelten breitenwirksamen Entwicklung bieten, die in allen ihren möglichen volkskundlichen Aspekten freilich noch zu erforschen bleibt, gewissermaßen am lebenden Körper. Hier läge eine Aufgabe für die von uns mit Nachdruck betriebene Gegenwartsvolkskunde.

Vielleicht könnte die Anregung eines speziellen Forschungsprojektes von dieser Stelle ausgehen, gewissermaßen auf dem umgekehrten Weg: für Vorarlberg über Konstanz nach Wien.

ANMERKUNGEN

[1] Atlas der deutschen Volkskunde. Hg. von Heinrich Harmjanz und Erich Röhr. 1. Lieferung (Leipzig 1937), Karte 12: »Welche weltlichen Feste werden gefeiert: Fastnacht«; Art. »Fasnacht, Fasnet (Fastnacht)«. In: Wörterbuch der deutschen Volkskunde. Begründet von Oswald A. Erich und Richard Beitl. Dritte Auflage, neu erarbeitet von Richard Beitl unter Mitarbeit von Klaus Beitl, Kröners Taschenbuchausgabe, Band 127, Stuttgart 1974, S. 198–204.

[2] Franz Grieshofer, Faschingsbrauchtum. In: Österreichischer Volkskundeatlas, Kartenblatt 90; Kommentar, 5. Lieferung, Wien 1974, S. 67.

[3] Arbeitstagung des »Arbeitskreises für Fasnachtsforschung am Ludwig-Uhland-Institut der Universität Tübingen« vom 24. bis 26. Oktober 1969 im Vorarlberger Landesmuseum Bregenz. Unveröffentlichte Referate über die Fasnacht in Vorarlberg: Leopold Schmidt, »Die Stellung der Vorarlberger Fastnacht zwischen der Fastnacht in Österreich, in Südwestdeutschland und in der Schweiz«; Elmar Vonbank, »Die Darstellung des Fasnachtsbrauchtums im Vorarlberger Landesmuseum«; Führung durch die Sonderausstellung »Masken um den Bodensee«; Ludwig Welti, »Eine Fasnachtsveranstaltung (Schlegel) auf der Schattenburg in Feldkirch 1463 und weitere Beobachtungen über Fasnachts-Bräuche aus Gerichtsakten«;

Karl-Heinz Burmeister, »Obrigkeitliche Verbote des Fasnachtstreibens«; Josef Bitsche, »Eine bürgerliche Fasnachtsfeier in Bregenz im Jahre 1818«; Klaus Beitl, »Fasnachtmasken in Vorarlberg«; Josef Bitsche, »Rufe und Lieder der Vorarlberger Fasnacht«; Wolfgang Rusch, »Organisierte und freie Fasnacht heute (unter Einbeziehung des Problems: Fasnacht und Fremdenverkehr)«.

[4] Siehe Anm. 5 und 6. Dazu auch: Benedikt Bilgeri, Aus der Geschichte der Vorarlberger Jahresfeste (Jahresbericht des Bundesrealgymnasiums für Mädchen in Bregenz, Bregenz 1949/50, S. 12 ff.).

[5] Leopold Schmidt, Zur Geschichte des Maskenwesens in Vorarlberg (Jahrbuch des Vorarlberger Landesmuseumsvereins 1958/59, erschienen 1960, S. 93–100).

[6] Klaus Beitl, Geschnitzte Fastnachtsmasken in Bludenz und Schruns (ebd., S. 101–112).

[7] Klaus Beitl, »Für den Joh. Jos. Nayer ein Gesangbuch 1839«. Eine Montafoner Liederhandschrift aus der Biedermeierzeit. (Jahrbuch des Österreichischen Volksliedwerkes, Band 13, Wien 1964, S. 61–77, Noten im Text.)

[8] Meinrad Tiefenthaler (Hg.), Die Berichte des Kreishauptmannes Ebner (Schriften zur Vorarlberger Landeskunde, Band 1), Dornbirn 1950.

186

[9] Wie Anm. 1.

[10] Atlas der schweizerischen Volkskunde / Atlas de Folklore suisse. Bearbeitet von Paul Geiger und Richard Weiss in Zusammenarbeit mit Walter Escher und Elsbeth Liebl. Teil II, 1. Halbband, Karten 168 bis 174 (Paul Geiger, »Fastnacht/Carneval«) mit Kommentar, Basel 1952.

[11] Wie Anm. 2, S. 11 passim.

[12] Art. »Funkensonntag«. In: Wörterbuch der deutschen Volkskunde (wie Anm. 1), S. 244–245.

[13] Wie Anm. 2, S. 47.

[14] Methoden der Dokumentation zur Gegenwartsvolkskunde: Die Zeitung als Quelle. Referate des 1. Internationalen Symposiums des Instituts für Gegenwartsvolkskunde der Österreichischen Akademie der Wissenschaften vom 10. bis 11. Mai 1983 in Mattersburg (Burgenland), im Druck. – Vgl. Michael Martischnig, 1. Internationales Symposium des Instituts für Gegenwartsvolkskunde über Methoden der Dokumentation zur Gegenwartsvolkskunde: Die Zeitung als Quelle (Bulletin der Österreichischen Akademie der Wissenschaften Nr. 3/1983), 4. Mai 1983, S. 11–15.

[15] Franz Grieshofer, Karneval in Österreich. Manuskript des gleichnamigen Vortrags, gehalten am 14. Februar 1983 im Verein für Volkskunde in Wien, passim (zitiert mit der freundlichen Genehmigung des Verfassers).

[16] Anton Dörrer, Tiroler Fasnacht innerhalb der alpenländischen Winter und Vorfrühlingsbräuche (Österreichische Volkskultur, Band 5), Wien 1949; Wolfgang Pfaundler. Fasnacht in Tirol: Telfer Schleicherlaufen, Wörgl 1981.

[17] s' Narro Blättle – Offizielles Mitteilungsblatt des Verbandes Vorarlberger Fasnet-Zünfte und -Gilden, 3. Jahrgang, 11. Ausgabe, Jänner 1983.

Spiel und Gesetz

Zum Regelwerk dörflicher Fasnacht*

Von Utz Jeggle

Im dörflichen Raum hat alles seinen Platz. Es gibt kaum Überraschungen, man ist vor ihnen sicher, so sicher, daß sogar das Unglück im dörflichen Alltag vorhersehbar ist – »das hat ja kommen müssen«, heißt die Formel, mit der man die Ordentlichkeit alles Lebens ausdrückt, zugleich die Folgen des Unordentlichen, Irregulären und Widerspenstigen gesetzmäßig erfaßt. Der Säufer, die Dirne, der Streithammel, der Aushausige, alle, die sich nicht an die Regeln halten können oder mögen, gehen unter. Auch das ist eine Regel.

Die Strenge dieser Welt der südwestdeutschen Dörfer – denn dieses Gesetz ist kein allgemeines, sondern sehr wohl ein ethnisch und durch materielle Lebensbedingungen begründetes, kommt nicht von ungefähr: es gelingt damit, ein System, das insgesamt knapp über dem Existenzminimum funktioniert, intakt zu halten. Die Regeln bieten ein soziales Korsett (obwohl dieses Bild, das an Fettleibigkeit erinnert, eigentlich irreführend ist), das stützt und Standvermögen gewährt, aber dabei fast den Atem raubt.

Eine Welt, die so durchsichtig ist, daß im Grunde jedes einjährige Kind weiß, was ihm lebenslang blüht – wen es heiraten wird, wo sein Platz in der Kirche ist, wie es zu leben hat und unter welchen Umständen zu sterben –, und die durch ihre soziale Ordnung und ihre spezifische landwirtschaftliche Produktion jedem ansagen kann, was er den Tag über zu tun hat, je nachdem, was seine Profession ist und wie das Wetter, eine solche Welt braucht, so müßte man nach unseren Vorstellungen von seelischem Gleichgewicht meinen, Freiräume und Entlastungen. Zuviel Regelhaftigkeit erfordert ein bißchen Anarchie, zuviel Blockade zeitweise Enthemmung. Nun muß solche Seelenmechanik ja nicht unbedingt anthropologisch begründet sein, aber in der Tat, betrachtet man die Wirkweise der dörflichen Welt, so nimmt man wahr, daß diesen alltäglichen Zonen der gediegenen und vorgegebenen Ordnung andere gegenüberstehen, in denen es turbulent und laut zugeht, in denen die Regelhaftigkeit in Schnaps und Ausschweifung zu versinken scheint; und es bedarf nicht der Breughelschen Bilder, um sich davon eine Vorstellung zu machen,

---

* Ich verzichte auf einen wissenschaftlichen Apparat und verweise global auf die verschiedenen Fasnachtsbände, die in der Reihe »Untersuchungen des Ludwig-Uhland-Instituts für empirische Kulturwissenschaft« erschienen sind. Zum Dorf haben Albert Ilien und ich einiges publiziert; ich verweise auf den Band: Leben auf dem Dorf, Wiesbaden 1978. Im übrigen danke ich den Kiebinger Narren für die fröhliche Unterrichtung über alle die Fragen, die sie ohne wissenschaftlichen Beistand sehr gut bewältigen.

188

es genügt das Studium von Akten eines beliebigen Dorfes des 18. Jahrhunderts, um sich ein erstes Bild von diesen Entgrenzungen und punktuellen Revisionen der starren Lebensordnung zu machen.

Bestimmte Termine des Jahres oder des Lebens werden festlich gestaltet, man läßt es sich nicht nehmen, in diesen uns recht einförmig scheinenden Takt einen Rhythmus zu bringen, der neben der Entbehrung auch um die Fülle weiß, neben der steten Wiederholung auch um das Besondere, neben der Regelhaftigkeit und Mäßigkeit auch um die Unmäßigkeit und Regellosigkeit. Unsere Kultur, die sich auf das Erreichen von Zielen spezialisiert hat und es darin auch zu einiger Meisterschaft brachte, weiß wenig von der Pflege unerfüllbarer Träume, die in ihrer Unerfüllbarkeit regelmäßige Feste abgeben, aber nicht die Illusion propagieren, die festlich beschworene Erfülltheit sei auch im Alltäglichen erreichbar.

Da fällt die Fasnacht nicht nur Kulturkritikern und ästhetisch orientierten Binnenethnologen ins Auge, sondern sie dient gewissermaßen als Chiffre für eine entgrenzte, vielleicht sogar grenzenlose Zone in unserer gewiß nicht schrankenlosen Welt. Der Psychiater Friedrich Schmieder sprach von der psychohygienischen Funktion der brauchtümlichen Narretei; auch wenn das Wort ein wenig nach Sakrotan und Zahnpasta klingt, ist damit die Verführung angesprochen, die dieses Fest für die Ordnung unserer bürgerlichen Welt bedeutet. Das touristische und das massenmediale Interesse, das die schwäbisch-alemannische Fasnacht auszulösen vermag, ist sicher ein Hinweis auf die Strenge der psychischen und sozialen Ordnung jener Welt, die sich so für Fasnacht erwärmt. Der Wunsch, sich hinter einer Maske zu verstecken, heißt ja auch, ich möchte doch ein anderer sein. Anders gesagt, ich bin vielleicht der Falsche, die Maske erlaubt mir, so hört man ja durchaus sagen, unterdrückte Seiten von mir auszuleben, also das zu sein, was ich zumindest auch bin.

Ob diese Sehnsucht nach einer anderen Identität durch die Maskerade auch dörfliche Wünsche umfängt, das ist noch genauer zu untersuchen. Festzuhalten ist das zunehmende Interesse an diesem Fest, das sich in verschiedenem zeigt, so im finanziellen Einsatz von Zigarettenfirmen, die diese Psychohygiene benützen, um die Lungen der davon zu Begeisternden anständig zu verräuchern, oder in der schunkelnden Zufriedenheit, die bei den Umzügen aufkommt und die ja nun wirklich nicht mehr bedeutet, als daß es Vergnügen zu einfachsten Bedingungen gibt, in der photoapparatgestützten Neugier auf Brauchtum, die nicht mehr in Basel und Rottweil haltmacht, sondern längst schon neue Zonen des vermeintlich Ursprünglichen und Echten aufgemacht hat und vor keiner Einmischung in dörfliches Leben zurückscheut, wenn dieses jene wilde Buntheit verspricht, die das Leben der Prokuristen und Bankbeamten nur noch im Film erfährt. Insoweit sind diese Ausflüge ins Archaische wirklich etwas Echtes, und die vorschnelle Konstatierung bloßen folkloristischen Verrats an der Authentizität greift zu kurz; freilich sagen sie zunächst nur etwas über die Wünsche und Sehnsüchte der Reisenden, wenig über die Leidenschaften und Hoffnungen der, um es überspitzt zu sagen, Eingeborenen. Sicher, sie bindet an Fasnacht auch der Auftrag des Fremdenverkehrsverbands oder wenigstens der Wunsch nach dörflichem Prestige, aber zumindest historisch steckt darin auch anderes, das teilweise nur, aber nicht zur Gänze in diesen D-Mark-Kurven aufgeht. Im folgenden versuche ich, diese andere soziale Bedeutung herauszuarbeiten, nicht um sie romantisch gegen die Verflachung unserer Welt zu beschwören, aber um andere darin wohnende Momente festzuhalten.

Das Bild, das wir Fremden von der Fasnacht

haben, ist turbulent, bunt und anarchistisch. Wir lieben die Überraschung, die Pointe, das Ne-Jamais-Vue, das Einmalige, und im Grund stört uns die Ordnung und das Moment der Wiederholung. Die Zunft, die auf ihre 380 Original-Holzmasken von dem einen Typ stolz ist, sollte meines Erachtens dies 379 mal weniger sein; denn wir Zuschauer suchen bei der Fasnacht ja eben nicht die Uniformität und das einheitliche Bild, sondern uns berührt, was aus dem Rahmen springt, den Umzug verläßt, dem Festordner den Hut vom Haupt haut und den nebenstehenden Nachbarn mit Konfetti so vollstopft, daß er nicht nur das Hemd wechseln muß. Die Zünfte sind gelehrige Zöglinge unserer Bedürfnisse, sie ahnen, was wir wollen, und erfüllen es auch gleich, denn schließlich wollen sie ja, daß wir kommen und das Fernsehen auch und daß man über die Narretei redet und sie nicht ein x-beliebiger Brauch bleibt, der zwar Spaß macht, aber kein Aufsehen erregt. Ein rechter Narr zeigt, was echte Narretei ist, wenigstens beim Ringtreffen oder beim Patenverein, den man bei der Einführung des mittlerweile 50 mal eingesetzten Mostkopfes – oder unter welchem Namen auch immer die dorfspezifische Façon närrischer Eigentümlichkeit sich präsentiert – unterstützt und beraten hat.

Es kommen also zwei Dinge zusammen, die den Charakter der Fasnacht – und vielleicht ist das schon der Wurm im Apfel, daß die Fasnacht einen Charakter bekommen hat – verändern: das spezifische Unterhaltungsinteresse der »Fremden«, das, nach den Regeln von anderen Amüsierstätten, auf Abwechslung, Spannung und Überraschung aus ist, und der oft auch ökonomisch begründete Wunsch der Zünfte, diesem Unterhaltungsanspruch entgegenzukommen und sich jedes Jahr noch größer, noch schöner und noch echter zu präsentieren.

Ein Fest in einem überwiegend landwirtschaftlich orientierten Dorf hatte andere Aufgaben, die ich im folgenden skizzieren möchte. Ich muß dazu etwas ausholen, denn sonst ist es nicht möglich, das Bild vom bunten und heiteren Dorfleben mit der nötigen Umsicht zu kritisieren. Das Dorf, so wie es bis in die 50er Jahren unseres Jahrhunderts noch existierte und wie es in veränderter Form weiterleben wird, war ein Zwangsverband, der einen in allem und jedem überwachte, der einem als Sozialraum zugleich eine Sicherung bot, die unbedingt notwendig war, um die Krisen des Lebens, ja um dessen permanente Krisenanfälligkeit zu überstehen. Hunger vor allem, aber auch die sozial nicht so eingedämmte Angst vor Krankheit, Kälte, Unwetter und schließlich dem Tod, bestimmte jede dörfliche Existenz und schuf die Basis, um sich in Solidargemeinschaften gegen diese Bedrohungen zu wehren. Diese Solidargemeinschaften waren keine freiwillig eingegangenen Beziehungen, sondern ihre Basis war die räumliche Nähe, und das soziale Funktionieren wurde in erster Linie durch den Druck der Not garantiert. Bestimmte Qualitäten des Beisammenseins, wie Zuneigung, Harmonie, Verständnis, die für uns bei allen eingegangenen Bindungen wenigstens als Ideologie oder Hoffnung dazugehören, waren in diesem bäuerlich-dörflichen Kontext weder realistisch noch möglich.

Es war ein anderer, eigenschaftsloser Sozialcharakter, so ähnlich wie man ihn in Überresten noch aus Haus- und Schulklassengemeinschaften kennt, bei denen die codifizierten Regeln eines Corpsgeistes auch mit Antipathie und Prügeln zusammengehen können. Für unsere Analyse der festlichen Möglichkeiten dieses Dorfverbandes heißt das aber, wer sich damit beschäftigt, darf bei der Betrachtung kommunikativer Fähigkeiten nicht den grundlegenden Notzusammenhang vergessen, der das dörfliche Leben von Grund auf bestimmte. Das heißt für das einzelne Lebensschicksal, es wurde von Anfang an in einen kollektiven Zusammenhang eingebunden, und zwar nicht nur in einem abstrakt gesellschaftlichen Sinn, wie uns das ja auch widerfährt, sondern auch ganz praktisch und erfahrbar. So war schon die Stunde der Geburt eben nicht bloß die Anfangsstunde eines Individuums, sondern es war ein familiales, soziales und kommunales Ereignis. Es war jedermann im Dorf bekannt, daß es bei der Soundso soweit war, und es bedurfte vielleicht gar nicht der Auskünfte durch die aus dem Kreis der Frauen gewählte Hebamme, um sich über die näheren Umstände des Geburtsverlaufs zu unterrichten. Denn die körperliche Seite des Gebärens war nur eine, ob das Kind willkommen oder ein zusätzlicher Esser am Tisch, ob es ein Erbe oder ein Erbteiler, die entscheidenden Zugehörigkeiten in den belangvollen Fragen des Lebens, die waren vor aller Geburt, jenseits des kleinen Neuzugangs, entschieden.

Haben und Sein fielen in ganz anderer Weise zusammen, als das heute kulturkritisch beklagt wird. Manches Sein wurde vom Haben buchstäblich nicht ermöglicht, man entledigte sich seiner durch falsche Ernährung, unverdünnte Kuhmilch, zu fette Breie. Dies als Hartherzigkeit zu verurteilen, steht einer Welt, in der, trotz vieler gutgemeinter Gebete, Millionen verhungern, schlecht an. Ein solches Leben war vorgezeichnet, in einem Ausmaß, das sogar unserer Welt, die ja auch nur vor Wahlen und auf dem Papier Chancengerechtigkeit kennt und ansonsten sehr wohl darauf achtet, daß unten normalerweise unten bleibt und oben oben, trotz allem fremd ist. Die Lebensläufe waren je nach sozialem Stand, oder einfacher gesagt, je nach Zahl der Äcker und Kühe, sehr verschieden, und doch liefen sie parallel, auch wenn die Umstände recht unterschiedlich waren, so gab es doch Akzente, die in diese Leben gehörten und die jeder ordentliche Bürger zu durchlaufen hatte – wer nicht wollte oder konnte, der war eben nicht ordentlich.

Diese Rites de passage, also die notwendigen Durchgangsstationen jeder Biographie, waren Taufe, je nach Religion Konfirmation oder Erstkommunion, dann zumindest im 19. Jahrhundert der Militärdienst, bestimmte Jahrgangsfeiern, schließlich die Hochzeit, als Initiation der Maturität, die Taufen der Kinder, die Beerdigungen der Dorfangehörigen als Vorbereitung des eigenen Sterbens.

Ähnlich klar umrissen war das Prinzip des Jahreslaufs, natürlich gab es – wie den Krieg oder die Pestilenz, also epochale Katastrophen – auch jahreszeitlich auftauchende: zuviel Regen oder zuwenig, zuviel Sonne oder zuwenig. Aber der 100jährige Kalender, so falsch er auch metereologisch sein mag, zeigt doch, wie sehr solche rhythmischen Vorstellungen von steter Wiederkehr die Ein- und Ausrichtung des Lebens bestimmten. Wetterregeln sind ja solche kleinen Gebote, auf die feinen Unterschiede im grundsätzlich sich gleich Bleibenden zu achten. Man wußte, was zu früher Frost oder zu später bedeutete, man wußte, was es im März zu tun gab, so gut wie um die Aufgaben des Herbstes. Ein Nebenerwerbslandwirt kann bis heute aufsagen, was es in welcher Monatshälfte auf dem Feld zu tun gibt und in welcher Reihe die einzelnen Kulturen abfolgen. Feste kennzeichnen in diesem Zusammenhang also keine Überraschungen, wie wir dies von der Wahlparty oder nach dem doch noch gelungenen Examen gewohnt sind, sondern sie sind die Akzentuierungen der Wiederkehr, die nichts mit Beschwörung zu tun haben, aber mit Versicherung, daß es wieder so ist, wie es war, und daß alles seinen Gang nimmt und nichts aus der Ordnung gerät. Eines der entsetzlichsten Dinge bei der Fasnacht ist ja der Sinngebungsversuch, daß der Winter aus- oder die Fruchtbarkeit angetrieben würde und dafür Hexen oder Teufel oder sonstiger mythologischer Mummenschanz von den Alten bemüht wurden. Das zu glauben, ist eine so hanebüchene Rationalisierung von Mythologie, wie man es nur dem finstersten 19. Jahrhundert zutrauen darf. Ich denke schon, daß man im alten Dorf keine Hexen brauchte, um die Tage länger werden zu lassen, und daß man, ohne die kopernikanischen oder was weiß ich was für astronomische Gesetze zu kennen, aus dem Alltag, der sich jahraus, jahrein wiederholte, wußte, wann die Tage wie beschaffen sind. Man vertrieb nicht den Winter, man beschwor nicht den Sommer, sondern man *spielte* das Ende der Kälte und das Anbeginnen des Frühlings. Es ist anzunehmen, daß frühere Generationen ihre Spiele in andere Rahmen stellten als wir beispielsweise Fußball oder Rugby, denn solche Jahresrhythmen der Natur waren ja nicht jenseits vom körperlichen Leben, sie bestimmten die grundlegenden Möglichkeiten, die Arbeit und das Essen, sie waren natürlich auch Prophezeiung, aber sie enträtselten das immer gleiche. Ob das nun heidnisch oder sonst etwas ist, scheint, wenn nicht gleichgültig, so doch unlösbar. Wichtiger deshalb wäre die Frage, was bedeutet ein solches Fest für das Leben und den Alltag, für die Kommune und den einzelnen. Der Historiker kann nicht mit projektiven Tests in die geheimen Wünsche seiner Klienten vordringen, er ist darauf verwiesen, seine Quellen zu interpretieren und zwischen ihren Zeilen mit einigem spekulativem Glück zu lesen.

Ähnlich geht es dem Ethnologen, und als solcher fungiere ich in den nächsten Abschnitten: er kann zwar Fragen jeglicher Art stellen, aber die Antworten darauf sind noch nicht die Antworten, sondern sie sind erst die Quellen, aus denen die Ergebnisse herauszufiltern sind. Wichtige Interpretationshilfe leisten dabei nicht-sprachliche Gegebenheiten: Dinge, Räume, Gesten, Bewegungen. Die Kommunikation zwischen Ethnologe und Forschungsobjekt ist ja nicht so einfach, wie das die gesprochenen

Texte glauben machen. Die Ausgangshypothese der empirischen Sozialforschung, daß ein Gesprächspartner im Regelfall die Wahrheit sagt, ist mindestens naiv – und, denkt man an sich selbst in irgendwelchen peinlichen Situationen, äußerst problematisch. Auf jeden Fall wäre zur Aussage die Situation hinzuzufügen als Rahmen, in dem die Aussage erst ihren Sinn bekommt. Ein Fasnachtsnarr, der alles über sich sagt, ist bestimmt ebenso ein interessanter Fall wie ein anderer, der sich verweigert, einen anschwindelt oder den Wissenschaftler zum Narren hält (gerade die Wissenschaftler sollten verstärkt mit dem Unernst der Narren rechnen – vielleicht haben die Narren den Unernst der Wissenschaft schon gemerkt).

Ich erzähle von zwei Bräuchen eines Dorfs, die in manchem verwandt und in vielem verschieden sind, die in manchem langweilig und in vielem höchst aufregend und bedeutungsvoll erscheinen, weil sie einen sozialen Ort anbieten, an dem man sich verlieren und finden kann, sich seiner versichern, indem man sich in Frage stellt. Im Dorf Kiebingen, das durch (meines Erachtens unglückliche) politische Umstände seine Eigenständigkeit verlor und jetzt ein Teilort der braven Stadt Rottenburg ist, gibt es eine sehr schöne Fasnet, die mittlerweile auch den Segen der schwäbisch-alemannischen Dachnarren gefunden hat. Der Verein, die Butzen, über den nachher noch die Rede sein wird, ist aber zum Glück nicht so imperialistisch in seinen kulturellen Ansprüchen, daß er sich die ganze Kiebinger Fasnet untertan machen möchte. Er teilt mit den Jahrgängern, die den Umzug machen und die Fasnet am Dienstag nach einer Fasnetspredigt beerdigen, und den unorganisierten, freien Narren, die von Lichtmeß an nach uns undurchsichtigen Regeln durch die Ortschaft ziehen. Man verkleidet sich immer wieder neu und genießt es, unerkannt durchs Dorf zu schlendern und zu jagen, auch in

Geschwindigkeiten, die im Rahmen der normalen Tempi des Alltags entweder lästerlich lahm oder atemraubend schnell sind.

Das hat etwas von Kindern, und die Freude am Verkleiden ist in manchen Familien außerordentlich ausgeprägt. Eine unserer Bekannten erzählte nicht ohne Stolz, daß sie fast mehr Narrenhäs habe als Alltagskleider. Ein ganzer Schrank ist mit Utensilien gefüllt, die in verschiedensten Kombinationen immer wieder eine neue Figur hermachen. Am späten Nachmittag, vor allem nach Einbruch der Dunkelheit, wenn die Arbeit im Haus getan ist und die Dorfgenossen Feierabend haben, bereitet man sich für eine spezielle Variante dieses Verkleidens vor, das »Maschkere gao«; man verabredet sich mit Bekannten und trifft sich in einem Haus in totaler Verkleidung. Besonders sorgsam wird natürlich das Gesicht verhüllt, normalerweise mit einer der billigen Plastikmasken, die es beim Kaufmann gibt, und die man öfters austauschen kann, damit sie durch Wiederholung die eigene Identität nicht verraten. So erhält man durch die Strategie dieses Verkleidens eine Ahnung, welche Körperstellen besonders verräterisch sind: die Hände, selbstverständlich werden Handschuhe getragen, der Hals, den man durch eine Krause verbirgt, die Ohren und die Haare, die man durch ein Tuch oder ähnliches verdeckt. Die Gruppen zählen zwischen sechs und acht Leuten, es sind weitaus mehr Frauen als Männer. Bevor man loszieht, kontrolliert man noch gegenseitig den Sitz und die Lückenlosigkeit des Kostüms. Man einigt sich zuvor, in welche Häuser man geht, dabei spielen verschiedene Aspekte eine Rolle, es gibt Leute, die sich besonders freuen, es gibt Häuser, in denen es besonders lustig ist, dann aber auch gegenseitige Abhängigkeiten, Rückbesuche, Verwandtschaftspflichten etc.

Schon auf dem Weg achtet man darauf, die Richtung, aus der man kommt, zu verschleiern, man geht zunächst durch irgendwelche Schleichwege, läutet dann erst an dem verabredeten Haus und verstellt seine Stimme, indem man mit einer quiekigen Kopfstimme parliert, da man aber weiß, daß dies detektivisch gleichwohl ausgenutzt werden kann, ist man zumindest am Anfang ziemlich stumm. Die Besuchten führen einen ins aufgeräumte Zimmer, man sitzt um den Tisch, gackert ein bißchen, und die Gastgeber versuchen, möglichst schnell herauzubringen, wer die Besucher sind. Dabei helfen die kleinsten Details, wer zum Beispiel vergessen hat, die Schuhe zu tauschen, hat keine Chance; oder mein Freund Albert Ilien, der ja im Dorf nicht aufgewachsen war und nur vorübergehend dort lebte, wurde einmal, nachdem ihm die Halskrause verrutscht war, sofort durch seinen besonders plastischen Adamsapfel identifiziert. Es wird versucht, durch die Augenschlitze zu gucken, man fordert auf, ein paar Schritte zu gehen, und wenn dies nichts nützt, mit verstellter Stimme zu quaken. Spätestens dann fällt der Groschen; wer richtig geraten ist, setzt die Maske ab und zeigt so, daß er wirklich der- oder diejenige ist. Dann gibt es Schnaps und Most, Schmalzgebackenes oder Brötle, mancherorts auch Wurst oder andere habhafte Vesper.

Das Spiel hat zwei Seiten: durch totale Verkleidung soll ein Bekannter unkenntlich werden, zugleich soll etwas Verdecktes entdeckt, eine durch Vermummung in Frage gestellte Identität wiederhergestellt werden. Das heißt, der eine gibt sich Mühe, anders zu sein, als er ist, und der andere gibt sich Mühe, in seinem verkleideten Gegenüber dessen eigentliches Ich zu erkennen. Ich verstecke mein Ich, ein anderer findet es für mich. Das ist der Kern des Spiels, das vielleicht eine archaische, auf jeden Fall eine sehr eindrückliche Form von Identitätsversicherung ist, nicht weil ich denke oder sonst was kann, bin ich *ich*, sondern weil der Dorfgenosse mich auch noch durch 100 Schleier hindurch erkennt und weiß, daß dies kein Fremder ist, sondern daß ich *ich* bin. Dadurch gibt er mir auch diese Sicherheit. Man spielt mit der Identität, um sie bewiesen zu bekommen. Im Grund ist es ein sehr ernstes Spiel. Geht es schief, dann geht es einem wie der klugen Else in den Grimmschen Kinder- und Hausmärchen, die, nachdem ihr Mann behauptet hatte, sie sei schon zu Hause und deshalb könne sie die am Fenster nicht sein, davonlief und verlorenging.

Ich selbst war einige Male von den Freunden in Kiebingen eingeladen, bei dem »Maschkeren gao« mitzuhalten, was natürlich in vielen Fällen eine Verletzung der Spielregeln bedeutete – denn es geht ja nicht nur darum, daß der Vermummte enttarnt und sich so seiner versichert wird, es geht auch darum, daß der Ratende rausbringt, wer in seiner Stube sitzt, um sicher zu sein, daß er sich in Kiebingen auskennt und daß es niemanden unter den Dorfgenossen gibt, der sich so verstellen kann, daß er ihn nicht durchschaute. Wenn man dann als letzter verkleidet am Tisch sitzt, spürt man zumindest partiell diese Gefahr des Nicht-erkannt-Werdens, denn dies hat neben diesem Identitätsaspekt auch einen sozialen. Wer zu schnell erkannt wird, hat sich schlecht verkleidet, aber wer zu langsam erkannt wird, ist auch nicht bekannt. Ein angesehener Kiebinger wird eben auch so oft angesehen, daß er durchschaubar wird, wer als letzter dasitzt, gehört im Grunde nicht dazu, er ist nicht wichtig genug, um sich seinen Gang, seinen Adamsapfel, seine Stimme so genau einzuprägen, daß sie auch noch verhüllt zuordnungsfähig bleiben.

Im Spiel geht es also auch um Prestige. Einmal waren wir mit einem Mann unterwegs, der sich seiner unsicher war und sich durch verräterische Indizien, Sprechen oder Normalbewegen, zu erkennen gab, um nur ja zu erreichen, daß er als erster

oder doch sehr schnell benannt werden würde. Vielleicht ist dieses Risiko, nicht nur seiner personalen, sondern auch seiner sozialen Identität überprüft zu werden, manchem auch zu groß – vielleicht kommt daher auch die Angst der Männer, dabei mitzumachen, weil sie mehr zu verlieren haben als die Frauen, unter denen an Fasnacht sowieso eine ganz eigene Hierarchie gilt, die nicht so sehr von den normalen sozialen Faktoren bestimmt wird als vielmehr von der lustigen Ader, dem Einfallsreichtum, den Witzen und der närrischen Unternehmungslust.

Indem dieser Brauch, oder einfacher dieses Spiel, Identität in doppelter Weise überprüft, wird die Zugehörigkeit zum Ort und die Zusammengehörigkeit in Frage gestellt, aber auch hergestellt. Man geht vielleicht auch deshalb in Gruppen, um wo dazuzugehören, und meistens funktioniert so auch die Ratepraxis, wenn eine(r) entdeckt ist, dann werden die anderen als Bekannte, Kumpane, Freundinnen des/der einen erraten. Das gemeinsame Trinken und Essen paßt zu diesem gemeinschaftsstiftenden Aspekt, nach bestandener Gefahr gehört man zusammen. Der Höhepunkt war, wenn man ziemlich gegen Schluß zu's Koppe ging, dem Karle seinen wunderbaren Moscht trank, Albert die Gitarre holen mußte und alle zusammen »Zum hohen Tann« sangen. Das Zechen und der Gesang waren der Ausdruck einer gefundenen Gemeinsamkeit, einer Sicherheit, identifizierbar zu sein und dazuzugehören.

Wir haben über die Geschichte dieses Spiels wenig erfahren, die Kiebinger sagen, das hätte man immer gemacht, und in den Akten findet sich nichts. Aber er scheint sicher, daß nie alle Kiebinger mitmachten, daß es schon immer Häuser gegeben habe, in die man nicht gegangen sei, da seien keine Narren, oder die gingen gleich ins Bett, oder was es an rational scheinenden Begründungen sonst

194

noch gibt. Auf jeden Fall war es also kein Spiel der Dorfgemeinschaft, sondern allenfalls ein Spiel der Gemeinschaften im Dorf.

Wir sind bei unseren Untersuchungen nicht der Frage nachgegangen, was dies für Häuser sind, die man ausspart. Wir selbst, Albert und ich, haben einmal den blödsinnigen Versuch gewagt, das Spiel umfunktionieren zu wollen, indem wir unsere Gruppe aufhetzten, zu einem uns bekannten akademischen Oberrat in das Neubauviertel zu gehen. Er machte vor lauter Angst nicht auf, wahrscheinlich fürchtete er unbewußt um seine Identität. Wir wurden nachher geschimpft, das Spiel sei nicht, um die Leute zu ärgern, und wahrscheinlich haben wir den großen Ernst erst zu spät verstanden.

Er drückt sich auch darin aus, daß jemand, der im vergangenen Jahr einen Todesfall in der Familie zu beklagen hatte, nicht mitgehen darf. Eine Frau wurde aufrichtig bedauert, weil sie seit den letzten drei Jahren »Pech« habe und immer jemand gestorben sei, so daß sie nicht teilnehmen konnte. Es gehört zu den Trauervorschriften, aber die haben ja auch ihre Gründe, und es wäre denkbar, daß der verwandtschaftliche nahe Tod doch so sehr die Fundamente der Identität angreift, daß zusätzliche Belastungsproben und Infragestellungen nicht zumutbar sind. So ist das Verbot vielleicht auch ein Schutz, um die kurze Zeit hinter der Fasnachtslarve nicht mit der endgültigen Zeit hinter der Maske des Todes zu verwechseln. Das mag manchem hergeholt erscheinen, ist es auch. Gleichzeitig muß der einheimische Ethnologe sich daran gewöhnen, daß Zeiten turbulentester Heiterkeit eben auch tiefe Angst vor Traurigkeit bedeuten können und daß es sehr wohl denkbar ist, daß man sich dann am ausgelassensten tummelt, wenn einem das Herz besonders schwer ist. So wie im eigenen Seelenleben gibt es sicher auch im sozialen Gefühlshaushalt Deckerinnerungen und Tarnaktionen, die sich bemühen,

durch gegenteilige Gestalt den eigentlichen Gehalt zu verhüllen.

Es ist vielleicht nicht zufällig, daß dieses sehr intime Spiel, das genaue Bekanntschaft voraussetzt, von der Narrenzunft nicht eigens gepflegt wird, sondern deren Aktivitäten sind stärker auf die Erhaltung der sogenannten brauchtümlichen Fasnacht fixiert; es wird die Gestalt des Butzen und dessen alten Fleckleshäs gehegt, es wurden einige Figuren dazu arrangiert, man veranstaltet – wie die anderen Vereine – Tanzabende und man wirkt bei auswärtigen Ringtreffen mit. Es gibt allerdings keine Konkurrenz zwischen den wilden und den organisierten Narren, wie das aus städtischen Fasnetszentren immer wieder berichtet wird, ein Butz geht schon auch mal »Maschkeren« und die »Mäschkerle« besuchen auch »Butzenhäuser«. Es ist also ein durchaus friedliches Nebeneinander, das man pflegt, gleichwohl haben die Butzen das Gefühl, die »richtigen«, die sachverständigen, die durchs Brauchtum legitimierten Narren zu sein, die dem Althergebrachten eine zeitgemäße Form gaben. Diese Selbsteinschätzung geschieht nicht ohne Grund, denn sicherlich ist die Form des Vereins, mit abgegrenzten Aktivitäten und zugewiesenen Aufgaben, mit der industriellen Welt besser verträglich als dieses Überbleibsel eines Dorfs, das trotz aller Klüfte und Sprünge nur als Einheit existieren konnte – und solche Übungen zur Kontrolle und Stiftung der Einheitlichkeit brauchte. Ich will an ein paar Punkten dieses Neue zu fassen suchen, vielleicht gelingt es damit, am Beispiel der Fasnacht Erneuerungen in der ländlichen Lebenspraxis sichtbar zu machen.

In den 50er Jahren feierte man wohl nicht allzuviel Fasnacht. Das ist nicht unbedingt ein gutes Zeichen: denn so wie in Kriegszeiten die psychischen Erkrankungen zurückgehen, so scheint auch die Fasnacht in schlechten und aggressiven Phasen überflüssig, nicht nur, weil man dann keine »Lust« hat, sich zu verkleiden, sondern wohl auch, weil man die Narretei, die Vermummungen, die Abspaltungen vom Ich und ihre anschließende Rückbindung in die personale Identität auf andere Weise auslebt.

So waren es sicher auch die veränderten Zeiten, die es möglich machten, daß Anfang der 60er Jahre ein eingeheirateter Mann aus einem Dorf in der Nähe daranging, in Kooperation mit seiner Verwandtschaft – jetzt im Kiebinger Sinne von Clan – die Butzenzunft aufzubauen. Herr G. machte sich ebenso verdient um die Kultur seines neuen Heimatdorfs wie diese sich um ihn. Das ist wohl die erste Neuerung, daß man eine Sache aufgreifen kann, weil sie einem mehr oder weniger fremd gegenübersteht, und daß die Sache zugleich neben dem psychischen Nutzen auch soziale Vorteile bringt. Wir haben gesehen, daß auch früher im alten Modell das Spiel von Vermummung und Entdeckung einen sozialen Aspekt hatte, der aber nicht dynamisch war, sondern statisch auf die alten Regeln des Dorfes pochte und sie ständig wiederholte.

In der alten bäuerlichen Weltordnung gab es wenig Chancen, durch Leistung und Initiative soziale Pluspunkte zu sammeln, man war, was man war, und die Spiele des Dorfes unterstrichen nur diese Ordnung. Jetzt sind sie zu einem Terrain für sozialaktive Persönlichkeiten geworden. Weil der Verein, der das Medium ist, mit dem Herr G. aktiv werden konnte, neu war, konnte er als Außenstehender und Zugezogener, wenn auch mit Verwandtschaft im Rücken, sein soziales Geschick beweisen. Dies rief im traditionellen Dorf ein bißchen Unwillen und Gelächter hervor – aber gerade darin zeigt sich, daß Herr G. auf der Kippe, ja man könnte sagen auf des Messers Schneide, operierte. Es kam darauf an, wer zuletzt lachte. Hätte das alte

Dorf gewonnen, wäre er der Lächerlichkeit anheim gefallen, seine Ausdauer bewahrte ihn davor. Er hat sich durchgesetzt, und wenn er auch nicht auf einer Stufe mit dem Feuerwehrkommandanten oder dem Dirigenten des Liederkranzes steht, so gehört er doch zu den Vereinsvorständen, die Ansehen auf Grund ihrer Position haben.

Die informellen Gruppierungen der Mäschkerle wurden von einem Verein abgelöst, diese Formalisierung hat mit zunehmenden Wahlmöglichkeiten auch im Dorf und abnehmenden Kommunikationsanlässen zu tun. Nicht nur das Raten selbst wird bei nur oberflächlicher Bekanntschaft sinnlos, auch die gruppenmäßige Verabredung gelingt nur, wenn es solche Gruppen gibt, die sich spontan und schnell zu verständigen vermögen. Zum anderen wird der Fasnetsmuffel jetzt eben nicht mehr gezwungen, auch in der Clique mitzutraben, selbst wenn er keine Lust hat. In den Verein geht nur derjenige, der ein Motiv hat mitzumachen: freilich sind die Motive nicht so freischwebend närrisch, wie man das als Außenstehender annehmen möchte, aber so wie wir ja auch nicht nur, um unseren Hunger zu stillen, essen gehen, so gibt es auch in Kiebingen andere Gründe als bloß die Fasnet, um an ihr mitzumachen.

Es sind dies sehr traditionelle Gründe: verwandtschaftliche Verpflichtung und soziale Zuordnung. Eine große Zahl der führenden Butzen gehört einer großen Kiebinger Verwandtschaft an, die sich zum Teil wenigstens in diesem Verein auch eine moderne Form gegeben hat. Man ist zwar nicht durch Geburt Mitglied, aber von den Narren sagt man auch, sie hätten es im Blut, und die Eltern achten schon darauf, daß die Kinder als Narrensamen frühzeitig an der Sache den nötigen Spaß bekommen. Wichtiger ist aber vielleicht der Wunsch, irgendwo dazuzugehören, einer unter anderen zu sein, Identität durch andere gestiftet zu

196

bekommen. So wird der Prestigegedanke vielleicht vom Beobachter auch überschätzt, denn es bringt wenig zusätzliche Reputation, wenn man als einfacher Narr im Glied steht; aber es bringt Sicherheit, ein Butz zu sein, sich im Dorf sozial zu verorten und somit auch auffindbar zu sein. Dörfliche Identität war früher relativ einfach zu gewinnen, man war der Soundso, und jeder wußte mit der Nennung des Namens, der hat soundsoviel, die und die Frau, heute mittag Fleisch im Topf und am Abend Butter auf dem Brot. Auch die auf der Schattenseite lebten, hatten in diesem Netz ihren Platz, den jeder kannte und den sie einnahmen. Mit dem Umbruch der landwirtschaftlichen Grundstruktur verformte sich auch die soziale Topographie und die Sicherheit, sich in ihr zurechtzufinden, ließ erheblich nach.

Im Dorf sind es zwei Grundfragen, die dem Leben einen Ort geben – »Wer ist der?« und »Wer bin ich?« Beide Fragen werden im Dorf als voneinander abhängig betrachtet: ich bin der, der ich unter den anderen bin. Aber um mich unter den anderen zu finden, gibt es sehr genaue Meßverfahren, meinen Besitz, meine Verwandtschaft, mein Haus, meine Arbeitsamkeit, meine Rechtschaffenheit – alles im sozialen Kontext. Ich denke, also bin ich, das wäre für eine bäuerliche Gesellschaft völlig unzureichend gewesen und hätte wahrscheinlich den Hungertod, aber zumindest die soziale Position des Dorftrottels bedeutet. Ich war mir sicher – auch ohne zu denken, indem ich mich in der Haltung, die das Dorf mir gegenüber einnahm, erkennen konnte. Diese elementare Sicherheit ist in der Form vergangen. Natürlich gibt es noch bedeutende Reste, mein Haus, die Schulbildung meiner Kinder, mein Auto, aber es geht auch heute nicht nur ums Haben, wie früher ja auch nicht. Das Haben war nur der Kern des Seins – wenn man der Allmendiger oder der Saile war, dann hatte man – nicht

umgekehrt. Jetzt ist man wenigstens Butz und hat als solcher einen Ort im Dorf. Die Zugehörigkeit zu einem Verein ist dabei nicht das einzige Stück Identität: aber es bietet gewissermaßen im Dorf Flankenschutz: denn sogar als evangelischer oder SPD-Wähler oder Arbeitsloser bleibt man Butz. So wie früher macht man diese Narretei auch, um sich seiner sicherer zu werden, aber früher überprüfte man gewissermaßen seinen Wiedererkennungsgrad, indem man sich verkleidete, heute verkleidet man sich, um als Butz erkennbar zu bleiben, einen Platz zu haben, den man als Nicht-Butz vielleicht gar nicht hat.

So versichert Fasnacht noch immer der eigenen Identität, aber auf anderem Weg: früher war man eine Dorfperson, ein Genosse, der auch durch die Verkleidung hindurch erkennbar war, jetzt braucht es – zugespitzt gesagt – der Uniformierung und Verkleidung, um einen Platz im sozialen System des Dorfes zu finden. Das Dorf ist durch die andere ökonomische Gestalt flexibler geworden, aber diese Beweglichkeit kostet ihren Preis, in dem Begegnungen, die durch die Sicherheit ihres Ablaufs inhaltlich spielerischer und überraschungsvoll sein konnten, jetzt vorweg geklärt und geordnet sein müssen. Fasnacht hat früher schon die sozialen Regeln des Dorfes gelehrt, heute ist sie zusammen mit anderen Bräuchen und Vereinen die Möglichkeit, das verlorene Zusammengehörigkeitsgefühl, das die gegenseitige Abhängigkeit der Produktion erzeugte, im kommunikativen Bereich zurückzugewinnen. Wahrscheinlich ist auch das ein Grund, weshalb von diesen Vereinen, ähnlich wie von Trachtenträgern und Heimatzünften, die ganze Heimat, das ganze Kiebingen beschworen wird. Die Ganzheit ist auf dem Terrain der Arbeit verloren, also soll sie auf dem Gebiet des Feierns gewonnen oder erhalten werden. So ist diese Verkrampfung der Narrenvereine, die uns Städter und Betrachter

197

sehr häufig stört, im Grund nur eine Anstrengung, dörfliches Leben aufrechtzuerhalten und bestimmte Gewohnheiten unter neuen Bedingungen fortzusetzen. Nach wie vor hilft Fasnacht, Identität zu sichern, indem sie sie in Frage stellt. Heute stellt sie vorsichtiger in Frage, wahrscheinlich weil die dörfliche Identität insgesamt unsicherer geworden ist und neue Wege ihrer Herstellung erst gewonnen werden müssen.

Sachregister

200

205

206

Namenregister

207

208

210

Register der Orte, Landschaften und Länder

213

Erschienen in der UNIVERSITÄTSVERLAG KONSTANZ GMBH

WERNER MEZGER **Hofnarren im Mittelalter**
Vom tieferen Sinn eines seltsamen Amts
96 Seiten mit 42 Abbildungen, farbiger Einband

Erschienen im Verlag des SÜDKURIER

HANS-GÜNTHER BÄURER **Brunnenheilige im Narrenhäs**
Narrenbrunnen und närrisches Wasserbrauchtum einst und heute
204 Seiten mit 17 mehrfarbigen und 28 einfarbigen Abbildungen
auf Kunstdruck, gebunden

HERBERT BERNER **Fasnet im Hegau und Linzgau**
Mit Beiträgen von Hans-Günther Bäurer, Herbert Berner,
Alfred Eble, Bruno Epple, Paul Fischer, Franz Götz, Manfred Ill,
Hans-Peter Jehle, Klaus Keller-Uhl, Wilhelm Kutter, Peter R.
Müller, Heinrich Rehm, Hans Ruck, Albrecht Salewski, Charly
Sauter, Friedrich Georg Schmieder, Wilhelm Wetzel und Walter
Wiedenmann
332 Seiten mit 208 Abbildungen, davon 100 mehrfarbige,
vierfarbiger Einband

LOTHAR ROHRER · WALTER FRÖHLICH **Unsere Fasnacht**
76 Seiten mit 27 Holzschnitten, gebunden

ALFONS WIESINGER **Narrenschmaus und Fastenspeise**
im schwäbisch-alemannischen Brauch
76 Seiten mit 38 teils ganzseitigen Abbildungen, farbiger Einband

Zu beziehen durch jede Buchhandlung